Larmes et Œil: devises et pensée d'amour en Occident médiéval

涙と眼の文化史

中世ヨーロッパの標章と恋愛思想

徳井淑子

東信堂

本扉図版：BnF.Ms.lat.25, f.125v. オダマキと涙滴のイニシャル装飾、
『聖書』1470年頃（本文67-68頁参照）

図序 - 6　涙を流す眼を刺繍された手袋
（ニューヨーク、メトロポリタン美術館）
本文 10 頁参照。

図序-8　イエスの磔形図に添えられた三色スミレと涙をこぼす眼

（フランス国立図書館　Ms.Ars.1185, f.196）本文 11 頁参照。

図Ⅰ-18　デヴォンシャー家の狩猟タピスリー〈熊狩り〉
（ロンドン、ヴィクトリア・アンド・アルバート美術館）
本文 62 頁参照。

図Ⅱ-9　アンジュー公ルネとアランソン公の戦い
（サンクト・ペテルスブルグ図書館　Fr.F.p.XIV,4, f.24v.）
本文 101 頁参照。

図Ⅲ - 1　兜に三色スミレを表わした〈心〉
（オーストリア国立図書館　Codex Vind.2597, f.5v.）
本文 114 頁参照。

図Ⅲ - 16　『クリスティーヌ・ド・ピザン作品集』
（大英図書館　Ms.Harley 4431, f.376）
本文 143 頁参照。

図Ⅳ - 8　ハートに重ねられた三色スミレとオダマキ
（フランス国立図書館　Ms.Ars.1185, f.374）
本文 189 頁参照。

図Ⅳ - 12　眼の模様を付けた騎士
（フランス国立図書館　Ms.lat.757, f.79）
本文 194 頁参照。

図Ⅴ - 10　苺のハートを捧げるピエール・サラ
（大英図書館　Ms.Stowe 955, f.6）
本文 232 頁参照。

はしがき

人間は一生のあいだに六五リットルほどの涙を流すといわれる。もちろんほとんどは眼の表面にうるおいを与えるために絶えず分泌される生理的な涙だが、人間は激しい怒りや悲しみ、あるいは感動によって心が揺さぶられたときに涙を流す。ひとの生には避け難い災厄があり、不運や不幸に涙することは誰しもがなにがしか経験しなければならない。災厄を最小限にとどめようと、文明はさまざまな技術を編み出してきたが、それでもひとは死をまぬがれることはできない。平穏な生活のなかにも愛するひとの死は常にわたしたちの周辺にある。人生に予告もなく訪れる死や不幸、それを中世ヨーロッパの人びとは運命女神の存在によって理解しようとした。一人ひとりの運命は、これを司る運命女神によって、しかも「運命の車輪」を無造作に回す彼女の気紛れによって決まるのだと中世のひとは考えた。ゆえに災厄は予想できないのだと彼らは人生を諦観したが、しかし不幸に泣くひとにも、ときが過ぎれば幸福が訪れることを運命女神は保証している。運命の車輪が回れば、不幸のどん底にあったひとは這い上がり、一方で絶頂期にあったひとは奈落の底に落ちる。人生の有為転変を司る運命女神の存在は、過酷な環境のなかで、死が日常であった中世人の、日々の恐れの解決の仕方であったのかもしれない。

本書が舞台とする一四世紀から一五世紀のヨーロッパは、深い厭世感につつまれた時代であった。英仏間の百年戦争という政治の混乱とともに、ペストの流行など疫病による大量の死、それはひとの生に対する積極的な意義を阻害し、世をはかなむ意識を助長した。フランスの放浪詩人、フランソワ・ヴィヨンの「形見の歌」、あるいは〈死の舞踏〉と称された図像テーマの流布は、文学や美術の領域でよく知られた証言である。豪奢な毛皮を着た王様も裸同然の身なりの貧民もやがて死んでしまえば、同じように虫に喰われて土にかえる。そんな歌を詠み、それを絵に表わした中世末期は、憂愁感に沈んだ時代だが、それゆえに美しい悲しみの表現を実現した時代でもあった。本書のテーマである涙滴の模様はそのような表現のひとつである。

悲しみの表現に秀でた中世末期とは、悲しみという感情を客観的にとらえることのできた時代である。ゆえに悲しみに耐えるひとの表情に美を感じることができたのである。そのような感性をわたしたち現代人は共有しているが、しかし、悲しみを倫理の問題としてとらえることのあった中世人にとって、これは必ずしも共有される感性ではなかった。悲しみは怒りを招く要因とみなされ、ゆえに怒りと対にされて断罪されることがあったからである。わたしたちのように悲しみを感情の問題としてとらえるのではなく、倫理の問題としてとらえるとするなら、悲しむひとの姿は決して美しくはない。悲嘆に暮れるひとは髪をかきむしり、胸をたたき、荒々しい表情と所作を見せるというのが、一三世紀の物語文学の描写である。そのような悲しみの動作が、わたしたちの心に訴える美しい表現へと変貌するのが中世末期である。涙模様はまさにこのとき流行する。涙模様の流行は今日的な感性の萌芽といえる中世末期の心性を象徴的に示す現象である。

悲しみの表現に美を認めた中世末期は、それゆえにと言うべきだろうか、涙を流すことに大きな意味を認めた時代である。キリスト教の思想において涙を流すことは、神への献身を示す宗教的態度であり、同じように俗愛に涙を流すことは、愛するひとへの強い愛情の証しとして意味をもった。恋人たちは、むくわれぬ恋の辛さを訴えて泣くのではない。愛の深さを訴えて涙を流し、涙を流すことによって愛はいっそう強くなる。感情の高まりによって流れる涙は、その高揚感にこそ意味がある。一粒がわずか二ミリリットルという涙が、しずくのかたちを得て、この些細な模様が豊かな表象世界を生み出したことには、泣く行為への深い洞察があった。

ひるがえって現代を生きるわたしたちもまた、深いメランコリーの時代を生きている。わたしたちは、悲しみの感情にどのように向き合い、どのようにしてそれに耐え、またそこから脱しようとしているだろうか。今日では涙にセラピーの効果のあることが科学的に解明されているが、とはいえ、わたしたちはストレスを解消するために涙を流しているのではない。わたしたちも心の高揚によって涙を流すのであるが、問題はなにに心を揺さぶられ、なぜ涙を流すのかということである。現代社会では男の涙は敬遠されるが、本書が語る中世の恋の涙はもっぱら男の涙である。男の涙が許される社会、あるいは許されない社会があり、女の涙も同様である。涙に性差があるのは、言うまでもなく泣く行為は文化だからである。どのような感情に心が揺さぶられるのか、それは個人的なことながら時代と地域の規範に由来するすぐれた文化事象である。中世の涙の詮索は、現代人にとっての涙の意味を考える端緒になるだろう。

目　次／涙と眼の文化史―中世ヨーロッパの標章と恋愛思想

第II章　武芸試合と涙滴文……75

涙と眼の文化史—中世ヨーロッパの標章と恋愛思想

序章

1　涙のレトリック

ルイス・キャロルの『不思議の国のアリス』の冒頭に、「涙の池」[1]と題された一章がある。ウサギの後を追いかけてウサギ穴に落ちたアリスが、小さくなったり大きくなったり思うようにならず、困り果てたアリスが声をあげて泣いて流した涙が池のようになって、たくさんのものを溺れさせてしまうというエピソードである。

ウサギ穴に落ちたアリスは、たくさんのドアに囲まれた広間に迷い込む。テーブルの上に見つけた小さな鍵が、カーテンに隠れた小さなドアにぴったり、ドアを開けるとその先に美しい庭が広がっていた。花園に出たいと思ったアリスだが、小さなドアからは出られない。アリスが思案していると、「ワタシヲノンデ」と書かれた小びんが目に入る。恐る恐る飲み干したアリスは一〇インチの背丈に縮んだのだが、鍵をテーブルの上に忘れて、今度は鍵がとれない。すると「ワタシヲタベテ」と干しブドウで書かれたケーキが目に入り、それを食べたアリスは九フィートの背丈に伸びてしまう。アリスは声をあげて泣き、何ガロンもの涙を流して、広間の半分が四インチの深さの池になってしまう。やがて再びアリスのからだは小さくなり、アリスは自分の流した涙の池に落ちてしまう。最初は塩辛い海に落ちたと思ったのだが、自分の涙がたまってできた池だと気がついて泣いたことを後悔する。池にはネズミが泳いでいて、池からあがるときには、アヒルやインコやワシのひなど落っこちた鳥やけものであふれていた。

巨人のように大きくなってしまったアリスが涙を流せば、その量は膨大で、小さなものには押し寄せる大洪水に匹敵するというのは、いかにも理屈に合っている。しかしヨーロッパ文明のなかで、これは理屈によってわりきる話ではないように思われる。「涙の池」とか「涙の海」あるいは「涙の雨」など涙ということばを使ったレトリックがヨーロッパ中世文学に満載であり、以後のヨーロッパの文芸に少なからず生き延びているからである。つまりアリスの涙の池のエピソードはヨーロッパ文芸の伝統のなかで、涙にまつわるレトリックから創り出されたエピソードのようにも思われる。

涙を降雨に喩え、あるいは海や河を涙に喩えるレトリックが登場する代表的な作品といえばシェイクスピアの戯曲である。戯曲『夏の夜の夢』の冒頭には、結婚を父に許してもらえないハーミアのうちひしがれた様子を、恋人のライサンダーが薔薇の花に喩えて、薔薇の花がこうも早く色あせるとは、いったいどうしたのかと尋ねるところがある。それに答えて、ハーミアは「きっと、雨が降らないから、その雨をこの眼から嵐のように降らせましょう」と自らの気持ちを表わしている[2]。雨に喩えられた涙の表現もさることながら、彼女が薔薇の花に喩えられ、さらに彼女の涙が薔薇をうるおす雨に喩えられている美しい表現である。同じシェイクスピアの『ハムレット』には、ハムレットがその陰鬱な表情のわけを母に尋ねられると、己の悲しみは「溢れほとばしる涙の泉」をもってしても表わせないほど深いと答えている。戯曲の末尾で、狂気に陥ったオフィーリアが歌う詩には「涙の雨」の表現が繰り返されている。そして、水死したオフィーリアを悼むことばには、このうえ水はたくさんだろうからもう涙はこぼすまいという切ない台詞がある[3]。

シェイクスピアにみられるこのようなレトリックが中世文学の延長にあることとは、本書がこれから語ることであるが、ただしこの種のレトリックはなにも中世文学に始まるわけではない。既に古代ローマの文学に例はある。一世紀のローマの詩人、オウィディウスの『変身物語』には、楽人オルペウスの死を語るくだりに、彼の死を悼んだ木々が喪に服すかのように葉を落とし、河川は自らの涙によって水かさを増したと述べる一文がある[4]。涙を雨や池や海や河の水に重ね合わせるのは、きわめて自然な表現であり、古今東西にいくらでも事例を拾うことはできるだろう。日本の文芸にももちろんある。

曽我十郎・五郎兄弟の仇討ちにまつわる「曽我の雨」あるいは「虎が雨」「虎が涙」「虎が涙雨」などという江戸時代からの言い方はそのひとつである。「虎が雨」とは、東海道の宿場、大磯の遊女、虎御前が恋人をなくした悲しみの涙を雨に喩えた表現である。遊女、大磯の虎は、曽我兄弟の兄、十郎と契りを結んだ仲であった。『吾妻鏡』が語るところによれば、建久四（一一九三）年五月二八日、源頼朝が富士の裾野で狩りを行った日の夜半、兄弟は父の仇である工藤祐経《すけつね》を討ちとり、兄の十郎はその場で討ち死に、弟の五郎は翌日に殺された。仇討ち決行のその晩は「鼓を撃つかのような」激しい雷雨だったといい、ゆえに五月二八日には、十郎を失った虎御前の悲しみの涙が雨となって降るのだと言い伝えられている。「虎が雨」は俳句の夏の季語ともなっており、それは虎が雨の伝承が御霊信仰とも結び付き、江戸時代に流布したからであるという[5]。兄弟が仇討ちを果たした五月二八日は、陰暦のそれであるから、今の暦では六月下旬から七月初め頃に当たるだろうか。梅雨の季節であれば雨が多い頃であり、雷雨にもなる初夏の季節である。

河川の増水や降雨を涙に喩える表現はいくらでも拾えそうだが、とはいえヨーロッパ中世の抒情詩におけるこの種の表現は、その分量において他の文化の追随を許さない。一二世紀の南フランスの詩人、トルバドゥールによるもっとも初期の恋愛詩から、この世紀の後半に北フランスで活躍した詩人、トルヴェールによる宮廷風騎士道物語まで、そしてトルバドゥールの影響を受けた一四世紀イタリアの偉大なる詩人ペトラルカと、そのペトラルカの影響を受けた一五世紀フランスの詩人たちの詩や物語、彼らの作品に恋の涙の比喩は満載なのである。

2　涙滴文あるいは涙模様、そして眼の文様

涙のレトリックがヨーロッパ文明において重要であるのは、これが文学上の修辞にとどまらず、水滴の模様という形象を得たことである。すなわち、人びとの時どきの信条や心情を示し、それゆえ多分に趣味的な個人の標章と定義されるドゥヴィーズの図柄として涙滴文は流行し、人びとの日々の生活に訪れる悲しみを表現する形象として展開した。しかもこの悲しみのモチーフは、ことばの修辞に対応し、類似の表象、すなわち雲と雨粒や、花に水をやる道具であるジョウロ、あるいは涙をこぼす眼へと模様のヴァリエーションを拡大させた。さらに三色スミレやオダマキなど、同様に恋や悲しみのシンボルであった花々の形象に呼応して、悲しみの感情の表象世界を豊かにした。

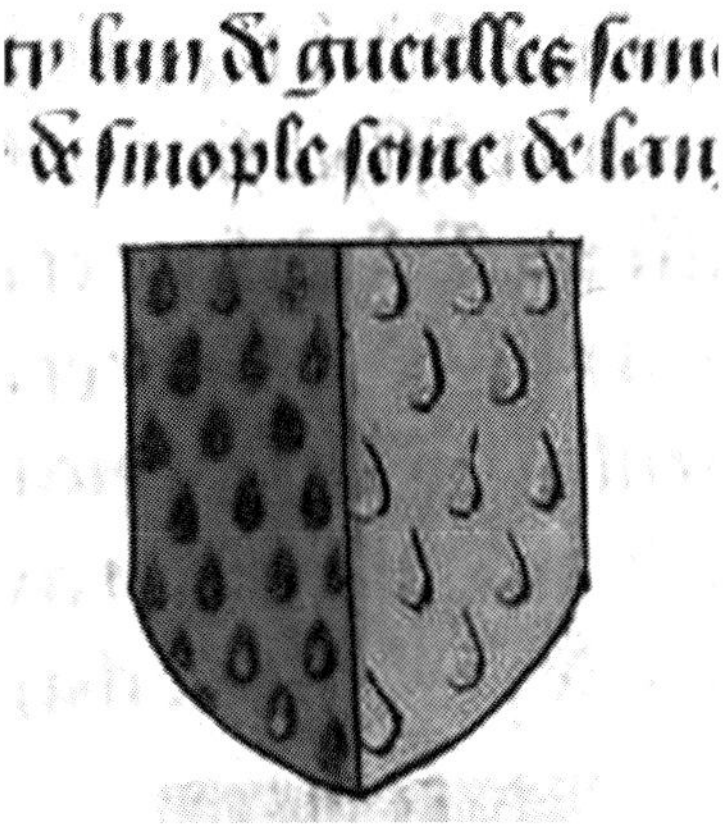

序－1　「歓び知らずのブラン」の紋章
（BnF.Ms.fr.12577, f.65）

涙模様が流布するのに貢献した最大の場は武芸試合という祝祭の場である。そもそも涙滴文は、アーサー王物語に登場する騎士の紋章として誕生したのが始まりで、想像上の紋章であった。アーサー王物語に登場する騎士ブランは、「歓び知らず」という異名をもち、水滴型のモチーフを散らした紋章をもっている（図序－1）。物語文学という虚構の世界に登場し、現実の紋章の図柄として使われることはなかった涙滴文だが、これが中世末期になるとドゥヴィーズと称された個人の標章に現れるよ

序 -2　右下の白馬に大粒の水滴を散らした馬衣が見える
(BnF. Ms.Ars.5047, f.65)

うになった。というのはアーサー王物語が貴族男子にいわば作法書として親しまれていたからである。つまり貴族男子は自らの徳の道である騎士道をこの種の文学に学び、アーサー王の騎士に自らの理想の姿を重ねていた。そしてこの種の文学が語る騎士の冒険物語を模倣し、催されたのが武芸試合という祝祭遊戯である。武芸試合はブルゴーニュ家やアンジュー家の宮廷で頻繁に開催され、フランス国内はもとよりヨーロッパ各国から試合に挑戦する騎士を集めた。武芸試合は騎士の冒険物語にならって仕組まれ、それによって涙滴文は新たな心情表現を獲得し、流行することになった（図序 - 2）。

さらに涙模様は、アーサー王の騎士道物語とともに、中世末期に〈悲しい恋〉を嘆く抒情詩の流行に呼応し、二重に文学テーマと重なり合うことになった。そして抒情詩の心情表現と重なったがゆえに、涙の形象は一六世紀以降の文芸にさらなる展開の場を得ることになる。すなわち、涙のレトリックを豊かに展開させたイタリアの詩人ペトラルカの抒情詩が近世に見直されると、ヨーロッパ各国に広がったペトラルキスムの風潮は、単純な水滴のモチーフからさらに複雑な恋の悲しみの形象を生み出したからである。それがエンブレムの世界である。近世以降、恋の涙はドゥヴィーズからエンブレムへと場を移し、愛神の煽る情熱の炎にあぶられて、蒸留器から一滴一滴と蒸留酒の滴が溜まるモチーフへと展開していく（図Ⅳ－3参照）。

一方で、水滴の文様は眼からこぼれ落ちる涙の滴となってエンブレム・ブックに掲載され、エンブレム・ブックが刺繍のモデル・ブックとして利用されたがゆえに、服飾品の文様としての場をも獲得した。エンブレム・ブックは一六～一七世紀におびただしい数で刊行されている。服飾史家、ジェイン・アシェルフォードは、現存の服飾品の装飾モチーフをエンブレム・ブックに照合させて典拠を示した最初の研究者である。たとえば、イギリスのマンチェスターにあるウィットワース美術館に所蔵されている女性用の下着（図序－3）、またニューヨークのクーパー・ヒューイット美術館に残されているナイトキャップは、いずれも一六世紀末の制作と推定されるリネン製の遺品だが、それらには雲と雨粒、そして虹の模様が刺繍されている。これらのモチーフは、エンブレム・ブックの代表作であるクロー

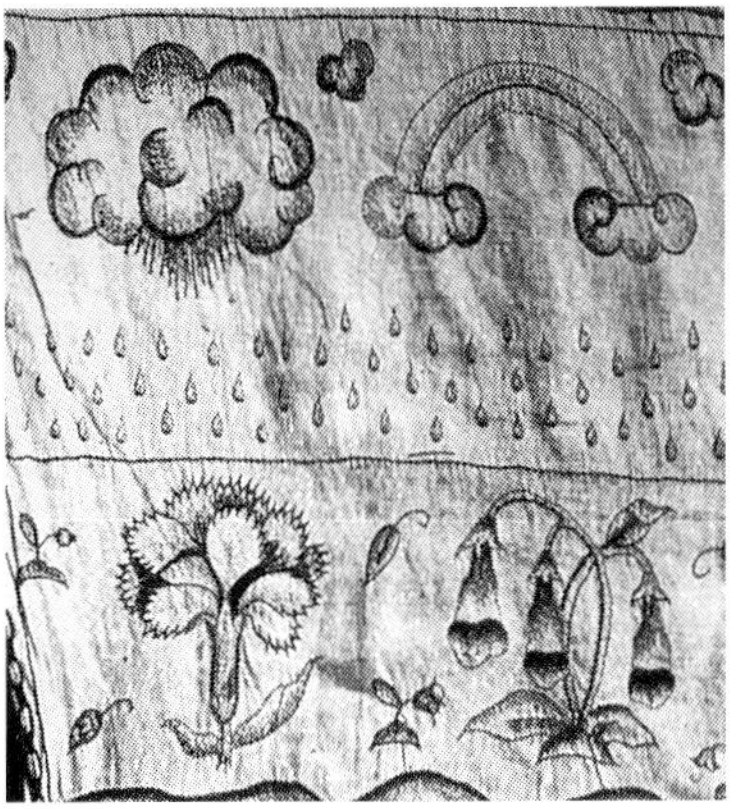

序－3　下着に刺繍された雲・雨粒・虹・カーネーション（マンチェスター、ウィットワース美術館）

序－4　雲と雨（クロード・パラダン『英雄的ドゥヴィーズ集』1557年）

序－5　虹と雨（ヘンリー・ピーチャム『ブリタニアのミネルヴァ』1612 年）

序－6　涙を流す眼を刺繍された手袋（ニューヨーク、メトロポリタン美術館）

ド・パラダンの『英雄的ドゥヴィーズ集』（図序－4）、あるいはヘンリー・ピーチャムの『ブリタニアのミネルヴァ』（図序－5）に掲載されている図案に見事に一致する。[6] そして、なかでも圧巻は、現在ニューヨークのメトロポリタン美術館が所蔵している一六世紀末または一七世紀初めに制作されたと推測される手袋である。眼から大量の涙を落としている様子は、実はこれこそ本書が語る涙のレトリックの形象化の最たる事例である（口絵：図序－6、右図はその一部）。アシェルフォードは、この図案の典拠を上記のヘンリー・ピーチャムのエンブレム・ブックに求めているが（図序－7）、直接この著作に取材したかどうかは涙滴の数の相違から断定はできない。むしろこの書を含めて中世以来の涙のレトリックをとりまく文化に由来すると考えるべきである。

ところでヨーロッパにおいて悲しみを表わす文様は、世俗的な愛の悲しみの表現であるばかりか、同時に宗教的な悲しみの表現としても役割を果たしている。つまり涙の模様は聖俗兼用である。涙の滴は、十字架にかけられたイエスの磔刑図の背景に散らされることがしばしばあった（図VI－7参照）。あるいは、一七世紀に制作された十字架にロケットを組み合わせた小さなペンダントに、イエスの磔刑図と、茫々と大量の涙の粒を落とす眼を表裏に組み合わせたものがある。[7] 磔刑のイエスの背景にはテーブル・カット・ダイヤモンドが敷き詰められ、その裏側には釘やハンマーなどの受難の道具や聖ヴェロニカのヴェールが描かれている。十字架の上部にはハート型のロケットがあり、眼からこぼれる涙が同じくダイヤモンドで表わされた豪華な宝飾品である。裏側には髑髏と交差した大腿骨が描かれており、いわゆるメメント・モリ（死を思え）の典型的な作品である。メトロポリタン美術館蔵の手袋は、同じ涙のモチーフをもつとはいえ、おそらく宗教的な意味をもたないであろう。それは、縫い取りが傷みによって判別しにくいが、手袋の涙の図柄の下には三色スミレ、その脇にはオウムという愛のシンボルがさらに重ねられているからである。ただし実は三色スミレもまた聖俗兼用、この花もイエスの磔刑図に添えられることがある（口絵：図序－8）。

序－7　涙をこぼす眼（前掲『ブリタニアのミネルヴァ』）

3　眼と心臓

涙の模様は、このようにヨーロッパの文様の歴史に独特の足跡を残した。涙のレトリックが古今東西にみられる特別の比喩ではないとしても、これが水滴の模様となり、眼からこぼれ落ちる涙となり、形象化されていった展開はどこにでもみられる文化ではない。日本にこの種の文様があるとは聞かない。虎御前の涙を表わした「曽我の雨」は、広重の浮世絵、東海道五十三次の大磯宿のテーマになっているが、雨は斜線によって表わされている。ヨーロッパの霧雨に比べて滝のように降る日本の雨は、水滴の模様よりも斜線で表わすほうがたしかに適っている。

しかしこの文様の面白さはそればかりではない。このような息の長い歴史を残した涙の模様は、泣くことを愛することの証しとしてとらえる中世ヨーロッパの恋愛思想の背景があればこそ理解できることである。かなわぬ恋を嘆く悲嘆の涙は、自らの恋心を満足させられない苦痛の表現であるというより、泣くことがすなわち愛することの証しとして意味をもつからである。このことは宗教的な意味においても同様である。イエスの磔刑図の背景に散らされた涙滴は、彼の受難を悲しむ涙というより、受難に対する憐憫の涙であり、キリスト教において涙を流す行為は敬虔なクリスチャンとしての態度の表明であることが既に指摘されている[8]。恋愛詩においてなぜ涙のレトリックが満載なのか、つまりなぜ恋人がこれほど泣かなければならないのか、泣くことが愛の証しであるのなら納得がいく。要するに恋愛の契機とその本質にかかわるヨーロッパの、さらに古代ギリシャにまでさかのぼるかもしれない恋愛思想にからむ問題を、涙のレトリックと形象ははらんでいる。涙の模様は、単にレトリックの問題にとどまるのではなく、ヨーロッパの恋愛思想を背景にしていればこそ修辞と形象の両面で展開したのである。その恋愛思想の核心とは、すなわち心身分離の思想であり[9]、実はここにハート型という今日わたしたちになじみの形象が生まれた理由もある。

わたしたちは、日本語でも、ひとを恋することを「心をあげる」とか「心を奪われる」という言い方をする。ひとに差し出された心は自らの身体を離れて、愛するひとのところへ留まる。このような心の移動を抒情詩にもっとも早く表現したのが一二世紀南フランスで活躍した抒情詩人、トルバドゥールである。心は愛するひとの身体に留まり、自らは心をなくし、愛するひとは「心を二つもっている」と彼らは言う。心をあげるという表現をわたしたちは無意識に使っているが、その起源は少なくとも一二世紀の抒情詩までさかのぼるのである。一九六二年、トニー・ベネットの歌でヒットした「思い出のサンフランシスコ」は、原題を《I left my heart in San Francisco》、すなわち「心は今もサンフランシスコに残ったまま」というタイトルをもつ。サンフランシスコを愛していると伝えるために、心はサンフランシスコに留まっていると言うのである。

映画『パイレーツ・オブ・カリビアン』、すなわち「カリブの海賊」というディズニーの出し物を映画化したという作品に、デイヴィ・ジョーンズという蛸人間のような海の怪物が登場するが、彼の心臓が箱の中に保管されているというエピソードがあるのも同様の事情によるだろう。心臓をからだの中にもたない彼は不死身であるが、箱の中の心臓を奪われ、剣を突き刺されれば自らの命はつきる。心身分離のヨーロッパらしい観念があればこそ生まれる話である。実際、心臓が箱の中に納められるという習慣は、中世の埋葬のあり方として存在した。遠隔地で戦死した騎士の遺体は、心臓のみを小箱に入れて故郷に送り帰すことが行われたからである。遺体の腐敗を防ぐために、その他の内臓はその地に埋められ、遺骸には香料が詰められ、いわばミイラ化される。このようにして遺体は三つに分けられて埋葬されたという[10]。一方、ボッカッチョの『デカメロン』の第四日第九話でも知られる〈心臓喰い〉という文学テーマも

序 -9　ボッカッチョ『デカメロン』第四日九話（ヴァチカン図書館 Pal. lat.1989, f.143v.）

また心身分離の観念があればこそ生まれるはなしである[11]。不倫を働いた妻に嫉妬した夫は、妻の恋人を殺し、心臓を取り出して台所で調理させる。食卓でそれを食べ終えた妻に向かって夫は言う。お前の愛したひとの心臓はさぞかし美味しかっただろうと。胃に収めたものの正体を知った妻は、このように美味しいものをいただいたうえは、これ以上のものは口にしないと言って恋人の後を追う（図序-9）。

心臓のみが別に葬られ、つまり心臓がことさらに重視されたのは、心臓がひとの情感を司る器官であると考えられたからである。今日ではひとの死が脳死で判断される傾向にあるが、わたしたちは死に至ったかどうかを心臓の鼓動ではかる歴史を長いあいだもってきた。わたしたちにとって記憶や感情の場が頭脳にあることは自明のことであるが、それでも心は胸にあると思っている。そのように思うのは、心という人間の感情の場は心臓にあると考えられた、少なくともヨーロッパ中世にさかのぼる観念を引きずっているからである。その名残は英語にも、わたしたちのことばにもある。悲痛な思いをすることを«heart-breaking»と言い、心暖まることを«heart-warming»と言う。無情で冷酷なことを«hard-hearted»と言い、あるいは心がない«heartless»と言う。これらの表現は単にレトリックの問題なのではなく、心臓を情動の中枢器官と考えた歴史があったがゆえである[12]。もちろん心臓が血液を送り出す器官であることを、中世の医学も知っていた。つまり心臓の血液が、感情の高揚によって眼から送り出されたのが涙であると、中世人はそのメカニズムを考えている。人間の体液はすべて、尿も精液も汗も中世では心臓から送り出された血液と考えた。このようにして中世人の感性のなかで、涙と心臓は結び付いているのである。涙滴とハート型が組み合わされてモチーフをつくるのは、本質的にここにたどりつくことになる。先に示した眼から涙を流すモチーフの一七世紀のロケットが、ハートのかたちをしているのも、ゆえないことではない。

中世の涙と眼と心のモチーフが後々に至るまで豊かな表象の世界を構築してきたのは、恋愛をめぐる思想・観念との深い繋がりがあったからである。一目惚れという恋愛のメカニズムは、心と眼の論争という文学テーマを生み、それはまた中世文学の擬人化という手法と相まって、眼や心の形象化を促したように思われる。今日のわたしたちが好んで使うハートのマークはこうして生まれたのである。

4　中世末期のフランス事情

悲しみを表わす涙模様は、もちろん遊戯的な文学テーマの形象化につきるのではない。つまり日々の現実の生活のなかで襲われる不幸を表わした切実な涙のドゥヴィーズがある。フランス王シャルル六世(一三八〇～一四二二年在位)の治世、王弟ルイ・ドルレアン(一三七二～一四〇七年)が、一四〇七年に暗殺されたとき、残された妻ヴァランティーヌ・ヴィスコンティは水滴を放つジョウロに自らの悲しみを託してドゥヴィーズとした。その標章は、先に触れたクロード・パラダンのエンブレム・ブック『英雄的ドゥヴィーズ集』に収録され、涙のドゥヴィーズとしてもっとも知られるものとなった(**図序－10**)。ヴァランティーヌは、北イタリアを治めた最強の時代のヴィスコンティ家の出身である。

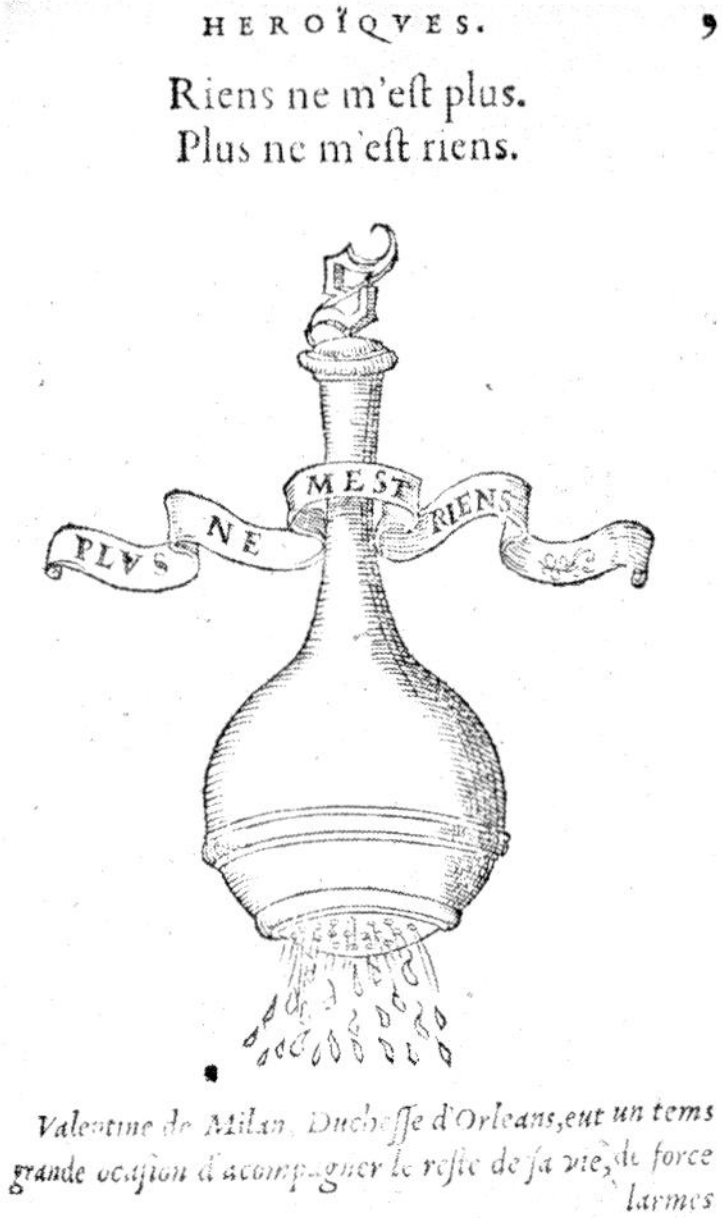

序-10　ヴァランティーヌ・ヴィスコンティのジョウロの標章（前掲『英雄的ドゥヴィーズ集』）

この宮廷が晩年のペトラルカを招いたことがあったことを考えれば、この宮廷で育った彼女が涙模様をドゥヴィーズとしたことも納得できる。フランス王家に嫁いだ彼女は、そこでさまざまな陰謀に悩まされたあげく、夫の死から一年あまりの翌年、夫を追うように亡くなっている。

ルイ・ドルレアンの暗殺は、王室と対立したブルゴーニュ公ジャン・サン・プール（一三七一～一四一九年）の放った刺客によるものだった。ジャンが「恐れ知らず《サン・プール》」という異名をとったのは、暗殺をはばからない暴力に訴える彼の行動にあったといわれる。ルイ・ドルレアンが暗殺されてから一二年後、その報復ともいえる事件が起きることになる。今度はブルゴーニュ公ジャン・サン・プールが暗殺されたのである。一四一九年九月一〇日、ジャンは、王太子との和解の会談に臨んだはずだったが、不意の襲撃を受けて無惨にも殺された。「モントロー橋上の謀殺」として知られる事件である。このとき、父公ジャンを失った継承者フィリップ・ル・ボン（一三九六～一四六七年）は（図序-11）、父の死を忘れまいと以後も喪服を脱ぐことはなかったと伝えられ、これが服飾史でこれまで語られてきた一五世紀の黒服の流行の発端である。ただし黒の流行は一四世紀末から始まり、貴族層から庶民層まで、しかも息の長い流行であったから、必ずしもフィリップの喪服に理由があるのではないとするのが今日の服飾史の見方である。ここでは黒の流行への彼の貢献について、これ以上を語らないが、彼が常に黒装束であったことは年代記が伝えており、確かな事実である。そしてフィリップ・ル・ボンには、その晩年に美しい涙模様のエピソードがある。一四六三年、姪の婚礼に臨んだ公は、いつもの黒装束をまとい、黒い帽子には真珠と涙模様が散らされていた。公の装いを記録した年代記作家のジョルジュ・シャトランは、この涙模様にひとり息子との政治的不和に悩む公の深い苦悩を読み、彼に同情の気持ちを寄せている。涙模様は、オルレアン家やブルゴーニュ家において、政治的な確執や葛藤から生じた悲嘆や苦悩の心情表現として役割を果たしていた。ちなみに、ブルゴーニュ家の宮廷文化が悲しみの表現に秀でていたことは、フィリップの祖父、フィリップ・ル・アルディの墓所に刻まれた泣き人の彫像を見ればよくわかる。丈量豊かな衣服に身を包んだ泣き人は、深い頭巾に顔を隠しながら、ある者は身をよじり、ある者は両手を握りしめる（図序-12）。悲しみに耐える彼らの身体の表情は美

序-11　フィリップ・ル・ボンの肖像
（ブルッヘ、フルーニンゲ美術館）

序-12　ブルゴーニュ公フィリップ・ル・アルディの墓所の泣き人
（フランス、ディジョン美術館）

しい。

涙模様が展開を始める一四世紀末から一五世紀にかけてのフランスは、百年戦争の渦中にあって、国内はアルマニャック派（王室派）とブルゴーニュ派に分かれ、内乱ともいうべき状態にあった。一四〇七年のジャン・サン・プールによる王弟ルイ・ドルレアンの暗殺も、一四一九年の王室側によるジャン・サン・プールの謀殺も、その歴史のひとこまである。

さて暗殺されたルイ・ドルレアンと、一年後に亡くなったヴァランティーヌとのあいだに生まれたのが、中世を代表する詩人として今日まで名を残すことになるシャルル・ドルレアン（一三九四〜一四六五年）である。母を亡くすと、父の死の後始末は、一四歳の若いシャルルに残された。一四一〇年、シャルルはアルマニャック伯の息女ボンヌと二度目の結婚をし、ここに岳父アルマニャック伯を中心にブルゴーニュ公に対立する勢力が結集した。ブルゴーニュ派が対峙した王室の勢力がアルマニャック派と呼ばれる所以である。一四一四年、父暗殺にかかわる裁判が終わり、ブルゴーニュ家の罪が暴かれ、シャルルの心に平安が訪れたのもつかの間、翌年のアザンクールの戦いでイングランドに破れたフランスの捕虜として、シャルルは二五年の長きにわたりロンドンに幽閉されることになる。憂いに満ちた多くの詩を歌った背景には、そのような彼の経歴がある。

王室に対峙したブルゴーニュ家は、シャルル六世王の祖父に当たるジャン二世王によって、四男のフィリップ（一三四二〜一四〇四年）に親族封としてこの地域が与えられ、ヴァロワ＝ブルゴーニュ家が創設されて以来、本家王室を凌ぐ勢いで発展してきた。すなわち豪胆公《ル・アルディ》という異名をもった初代フィリップは、一三六九年、フランドル伯の娘マルグリットを妻に迎え、一三八四年にフランドル伯が亡くなると、この地域を相続した。毛織物産業で栄え、国際的商業都市ブルッヘを擁したフランドル地域を支配下に治めたことはブルゴーニュ公国の発展に大きく寄与した。そしてブルターニュやイングランドと同盟関係を結び、王家を凌ぐ勢力をもったブルゴーニュ公家は、二代目のジャン・サン・プールの時代に王室との対立を決定的なものとした。これが上述のルイ・ドルレアンとジャン・サン・プールの暗殺として顕在化したのである。そして三代目のフィリップ・ル・ボンは、一四三五年、アラスの和議によってシャルル七世王との和解にこぎつけ、フィリップ率いるブルゴーニュ公家は無敵の権勢を維持した。一四三〇年の金羊毛騎士団の創設から、一四五四年の「雉の饗宴」の大宴会まで、その華麗ながら終焉を迎えつつあった宮廷文化は「中世の秋」と称されてホイジンガによって語られてきたところである。後者の大宴会は、前年にオスマン・トルコによってコンスタンチノープルが陥落したことから、十字軍遠征への士気を鼓舞することを目的として開催されたが、十字軍遠征が実行されることはなかった。本書のテーマである涙滴文が盛んに登場するのは、このような権勢あるブルゴーニュ家の祝祭においてであり、特に一四四〇年代には「涙の泉」と冠された武芸試合が開かれるなど、騎士道物語に傾倒したフィリップ・ル・ボンらしく騎馬試合の開催が多かった。ブルゴーニュ公国は、四代目シャルル・ル・テメレール(一四三三〜七七年)を最後に終焉する。一四七七年、ナンシーの戦いでシャルルが戦死したとき、娘マリー・ド・ブルゴーニュはハプスブルク家のマクシミリアン一世と結婚し、ブルゴーニュ公国は消滅した。

涙模様を愛好した権勢ある宮廷はフランスにもうひとつある。ブルゴーニュ家と対立し、王家と親密な関係をもったアンジュー家である。アンジュー公ルネ(一四〇九〜八〇年)治世下の一四四〇年代を中心に、この宮廷でもまた武芸試合が頻繁に開催され、そこに涙やジョウロのドゥヴィーズが登場している。しかも公ルネは、騎馬試合のマニュアル本を書いたひとであり、そればかりか寓意物語を残し、写本挿絵も自ら描いた文人であった。その文学趣味は、シャルル・ドルレアンとマリー・ド・クレーヴ夫妻との親密な交流を生んだ。オルレアン家とアンジュー家は文学趣味を共有し、それを象徴するのが涙模様である。

アンジュー家とは、ジャン二世王が次男ルイに親族封としてその地域を与えたことに始まるヴァロワ=アンジュー家であり、公ルネはその三代目に当たる。要するに本書が語る舞台は、ジャン二世の四人の息子と一人の娘によって誕生したフランス大貴族の宮廷にあり、それらのあいだの確執が涙模様に託されたのだと言ってもよいかもしれない。つまり、ジャン二世の長男はシャルル五世としてヴァロワ王家を継ぎ、次男ルイはアンジュー家を創設、三男ジャンはベリー家を、四男フィリップはブルゴーニュ家を創設した。娘のイザベルはイタリアのヴィスコンティ家へ嫁ぎ、彼女の娘は、オルレアン家へ婚姻で戻ってくる。ルイ・ドルレアンと結婚した前出のヴァランティーヌのことである。百年戦争の渦中、それぞれの公家の二代目、三代目へと確執が受け継がれていくというのが、本書の背景なのである。

したがってアンジュー家とオルレアン家の文学交流には政治的な要因がもちろんある。アンジュー家はヴァロワ王家の政治の理解者であり、ブルゴーニュ派に対立するアルマニャック派を支持し、ゆえに公ルネの姉マリーは一四二二年にシャルル七世王の妃となった。同年、シャルル六世が没したとき、英仏間で取り交わされたトロワ条約ゆえにイングランドはフランス王位の継承を主張し、シャルル七世は戴冠できなかった。ここにジャンヌ・ダルクが登場し、彼女の貢献でシャルル七世王として戴冠できたのは一四二九年のことである。アンジュー公ルネはこれに立ち会っている。一四三一年、妻イザベルの父ロレーヌ公が亡くなると、ルネはロレーヌ公領を手に入れたが、この相続を無効としてブルゴーニュ派は異議を申し立て、ルネはフィリップ・ル・ボンによって投獄されている。イングランド=ブルゴーニュ派と王室の和解が成立するのは、先に触れた一四三五年のアラスの和議であるが、ここで仲介役を努めたのはアンジュー公ルネであった。ルネの娘マルグリットが一四四五年にイングランドのヘンリー六世へ嫁ぐのも、英仏の和解を考えたルネの意思であっただろう。実はこのときの婚礼の道具として持参したタピスリーに、美しい涙滴を散らした衣服の男の姿が描かれている。ルネは、アンジュー＝シチリア家の最後のナポリ女王の遺言で、後継者に指名され、ナポリ王を名乗ったほか、バル伯、プロヴァンス伯を名乗り、また名目のみとはいえエルサレム王やアラゴン王を称した時期もあり、広大なフランス南部を治めた権勢ある貴族であった。ブルゴーニュ公国に対立する勢力として、アンジュー家は政治と文化の両面で中世末期の中心にあった。

涙模様は、一四世紀から一五世紀のフランスの政治的混乱と、また繁栄のなかで育まれた文化である。

注

1　《pool of tears》。ルイス・キャロル『不思議の国のアリス』脇明子訳、岩波少年文庫、二〇〇〇年、二七－四二頁を参照。

2　Shakespeare, The Midsummer Night's Dream, I, i, 128-131, *The Complete Works*, ed. A. Harbage, Penguin Press, London, 1969;（『夏の夜の夢』福田恆存訳『シェイクスピア全集４』新潮社、一九六〇年、一四頁）。

3　シェイクスピア『ハムレット』三神勲訳『シェイクスピア全集６』筑摩書房、一九六七年、一幕二場、四幕五場。

4　オウィディウス『変身物語』巻十一、中村善也訳、岩波文庫、一九八一－八四年。

5　現代語訳『吾妻鏡』6、五味文彦・本郷和人編、吉川弘文館、二〇〇九年、一七－一八頁。『日本国語大辞典』小学館、一九七五年、一五巻、四一頁。『日本民俗大辞典』下、吉川弘文館、二〇〇〇年、一三一頁。

6　J. Ashelford, *Dress in the Age of Elizabeth I*, Holmes & Meier, New York, 1988, pp.90-107.

7　『ヨーロッパ・ジュエリーの四〇〇年』展カタログ、東京都庭園美術館、二〇〇三年、作品Ⅰ－22《メメント・モリ・ロケットとクロスのペンダント》一七世紀中期、個人像（イギリス）。

8 G. Hasenohr, Lacrimæ pondera vocis habent, Typologie des larmes dans la littérature de spiritualité française des XIIIe-XVe siècles, *Le Moyen Français*, t.37, 1997, pp.45-63.

9 浦一章『ダンテ研究I』東信堂、一九九四年。

10 ノルベルト・オーラー『中世の死―生と死の境界から死後の世界まで』一條麻美子訳、法政大学出版局、二〇〇五年。小池寿子『描かれた身体』青土社、二〇〇二年、二六六頁。*A réveiller les morts : la mort au quotidien dans l'Occident médiéval*, sous la dir. Danièle Alexandre-Bidon et Cécile Treffort, P. U. de Lyon, 1993.

11 ジョヴァンニ・ボッカッチョ『デカメロン』第九話、野上素一訳、岩波文庫、二〇〇二年。

12 Fay Bound Alberti, The Emotional Heart, Mind, Body and Soul, *The Heart*, ed.James Peto, Yale U. P., New Haven, 2007, pp.125-142.

第Ⅰ章

涙のドゥヴィーズ

第❶節　ドゥヴィーズとは

1　紋章とドゥヴィーズとエンブレム

紋章が中世ヨーロッパで華やかに展開したことは今さら言うまでもないが、ドゥヴィーズと称される標章についてはあまり知られていない。ドゥヴィーズは、一六世紀以降イタリアでインプレーサと呼ばれ、やがてエンブレムとして流布していく。イタリアにおけるインプレーサからエンブレムへの移行、そして近世のエンブレムの展開については少なからず語られてきたが、これらを準備した一四世紀から一五世紀のフランスのドゥヴィーズについてはほとんど語られることがなかった。

ドゥヴィーズ（devise）とは、中世末期のフランスで個人の標章を指して使われたことばである。このフランス語は、今日では紋章に付された標語《モットー》を指して使われるが、中世では紋章を構成する図柄と色彩と標語の三つを総称し、紋章の全体を指して使われた。ドゥヴィーズは、「多分に遊戯的な紋章」と説明されることがあるように、いわゆる世襲の家紋でもないし、都市や宗教などの集団のしるしとして機能する紋章でもない。

ドゥヴィーズという語は、一四世紀半ば頃の記録に現れ始め、世紀末のシャルル六世の治世（在位一三八〇～一四二二年）から王侯貴族の帳簿に頻出するようになった。たとえばシャルル六世の記録には、「王のドゥヴィーズである虎が衣裳に刺繍された」、「王のドゥヴィーズである《JAMAIS》が刺繍された」、あるいは「王のドゥヴィーズ、すなわち赤、白、緑の三色で居室が設えられた」など[1]、衣服や室内装飾などの調達記録に言及が少なからず登場する。衣裳や調度品や武器などに、ドゥヴィーズの図柄や色や標語が揃って表わされることもあり、またそれぞれが別個に表わされることもあるようで、写本挿絵にそれを確かめることができる場合もある（図Ⅰ-1）。そしてドゥヴィーズの図柄や色や標語はかなり自由に選ばれ使われている。家紋のように世襲ではないが、シャルル六世の「飛翔する鹿」がシャルル七世へと引き継がれたようなこともある（図Ⅰ-2）。あるいはシャルル六世と弟のルイ・ドルレアンが虎のドゥヴィーズを共有していることもあり、家系や個人を特定する紋

Ⅰ-1　虎と標語〈JAMAIS〉を表わした衣服のシャルル6世（BnF. Ms.fr.23279, f.19）

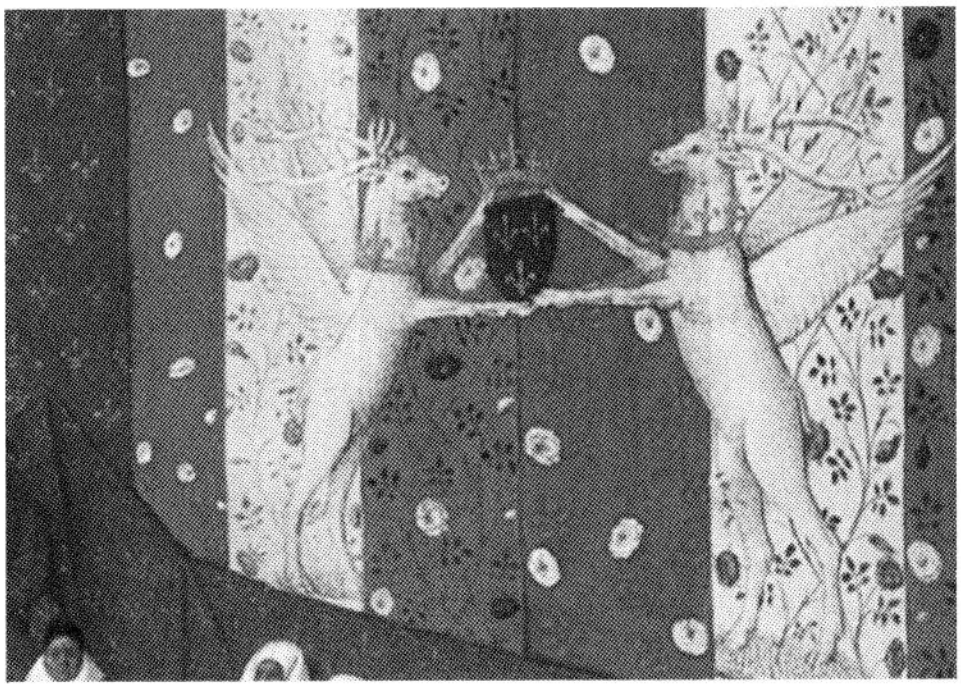

Ⅰ-2　シャルル7世の標章、飛翔する鹿（ミュンヘン、バイエルン州立図書館）

章のような厳格な管理下にあるわけでもない。ひとりの人間が、複数のドゥヴィーズをもち、生涯のあいだにそれを変えることも多い。遊戯的な紋章といわれる所以は、このような性格にあるのだが、いったいなぜこのような紋章が現れたのか。

ドゥヴィーズとはなにか、その性格を知るには、個人や家系を示す紋章と比べてみるとわかりやすい。そもそも紋章の成立は一二世紀前半にさかのぼり、当初は王族や大貴族が使い、その後一三世紀にかけて職人や市民へと広がり、都市や職業組合、あるいは宗教団体にも使われるようになったとするのが定説である。貴族の紋章は身分証明の役割を担い、ゆえに紋章の剽窃などが起こらぬよう、紋章官という役人によって厳しく管理されたことが知られている。そして紋章がなぜ誕生したのか、発生の経緯は、鎧兜で身を包んだ騎士が、己が誰かを示すためにあったことは、今日では広く認められている[2]。ただし、このような表層的な理由とは別に、深いところで封建制度下の中世社会の秩序と関わりをもっているという指摘もなされている。フランスの紋章学者、ミシェル・パストゥロー氏は、「再編途上にある社会にあって、個人を集団のなかに位置付け、集団を社会のなかに位置付ける新しい身分証明」を紋章が担ったのではないかとその意義を述べている[3]。

いずれにしても名刺のような機能をもった紋章の社会性と比べてみるとき、ドゥヴィーズの特徴が鮮明にみえてくる。つまりドゥヴィーズは個人や家系のしるしとしての機能を超え、感情生活の表象という性格をもつということである。このことは、使用者の主張や感情が直接、反映されるモットーに注目すれば納得できるだろう。一六世紀イタリアの標章について調査している吉澤京子氏は、モットーを『座右の銘』のように使用者が好んでいた、あるいは目指そうとしていた道徳的価値を反映したものであり」、「時には使用者が自身の置かれた境遇がどのようなものであるかを打ち明けたり、その境遇中で何らかの自己主張をするものである」と定義している。[4] 序章で触れた、夫を失った悲しみをジョウロのモチーフに託したヴァランティーヌ・ヴィスコンティの標章はそのようなドゥヴィーズの典型であろう（図序-10参照）。悲しみの涙をジョウロの放つ水滴に見立て、溜息（soupir）と不安（souci）という二つのことばの頭文字から二つのSを配置し、そして銘帯に「わたしにはもはやなにもない」というモットーを添えた彼女のドゥヴィーズは、彼女の境遇と気持ちを素直に示したものである。家系を示す紋章になんらかの感情が託され、紋章がその意味を育むことももちろんあっただろうが、ドゥヴィーズには成立において既になんらかの感情が託されてモチーフが選ばれている。吉澤氏は、ドゥヴィーズを「単にその使用者を他者と識別する機能をもつ一般的な紋章とは異なり、使用者個人の価値観や美意識、教養さらには人となりまでもうかがい知るための手掛かりを与えてくれる貴重な資料」であると、その価値を指摘している。

ドゥヴィーズはイタリア語ではインプレーサ（impresa）といい、これが一六世紀のイタリアで展開をみたことについてはいくつかの研究がある。[5] インプレーサを一六〜一七世紀に展開するエンブレムの端緒として位置付ける伊藤博明氏は、個人の紋章がインプレーサへと移行し、さらに複雑な含意をもったエンブレムへと展開する経緯を詳細に追っている。氏はイタリアのインプレーサの成立にはフランスのドゥヴィーズが貢献していることを指摘している。つまりインプレーサの直接の起源が、フランスのドゥヴィーズに求められることは、インプレーサに関する初めての著作、一五五五年刊の『戦いと愛のインプレーサについての対話』に証言があるのだと言う。[6] 著作の作者パオロ・ジョーヴィオは一四八三年に生まれ、一四九四年のシャルル八世のイタリア侵攻、そして一五〇〇年のルイ一二世のミラノの占拠と思われる事態に触れ、フランス軍の隊長らが軍服の上にドゥヴィーズを飾っているのを見て、その優雅さに感じ入ったイタリア人は模倣したのだと記していると言う。同書には、ルイ一二世のインプレーサとして、王冠を被った豪猪《やまあらし》に（図Ⅰ－10参照）、「近くから、また遠くから」というモットーが付けられていたと述べられ、伊藤氏は、図柄は王が勇敢で好戦的であることを示し、モットーは近くからも遠くからも恐れられる王の絶大な権力を表わしていると注釈している。

紋章からインプレーサへの移行について、伊藤氏は、そのもっともわかりやすい例として、イタリアで毛織物を商った豪商であり芸術家のパトロンとしても知られたジョヴァンニ・ルチェッライ（一四〇三～八一年）の紋章を示している。マルシリオ・フィチーノに教示され、運命女神《フォルトゥーナ》に従って未来を切り拓こうとしたジョヴァンニは、自らの紋章に帆舟に立つ女神の姿を加えた。やがて息子をメディチ家の娘と結婚させ、それによって得た幸運を示唆する一枚の版画には、舟に乗る二人の背景に「私はフォルトゥーナの運ぶままに任せよう、最後には幸運を得ることを希望して」という文言が浮かんでいる。ジョヴァンニの紋章に、この文言を加えればインプレーサが成立するというわけで、実際このようなインプレーサが後に誕生していると言う。

インプレーサ、つまりドゥヴィーズは、歴史的にみれば、家系を示す紋章と、寓意表象であるエンブレムのあいだに位置している。モットーと図柄のほかに銘文を加え、個人的というより、より普遍的な道徳を語るエンブレムの複雑な含意には及ばないが、インプレーサはモットーと図柄の組み合わせによって個人の願望や感情を示す形象である。インプレーサがエンブレムを準備したことからは、ドゥヴィーズも同様に単なるしるしの機能を超えて、感情の移入や意味の付与を重要な要素としたことがわかるだろう。

2　ドゥヴィーズの表象

ではドゥヴィーズにはどのような感情や意味が込められたのだろうか。上述のヴァランティーヌ・ヴィスコンティのジョウロが夫を亡くした悲しみを示していたように、愛情の表現はそのなかでもっとも普遍的なものである。愛するひとを亡くした悲しみの表現は、アンジュー公ルネ（一四〇九～八〇年）のドゥヴィーズにもある。そこには妻を失った悲しみばかりか、新しい妻との生活への希望と一対になった興味深いドゥヴィーズの例がある。

彼の紋章のひとつとしてよく知られたものに、バトン・エコテ«bâton écoté»、すなわち小枝を切り落とした後の節を残した枝の図柄がある（図Ⅰ-3）。『アンジュー公ルネの時禱書』の写本など、彼のために制作された書物の装飾にしばしば登場する図柄である。この不思議な図柄は、一四二〇年に娶った最初の妻イザベル・ド・ロレーヌが一四五三年に亡くなった後につくられており、これは亡き妻のドゥヴィーズであった薔薇の木が枯れ木と化した姿である[7]。図Ⅰ-3のイニシャルの装飾でBの文字に見えるのがバトン・エコテであり、そして左側には切り株が添えられ、枯れた切り株からは右側に向かって青々とした葉が垂れている。バトン・エコテと同じようにイザベルを亡くした失意を切り株に託したのは、切り株を示すフランス語の«souche»が、不安を示す«souci»の語の音に近いためであると考えられている。そして、この切り株に新しい芽が吹き、緑の小さな葉を付けた枝を伸ばした図柄を標章としたのは、イザベルと死別した翌年、一四五四年にジャン

Ⅰ-3　アンジュー公ルネの標章、節の付いた枝と新芽を付けた切り株 (BnF. Ms.lat.17332, f.52)

Ｉ-4　ルネとジャンヌの標章（サンクト・ペテルスブルク図書館 Fr.Q. p.XIV, 1, f.37v.）

ヌ・ド・ラヴァルと再婚し、それによって新たな命を与えられたルネの心境を語るためである。[8] ルネとジャンヌの標章を並べた図Ｉ－４にも左側に葉を伸ばした切り株が描かれ、右側のすぐりの木の枝には睦まじい二羽のキジバトがとまっている。すぐりの木もルネの標章のひとつであり、キジバトは仲睦まじいカップルを象徴する鳥である。

かつてアンジェのフランシスコ会《コルドリエ》修道院にあった聖遺物庫の扉にも、葉をいっぱい付けた枝が伸びている切り株が描かれていたと伝えられている。一四五三年には既に工事が始まり、一四六〇年頃には完成したと推測され、一四四五年に亡くなったルネの聴罪司祭サン・ベルナルダンに捧げられたチャペルにあったという。同じ頃にルネがアンジェの近郊ボメットに建立したフランシスコ会《コルドリエ》の修道院のチャペルの窓を飾って

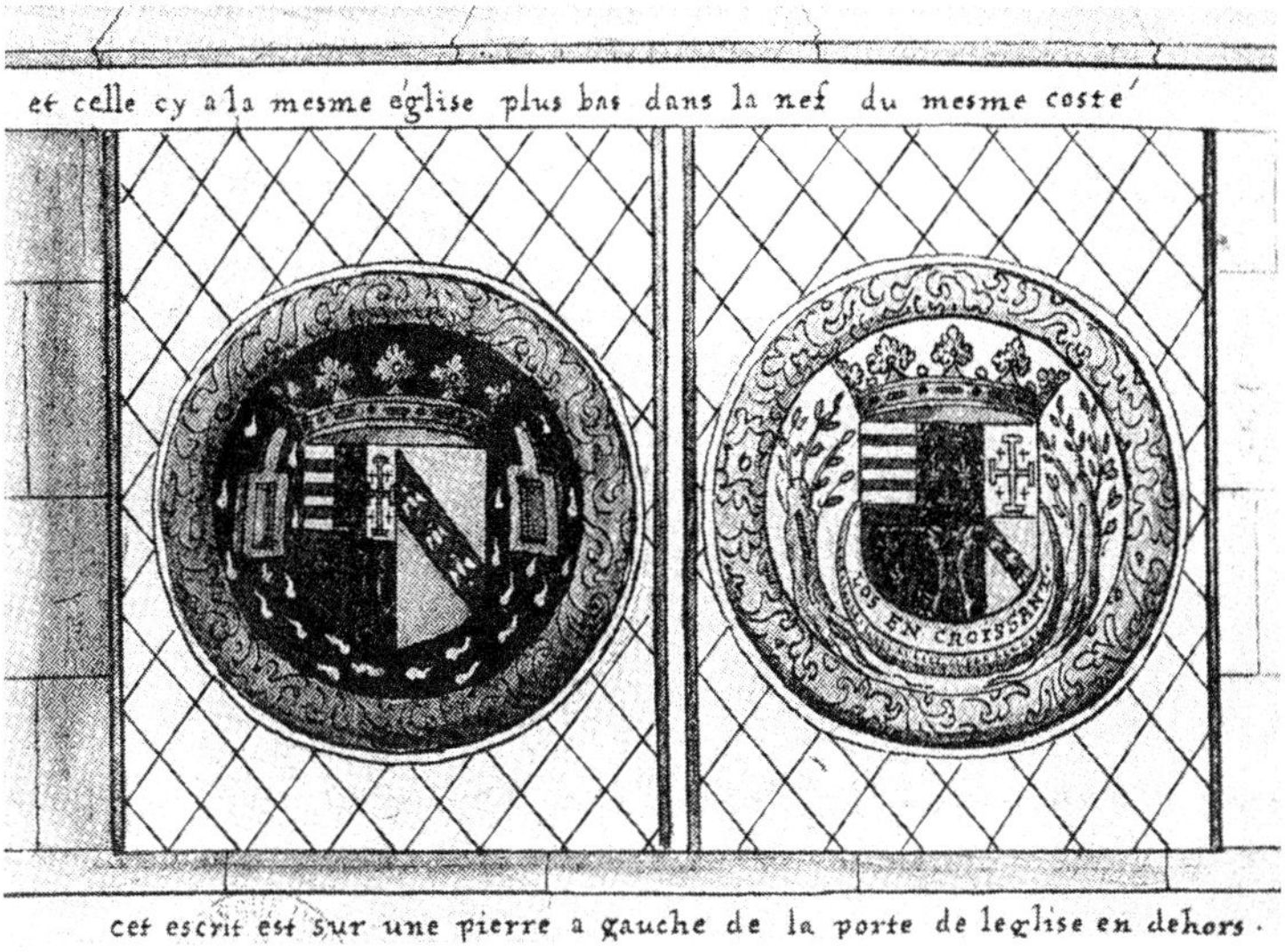

I-5　ルネの妻、イザベルとジャンヌの標章（BnF. Est. Rés. Pc.18, f.9）

いたステンドグラスはさらに興味深い（図I-5）。ルネの最初の妻イザベルをしのぶ標章を左に、ジャンヌとの新たな生活を示す標章を右に配している。切り株が若芽を伸ばした様子を描いた右のジャンヌの標章とは対照的に、左側の標章には盾の周囲を涙のしずくが行列をつくっている。四角いかたちに柄の付いたように見えるのは、ジョウロを示しているのではないかと推測されている。一七世紀のロジェ・ド・ゲニエールの模写によって残されたものである。

　妻や夫の死を悼み、傷心を託したドゥヴィーズには一六世紀にも、ブラントームの『艶婦伝』が伝える有名な例がある[9]。それは、アンリ二世（在位一五四七～五九年）の突然の死を悲しんだ妃カトリーヌ・ド・メディシスのドゥヴィーズで、生石灰の山に大量の雨粒が降り注ぐ図柄のドゥヴィーズである。アンリ二世は、一五五九年、娘エリザベートのスペイン王フェリペ二世との婚約を祝した馬上槍試合で負傷し、一〇日ほど後に没した。大量の雨粒は妃が日々流す涙であり、その水分に反応して生石灰が熱くなることを愛の炎に喩えたのである。水分に接す

I-6　『ベリー公のいとも豪華な時禱書』1月の暦図は、公の宮廷の饗宴を描き、背景に白鳥と熊の標章がみえる（シャンテイィ、コンデ美術館）

ると熱を発する生石灰の性質を使った凝ったドゥヴィーズである。添えられた標語は「炎は消えても、涙は情熱を示す」[10]、消えてしまったはずの夫との愛も、涙が情熱の痕跡をあらわにするという意味である。アンリ二世と結婚した頃、カトリーヌは、虹をドゥヴィーズとし、ギリシャ語で「光を放ち、晴天を告げる」という、夫の威光を示したと思われる標語を添えていた。時どきの気持ちがドゥヴィーズには反映される。

　これほど直接的な愛の表現ではないが、ベリー公ジャン（一三四〇〜一四一六年）に、愛人の名を思わせるドゥヴィーズがある。彼はドゥヴィーズとして熊(ours)と白鳥(cygne)を用いている（図I-6）。両者を合わせてウルシーヌ(oursine)と読ませ、そのような名の女性を想起させているのではないかという推測である[11]。上記のアンジュー公ルネの手になる寓意物語『愛に囚われし心の書』に、ベリー公ジャンが、イングランドのとある女性の愛に殉じたとする一節があるからである。物語の半ばで、主人公らは〈礼節婦人《ダーム・クルトワーズ》〉の案内で、愛に殉じた恋人たちの墓地を訪れる。イズーを愛したトリスタン、ギニヴィアを愛したランスロなど文学や歴史に登場する恋人たちの墓標に続いて、ルイ・ドルレアンやルイ・ド・ブルボンなど、ほぼ同時代に実在した人物の墓標が説明されるなかに、ベリー公ジャンの墓標がある。彼がイングランドの女性を愛したことが記され、その紋章が胸を矢で貫かれた白鳥と褐色の熊であると、『愛に囚われし心の書』は説明している。

ただし、一方で、イタリア、ローマの名門オルシニ家を指しているとする推測もある[12]。ベリー公のモットー«Ors signe, le temps viendra»を、オルシニ(Orsini)家の治世がやってくるだろうと読むことができるからである。図柄の選択にはいくつかの理由が重ねられていると考えたほうがよさそうである。熊を選んだ理由のひとつにはベリー公の守護聖人がサン・ウルサン(Saint Ursin)であったこと、つまり音の類似がある[13]。白鳥については後述のローエングリンの物語、すなわち白鳥の騎士を思い起こさせ、胸に矢を突き刺した白鳥の図柄もヨーロッパに多く残されている。もちろん胸を射る矢は恋の矢である。白鳥を一面に散らした衣裳を着たベリー公の姿は写本挿絵にいくつか残されている(**図Ⅰ-7**)。一方の熊は、獣の王として力と権力のシンボルの歴史をもったことを、中世文明も北方文化より受け継いでいるから、このような背景も無視できないだろう。

さてドゥヴィーズの図柄に動物がしばしば使われることは紋章の世界に珍しいことでは

Ⅰ-7　白鳥のモチーフを散らした服を着たベリー公ジャン
(BnF. Ms.fr.23279, f.53)

ないが、ドゥヴィーズに登場する動物の選択にどのような事情があるのかを知ることは、ドゥヴィーズに込められた意味を知る手がかりとなる。シャルル六世とルイ・ドルレアンの虎については章を改めて詳述するが、それが示しているように動物文には中世に流布した動物誌が少なからず影響を与えている。『動物誌』とは、古代以来の博物誌の伝統のうえに成り立つ、中世の生物学の書である。科学的な知識がまったく見られないわけではないが、わたしたちの目から見れば荒唐無稽な解説で占められ、さらにそれぞれの動物の性格を宗教的・世俗的に解釈することに主眼のあった作品群である。上述のベリー公の使った熊には、次のような動物誌が知られている。ここでは一三世紀に書かれたブルネット・ラティーニの『宝典』に収められた動物誌から引用すると、熊の仔は、母親の胎内でかたちも顔もなく、白い肉の塊で、二つの眼だけが付いていると言う。かたちなくして生まれた仔熊は、母熊の舌によって熊のかたちを得、抱きしめられて熱と生命を与えられる。ゆえに熊は、ひとを教化するイエスになぞらえられる。はたしてベリー公の熊はこのような意味を意識して選ばれたものなのかどうかはわからない。とはいえ、さまざまなヴァージョンを生み、展開した動物誌に中世人がなじんでいたことを考えれば、動物誌が示唆する宗教的な意味合いが理由になって選ばれた可能性も否定できない。

シャルル六世が飛翔する鹿（図I－2参照）を標章としたことは、次王シャルル七世に受け継がれ、王家の紋章として昇格したこともあって、その由来については古くから調査がある。この文様は一三世紀に成立したアーサー王の物語『聖杯の探索』に直接の典拠があることは、コレット・ボーヌによって明らかにされている[14]。十字架上のイエスの血を受けたとされる聖杯の探索に成功するのは、汚れのない、ランスロの息子ガラアドだけである。ガラアドが物語の末尾で立ち会う、白い鹿と四頭の獅子の変容の場面に、シャルル六世の鹿のドゥヴィーズが由来することは、

《JAMAIS》ということば（同王の標語）の存在と、その直前にソロモンの舟を飾る赤・白・緑（同王の色）の紡錘のエピソードがあることから間違いないと言う。一三八二年九月に初めてこのドゥヴィーズを使ったシャルル六世は、同年一月に王室の図書室からたしかにこの本を借り出しており、七月には未だ返却していないという事実が記録から確かめられるのだと言う。このように文様を文学作品に取材したことに、シャルル六世がなにを意図したといえばよいのかは今後の課題として残されているが、聖杯の探索という物語の性格からして宗教的な意図があるのだろう。ただし、中世に宗教と世俗は必ずしも分離されるものではない。本書がテーマとする涙や心の形象も、同じかたちに宗教的・世俗的、両者の意味が常に重ねられている。

　愛の表現と宗教的な意図の他に、政治的なメッセージがドゥヴィーズに託されることがある。アンジュー公ルネが使った小枝を落とした枝《バトン・エコテ》の図柄は、さかのぼって、シャルル六世の弟、先述のヴァランティーヌ・ヴィスコンティの夫であるルイ・ドルレアンが使ったことがある。このドゥヴィーズに対抗して、宿敵の初代ブルゴーニュ公フィリップ・ル・アルディが使ったのは、鉋（rabot）であった。フィリップは、シャルル五世の弟に当たり、次王シャルル六世の叔父に当たる。シャルル五世が一三八〇年に亡くなったとき、後を継いだシャルル六世は一一歳であったから、フィリップは後見人を務めた。さらに一三九二年に王が精神的な病に陥った際に摂政を務め、その影響力ゆえに王弟ルイ・ドルレアンとの対立は次第に深くなる。フィリップはルイの枝のこぶを鉋で削り落としてしまうというメッセージを鉋に託しており、したがって一方のルイの枝は一族の結束の固さを示していると理解されている[15]。このように、同じ図柄でもその意味するところは使用者によって異なり、政治的な意味が隠されている場合もあれば、愛情の表現である場合もある。フィリップ・ル・アルディの鉋の模様は、息子のジャン・サン・プールに受け継がれ、ブルゴーニュ

I－8　鉋と水準器とホップの葉を着けたブルゴーニュ公ジャン・サン・プール（BnF. Ms.fr.2810, f.226）

I－9　フィリップ・ル・ボンの火打ち石の標章（ベルギー王立図書館 Ms.9242, f.1）

家とオルレアン家、両家の確執も受け継がれていく。ジャンが鉋とともに使った水準器もまた、相手を屈服させるという意味が込められていると理解されている[16]。鉋の刺繍は記録に頻出し、写本挿絵にも伝えられている（図I－8）。そして興味深いのは、記録に鉋とともに鉋屑（raboture）を刺繍したという記載があることである[17]。これらの刺繍は、供の騎士への仕着せや公の座るクッションなどに施されたもので、たとえば両袖にそれぞれ三つの鉋と、その下に一列の鉋屑が刺繍されたという記録がある。残念ながら鉋屑らしきものを表わしている写本挿絵は管見では見つけられていない。

ジャンを継いだ息子のフィリップ・ル・ボンは、火打ち石（fusil）をドゥヴィーズとしている（図I－9）。Bのかたちを描いているのは、ブルゴーニュという家名の頭文字だからである。金属製のこれを石に打ち付けて火を起こす道具である。おそらく火を起こすのは容易ではなく、何度も打ち付ける辛抱が要ったのであろう。火打ち石の選択は、統治者としての忍耐を示すためであると記録に記されているが、それ以上の事情はわからない。なお火打ち石の文様は、フィリップ・ル・ボンが創設した金羊毛騎士団の勲章に取り入れられ、後に孫娘、マリー・ド・ブルゴーニュが、ハプスブルク家のマクシミリアンに嫁ぎ、公領がハプスブルク家に属するに及んで、ハプスブルク家に伝わり、そして今日のスペイン王室へと受け継がれている。

ドゥヴィーズの政治性をもっともよく示すのは、いうまでもなくモットーである。それは統治者としての決意を示すことばであることが多いからである。先述のシャルル六世の標語JAMAIS（決してしまい）は「決して過誤なく」[18]という文言のなかの一語である。彼の衣服の装飾として縫い取りをされたことは記録にも挿絵にも確かめることができる（図I－1参照）。

3　ドゥヴィーズの形象

いくつかの代表的なドゥヴィーズを挙げてきたが、図柄は多様である。シャルル六世は、飛翔する鹿や虎のほかに、孔雀、一角獣、羊、馬、燕、エニシダ、五月の葉、泉（bassin）などが知られている。弟のルイ・ドルレアンは、虎のほかに、ルイという名の音に近いという理由から狼（loup）を、また当時の武器である弩《おおゆみ》、植物としてはイラクサの葉を使っている。シャルル七世（在位一四二二～六一年）は、飛翔する鹿のほかに羊歯の葉や薔薇の花を使い、また愛人のアニエス・ソレルを示すと思われるAAのアルファベットもある。次王ルイ一一世（在位一四六一～八三年）は、豪猪《やまあらし》に、「近くからも遠くからも」[19]を標語とした。これらはルイ一二世（在位一四九八～一五一五年）に踏襲された（図I－10）。ルイ

I－10　ルイ12世の標章、豪猪と王冠（フランス、ブロワ城）

一二世は、ルイ・ドルレアンと妻のヴァランティーヌの孫に当たり、ルイ一一世の娘ジャンヌを最初の妻に迎えている。シャルル八世（在位一四八三～九八年）は、ほたて貝（coquille）とフランチェスコ会士のなわ帯（cordelière）である。

ブルゴーニュ公ジャンの衣裳には、鉋の他に、やはり大工道具である水準器、そしてビールの香味に使うクワ科の植物ホップがあり、いずれも彼のドゥヴィーズとしてよく知られている（図Ｉ－８）。先代のフィリップ・ル・アルディは、ホップのほかに、柏、サンザシ、牝羊、白鳥、キジバト、鷲、雲、太陽、指輪、コイン（besant）が、息子や甥、また自らのプールポワンの装飾として使用したと伝えられているが[20]、これらがドゥヴィーズとして認識されたものだったのかどうかはわからない。娘マルグリット・ド・フランドルのために、名前にちなんでマーガレットと、薔薇やアザミで壁を飾った部屋をつくらせたこともある。彼のモットーは«Y me tarde»すなわち「一刻も早く」である。アンジュー公ルネは、先述の切り株やこぶの付いた枝のほかに、すぐりの木やオレンジの木を使った。ベリー公は、熊と白鳥のほかに、一角獣を使い、また軍人の守護者である聖ミカエルと、彼の武装された腕（bras armé）によって、統治力を誇示したこともある。

さまざまな文様のなかで植物文様の種類は豊かである。中世末期に植物起源の紋章が展開したことは、この時期に植物への関心が格段に高まったことによる[21]。写本挿絵の欄外は、かつて神経質で繊細な抽象的な文様や奇怪なゴシック文様で埋め尽くされたのが、一五世紀にはマーガレットや薔薇やイチゴなど細密な植物画で飾られるようになり、同時に造園への関心が高まっている。アンジュー公ルネはプロヴァンス領に植物園をつくらせている。ヴァランティーヌが使った、花に水をやるジョウロの文様も、おそらくこのような園芸への関心という背景のなかで現れた文様なのであろうか。一方、動物についても動物誌の伝統的な知識ばかりか、実際の動物に触れる動物園への関心が高まったときである。ベリー公がドゥヴィーズとした熊は、彼の愛玩動物であった。熊には人間同様の小姓の地位が与えられ、公の巡行には特製の輿に乗せられて供に加わったと伝えられている[22]。動植物への関心がなければ成立しない文様の数々である。

こうした多様な文様にどのような心情や信条が込められたのか、それを解くのは至難である。表象された図柄の記録は少なくないが、しかしそこに託されているのが個人的な感情であるだけに、それを明かすことは難しい。とはいえ、以上に紹介した事例だけでも、中世末期の人びとが日々の生活の喜怒哀楽をいかに文様に託したか、その繊細な感情生活を知り、驚かされるのではないだろうか。愛をテーマとしたドゥヴィーズが多いのも当然である。

アラン・シャルティエ（一三八五〜一四三〇年頃）の作品とされる短詩を収めた写本挿絵に、次のような愛のドゥヴィーズがある[23]。ロンドンの大英図書館が所蔵するこの写本の末尾には「愛の嘆き」と題され、一〇行ばかりの互いに独立した一四編の詩から成る短詩が付されている。その三番目の詩は、「哀れな囚われ人に、奥様、歓びのお布施をお与えください」ということばで始まるのだが、第六九葉に、奥様の前で跪き、愛を乞う、おそらくアラン・シャルティエ自身と思われる男性の姿があり、その袖には、格子と「哀れな囚われ人に」 Au pauvre prisonnier という文字が表わされている（図Ⅰ－11）。同様の姿は第一葉にもあり、作者アラン・シャルティエ自身の愛のドゥヴィーズであろうか。報われぬ恋に悩み、愛する女性に慈悲を願うという〈愛の嘆き〉のテーマは、一四世紀末から一五世紀に流行した抒情詩のテーマであり、本書が明らかにする涙と心の形象化もまたこの文学テーマのなかで展開した。先に触れたルネの作品『愛に囚われし心の書』もまさしく同種のテーマをもち、主人公の〈心〉が、愛する女性の慈悲を求めて旅をするという物語である。その旅の途次、愛に殉じた人びとを弔う墓地を訪れ、著者が一人ひとり数え挙げていくなかに、ベリー公ジャンもいたということである。

愛の囚われ人となったアラン・シャルティエは、その気持ちを格子戸の牢で示し、それを袖に表わした。感情表現としてのドゥヴィーズの在りようを、アラン・シャルティエのこの挿絵はよく示しているだろう。これは文学上の表現ではあるが、紹介したさまざまなドゥヴィーズは、実際に衣服の袖などに描かれたのであり、絵空事なのではない。アラン・シャルティエは、後で触れるように、「つれなき美女詩群」と称される一五世紀の抒情詩の流行をつくった作家であるが、実は王太子時代のシャルル七世に秘書として仕え、ハンガリー、フランドル、スコットランドとの外交に役割を果たした役人であり、パリの聖堂参事会員であった。ドゥヴィー

Ⅰ-11　著作を献じるアラン・シャルティエ（大英図書館 Ms.Add.21247, f.69）

ズは、一四世紀から一五世紀の人びとの生活に密着した文化事象なのである。

第❷節　オルレアン公妃のジョウロの標章

1　ヴァランティーヌ・ヴィスコンティのジョウロ

ヴァランティーヌ・ヴィスコンティ（一四〇八年没）は、イタリアのヴィスコンティ家のジャン・ガレアッツォを父とし、彼の四人の子どもの三番目として生まれた。生年は一三七〇年とも七二年ともいわれ、生年月日は特定されていない。彼女が生を受けた一四世紀後半のヴィスコンティ家は北イタリアを広く治め、父ジャン・ガレアッツォ（一三五一〜一四〇二年）がイタリアでもっとも強力な支配者として君臨したときである。彼が一四〇二年に亡くなったとき、その広大な領土はミラノとパヴィアを超えて、アッシジ、ボローニャ、コモ、ペルージア、ピサ、シエナ、スポーレット、ヴェローナ等へ及んでいた。ミラノ大聖堂を建立したのも彼であり、妻をフランス王室から迎えたことも彼の権勢のほどを示している。すなわちヴァランティーヌの母はフランス王ジャン二世の娘イザベルである。ヴァランティーヌは、一三八九年、フランス王シャルル六世の弟、ルイ・ドルレアンと結婚するから、従兄と結婚したことになる。夫ルイ・ドルレアンの父シャルル五世と自らの母イザベルとは兄妹である。

ヴィスコンティ家の居城、パヴィア城で生まれたヴァランティーヌは、結婚するまでをここで過ごし、ブランシュ・

ド・サヴォアという学識豊かな女性を教育掛りとして育てられたことが知られている。パヴィア城には見事な図書室があり、ダンテ、ペトラルカ、ボッカッチョなど当代の作家の作品はもちろん、プラトン、キケロ、ヴェルギリウス、スエトニウス、プリニウスなどの古典や、聖ベルナールや聖グレゴリウスの著作をはじめ、医学、植物・動物・鉱物学、天文、倫理学など、合わせて一二〇〇冊の書がここに収められていたことは、一四二六年、一四五九年、一四六九年の三点の目録が証言している[24]。教養ある宮廷で成長した彼女は文学を愛し、オルレアン家に嫁いだ後も、その蔵書の内容から豊かな文学的教養をもったことが知られている[25]。彼女がジョウロをドゥヴィーズとしたことの直接の起因が夫の死にあることは間違いないが、その背景に彼女が置かれたイタリア、ヴィスコンティ家の文化的環境があり、そこで育まれた彼女の文学的センスがジョウロというドゥヴィーズを生み出したように思われる。

ところで彼女のジョウロの標章が今日に伝えられたのは、既に序章で触れたクロード・パラダンのエンブレム・ブック『英雄的ドゥヴィーズ集』に掲載されたことによる。一五五一年にリオンで初版が刊行されたこの著作は、フランス語のエンブレム・ブックとしてもっとも初期の書物であり、一七世紀半ばにかけて、ラテン語、オランダ語、英語の翻訳本を生み、また再版を重ねて流布した[26]。一五六一年にはアントワープで、一六一四年および一六六二年にはパリで再版が出されている。これらの書物のなかで、ヴァランティーヌのドゥヴィーズは、二頁にわたって、夫をなくした彼女の人生最大の不幸を語りながら掲載されている。壺型のジョウロは、複数の小穴の開いた底を見せ、そこから水滴が散っている（図序－10参照）。長い首の上部にあるのは二つのSで、これらは soupir（溜息）と souci（不安）の二つのことばの頭文字を示すと説明されている。長い首を横切っている銘帯には、« Plus ne m'est rien » すなわち「私にはもはやなにもない」というフランス語の標語が記されている。涙に喩えられたジョウロの底から放たれる水滴、溜息と不安を示す二つのS、そして絶望的な気持ちを訴える標語の三つが重ねられ、これ以上ありえない悲しみの表現として彼女のドゥヴィーズは見るものに訴える。ヴァランティーヌはルイとの結婚の当初、父のミラノ公としての標語「真っ直ぐに」を自らも使い[27]、これを宝飾品に表わしていたほか、「誠実はすべてに優る」という標語を帯のバックルに記したことが知られている[28]。誠実ということばは、一途な想いという意味で愛のことばとして使われるから、この標語にはヴァランティーヌのルイへの深い愛情が感じられ、「私にはもはやなにもない」という、彼を失った深い悲しみを示す標語と対をなすようにみえる。エンブレム・ブックの作者クロード・パラダンが、どのような経緯でこの標章を掲載したのかはわからないし、ヴァランティーヌ自身がこのドゥヴィーズを生活のなかで装飾として、どのように使っていたのかは伝えられていない。後述のように、この標章を踏襲したマリー・ド・クレーヴの場合には、彼女の所有した写本にドゥヴィーズを確かめることができるし（図Ⅰ-14参照）、宝飾品の装飾に使ったことも記録に少なからぬ証言がある。それに引き換え、ヴァランティーヌの場合には、パラダンのエンブレム・ブックを除いて証言がないのだが、しかしパラダンのエンブレム・ブックゆえに、今日まで知られることになった。

パラダンは、このジョウロを«chantepleure»ということばで紹介しているが、この語は今日では使われることのない死語である。そしてジョウロのかたちは、今日のわたしたちが花に水をやるときに使う道具とはかなり異なっている。当時のジョウロがどのようなかたちの道具なのか、そして「歌う」という語と「泣く」という語の合成語のようにみえる、「シャントプルール」というこの魅力的なことばの由来について、まず述べておきたい。

ことばのもっとも早い記録は、一三八〇年のシャルル五世の財産目録にあり、花に水をやる道具であったと同時に、薔薇水などの香水を撒くための道具も指して使われたようである。しかしこのことばは一六世紀には消え始め、そして一七世紀に、ほとんど死語となったようである。この語の語源をめぐって議論が起こることになるからで[29]、一七世紀にはchanter（歌う）とpleurer（涙を流す）という二つの動詞の命令形の合成語と考えられていた。つまり水が流れる（涙を流す）ときの音が歌うように聞こえるという意味でジョウロを指したと解釈されたのである。この説明はあまりに美しかったせいか、その後の偉大な言語学者によるフランス語辞典に踏襲されていく。一九世紀のエミール・リトレのフランス語辞典から、二〇世紀のアルベール・ドーザ、さらにブロック＝ヴァルトブルグの語源辞典に至るまで、このようなことばの由来が繰り返されている。これに対し、毛虫を示す方言«chattepelleuse»に由来するとする説がある。漏斗の管の部分を毛虫に喩えた結果、漏斗を示す«chantepleure»という語が生まれたとする説明である。結局、語源はいまなお不詳であり、この語がジョウロを示したという事実も一七世紀にはまったくわからなくなっていたようである。正確な語源は不詳ではあるものの、歓び（chant）と悲しみ（pleur）の合成語にみえたがゆえに、歓びから悲しみへの移行、すなわち悲しみを表現することばとして、死の嘆き、思いがけない死別、死者への祈禱などの意味で使われたことは確かである。一五三七年に贖罪について論じた書物が、『熱き涙のシャントプルール』という書名をもっているのもこの意味においてである[30]。ヴァランティーヌのジョウロも、このような意味において理解されるべきかもしれない。ジョウロという図柄、それに添えられた標語や二つのSに加えて、シャントプルールということばのレヴェルにおいても実に悲しいドゥヴィーズである。

大英博物館には、一五世紀および一六世紀のものと推定される陶製のジョウロが残されている（図I‐12）[31]。ヴァランティーヌのジョウロのように首は長くはなく、ずんぐりとしたかたちであるが、このような形状がこの頃には一般的であったのだ。この種のジョウロは、まず水の中にジョウロの全体を沈め、水をジョウロの中に満たす。そして上部の口に親指を当てて引き上げれば、上から空気が入らない限り底から水が押し出されることはない。こうやって運んだジョウロの水は、指を離して花に水滴を散らす。その様子を描いている有名なタピスリーがパリの装飾美術館にある(図Ⅰ-13)。向かって左側の女性は、今まさに親指を離し、鉢植えのナデシコに水滴を注いでいるところである。

Ⅰ-12　15世紀(左)、16世紀(右)のジョウロ(大英博物館)

Ⅰ-13　タピスリー《天蓋の下の男女》(パリ、装飾美術館)

男女のカップルの二人が誰であるか、特定されていないが、ジョウロを持っているがゆえに、ヴァランティーヌとルイ・ドルレアンではないかという推測がある。あるいは彼らの子である詩人シャルル・ドルレアン（一三九四〜一四六五年）と、同じくジョウロのドゥヴィーズを使った妻のマリー・ド・クレーヴ（一四二六〜八七年）ではないかという推測もあるが、いずれについても確たる証拠はない。タピスリーは一四五〇年から六〇年頃にトゥルネィもしくはブリュッセルで制作されたと推測されている。そうであるならそれはマリー・ド・クレーヴの時代で、一四〇八年に亡くなったヴァランティーヌの時代からはかなり後である。そしてヴァランティーヌがこの標章を使ったのは、夫の死から翌年に自らの死を迎えるまでの一年あまりの短い期間である。後述するように、ナデシコの花は愛のシンボルとして機能し、一五世紀から一六世紀の絵画作品にカップルの姿に添えてこの花を配置することが習慣となっている。このような状況を考えれば、タピスリーの二人は制作の頃にもっとも幸せで平穏な生活を楽しんでいたマリー・ド・クレーヴとシャルル・ドルレアンであると考えるほうが自然かもしれない。

マリー・ド・クレーヴとシャルル・ドルレアンの二人は、一四四〇年に結婚し、後にルイ一二世としてフランス王となる息子をもうけている。後述するようにマリーの生活の品や宝飾品をジョウロの標章が飾るのは一四五〇年代である。シャルル・ドルレアンは、一四〇七年に暗殺によって父を、翌年には悲嘆に暮れた母をなくし、そして暗殺にかかわる裁判に翻弄された挙句、一件落着した直後の一四一五年に、イングランドに大敗したフランスの人質としてロンドンに幽閉され、二五年ものあいだ帰国はかなわなかったことは序章に触れた通りである。一四四〇年に、ようやくフランスに戻ったシャルルはマリーと結婚した。平穏を取り戻し、新たな生活を始めたシャルルとマリーの姿であれば、ナデシコに水をやるタピスリーの二人の姿に納得できるだろう。ただし、幸せな結婚生活のマリーになぜ涙模様のドゥヴィーズが必要だったのかについては説明が要るだろう。これについては後述するように、ヴァランティーヌ・ヴィスコンティのジョウロとは微妙に異なる背景がある。

2　シャンソンを縫い取ったシャルル・ドルレアンの衣裳

ヴァランティーヌに話を戻し、彼女の晩年の不幸と、夫ルイ・ドルレアンの死についてもう一度触れておきたい。既に序章で触れたことを繰り返すところもあるが、涙模様の表象を知るためには、オルレアン家を取り巻いた当時のフランスの政治情勢を知っておく必要がある。

北イタリアのパヴィア城で育ったヴァランティーヌは、一三八九年、おそらく一七〜一八歳でフランス王家に嫁いだ。相手は、フランス王シャルル六世の弟で、当時はトゥーレーヌ公の称号をもったルイ、後のオルレアン公ルイ・ドルレアンである。当時は英仏の百年戦争の渦中にあって、王家であるヴァロア本家は、イングランドと手を組んだブルゴーニュ家とのあいだに確執を抱えていた。ブルゴーニュ家では、先代シャルル五世王の弟、すなわちルイ・ドルレアンにとっては叔父に当たるフィリップ・ル・アルディ（一三四二〜一四〇四年）、続いてその息子のジャン・サン・プール（一三七一〜一四一九年）が統治したが、この宮廷は本家の王室を凌ぐ経済力と文化を誇っていた。

王弟、オルレアン家に嫁いだヴァランティーヌは結婚当初からさまざまな陰謀に悩まされていたようである。そしてブルゴーニュ家によって夫が暗殺されるという最悪の事態が、一四〇七年一一月二三日に訪れる。ルイはこの日の夕刻、男児を死産して産褥にあった兄王シャルル六世の妃イザボー・ド・バヴィエールを見舞い、オルレアン家のパリの屋敷、トゥールネル館に戻る途中、ブルゴーニュ公の放った刺客に襲われ殺害された。既に病気がちであったヴァランティーヌにとって夫の死は決定的な打撃であった。彼女は住まいのフランス中部のブロワ宮を離れ、ルーブル宮を訪れて夫の暗殺を訴えて奔走したが、王シャルル六世は狂気の病に陥っていたし、王妃イザボーは自らのことにしか余念はなかった。しかもヴァランティーヌとイザボーのあいだには、イザボーの祖父がヴァランティーヌの父によって殺されたという過去の確執があった。そもそもヴァランティーヌが王弟ルイ・ドルレアンに嫁いだのは、王妃イザボー・ド・バヴィエールに対抗する戦略であったといわれ、彼女の結婚は政略結婚であった。王妃イザボーは、バイエルンのウィッテルバッハ家の出身であるが、母はヴィスコンティ家の出身で、すなわちガレアッツォ二世の弟ベルナボの娘であった。ガレアッツォ二世の死後、北部イタリアは、弟のベルナボ（すなわちイザボーの祖父）がミラノを、子のジャン・ガレアッツォ（すなわちヴァランティーヌの父）がパヴィアを支配したが、ベルナボの悪逆無道の圧政に、ジャン・ガレアッツォは彼を捕らえ、投獄、一三八五年、獄中でベルナボは毒殺されたとされる。イザボーにとって祖父に当たるベルナボが、ヴァランティーヌの父ジャン・ガレアッツォによって殺されたということであり、フランス王室へ嫁いだベルナボの孫娘によって、自らの地位を案じたジャン・ガレアッツォが娘のヴァランティーヌを王弟の宮廷へと送り込んだというのである。それがルイとヴァランティーヌのいとこ同士の結婚だった。

　さて夫を亡くし、宮廷で孤立無援のヴァランティーヌは、失意のうちに、夫の死から一年あまりの一四〇八年一二月四日、後を追うように亡くなった。直接の死因は病にあり、わずかな時間を置いて繰り返された八人の子どもの妊娠・出産が、彼女の体力を消耗させたと推測されているが、夫の死と宮廷での孤立が精神的な拠り所さえも奪い、彼女の死を早めたというのは本当なのであろう[32]。「私にはもうなにもない」という標語は彼女の絶望的な心情表現として、彼女の悲痛な叫びが聞こえてくるようではないか。

さて、ヴァランティーヌの悲嘆と苦しみを引き継いだのは、長男のシャルル・ドルレアンである。このとき彼は一四歳であった。弟のフィリップは一二歳、ジャンは八歳、そして妹のマルグリットはやっと二歳の幼児であった。シャルルは父ルイ・ドルレアンの暗殺首謀者としてブルゴーニュ家を訴え、その後、苦難の裁判に翻弄されることになる。ようやくブルゴーニュ家の陰謀が明らかにされ、訴訟が落着したのは、六年後の一四一四年であり、彼は二〇歳になっていた。さてここに、ようやく訪れた晴れやかな気持ちを示す逸話として、シャルル・ドルレアン研究者として名高いピエール・シャンピオンがたびたび紹介してきた、ある衣裳の文様のことがある[33]。悲しみをジョウロに託して亡くなった母ヴァランティーヌの遺志を継ぎ、それを成し遂げた歓びの気持ちの託された文様とは次のようなものであった。シャルルは久しぶりに訪れた心穏やかな気持ちを、自作のシャンソン「奥様、私はいつになく愉快です」と表わし、その歌詞と音符を両袖に九六〇個の真珠を用いて縫い取りをさせたというのである。一つの音符を四個の真珠で四角にかたちづくり、一四二個の音符のために五六八個の真珠を要したという記録が残されている[34]。真珠に対する支払い記録として文書が残されているのみで、これ以上の詳細もシャンソンの全貌も不明であるが、当時の貴族の衣裳であるウープランドの、袂《たもと》のように大きな袖に歌詞と音符を刺繍した様子は、いかにも心の平安を示し、詩人として名を残した彼の若い頃の逸話にふさわしい。

シャルルの平安はしかし長くは続かなかった。繰り返すけれど、翌年に彼は捕虜としてイングランドに囚われる。一四一五年一〇月二五日、フランス北部のアザンクールでイングランド軍の侵攻を止めようとフランス軍は戦い、前線でブルボン公と指揮をとったシャルルは、フランス軍の大敗によってイングランド軍に捕らえられた。フランス軍の二万とも二万五千ともいわれる兵力に対し、イングランド軍は六千から七千といわれたが、その巧みな戦術によってフランス軍は一万の兵を失い大敗した。アザンクールの戦いと呼ばれ、百年戦争におけるもっとも有名な戦である。フランスは大敗した結果、現王シャルル六世亡き後は、王女カトリーヌが嫁いでいるイングランド王がフランス王となることを約したトロワ条約を飲み、やがてシャルル六世が亡くなると、シャルル七世はフランス王としての戴冠を果たせず、ジャンヌ・ダルクの活躍によってそれが実現するという混乱期を迎えることになる。捕虜となったシャルル・ドルレアンは、二五年のあいだロンドンに幽閉され、一四四〇年、ようやくフランスへ帰国を果たしたが、それは多額の身代金を宿敵だったブルゴーニュ家が肩代わりしたからであった。この間、一四一九年には、ブルゴーニュ公ジャン・サン・プールが、オルレアン公暗殺に対する報復であるかのように暗殺されていることも既に述べた通りである。

3　マリー・ド・クレーヴのジョウロと三色スミレ

一四四〇年に帰国したシャルル・ドルレアンが、マリー・ド・クレーヴを妻に迎えたのは、明らかに政略上の理由による。マリーの実家クレーヴ家はブルゴーニュ家と縁が深い。マリーは、ブルゴーニュ公フィリップ・ル・ボンの姉マリー・ド・ブルゴーニュが、クレーヴ家のアドルフに嫁ぎ、もうけた娘である。つまりマリーはブルゴーニュ公の姪に当たり、彼女が養育されたのはブルゴーニュ家の宮廷においてであった。シャルルに嫁いだとき、彼女は一四歳であり、一方のシャルルは四六歳であった。ロンドンへ幽閉される前、シャルルは一四〇六年に従妹に当たるシャ

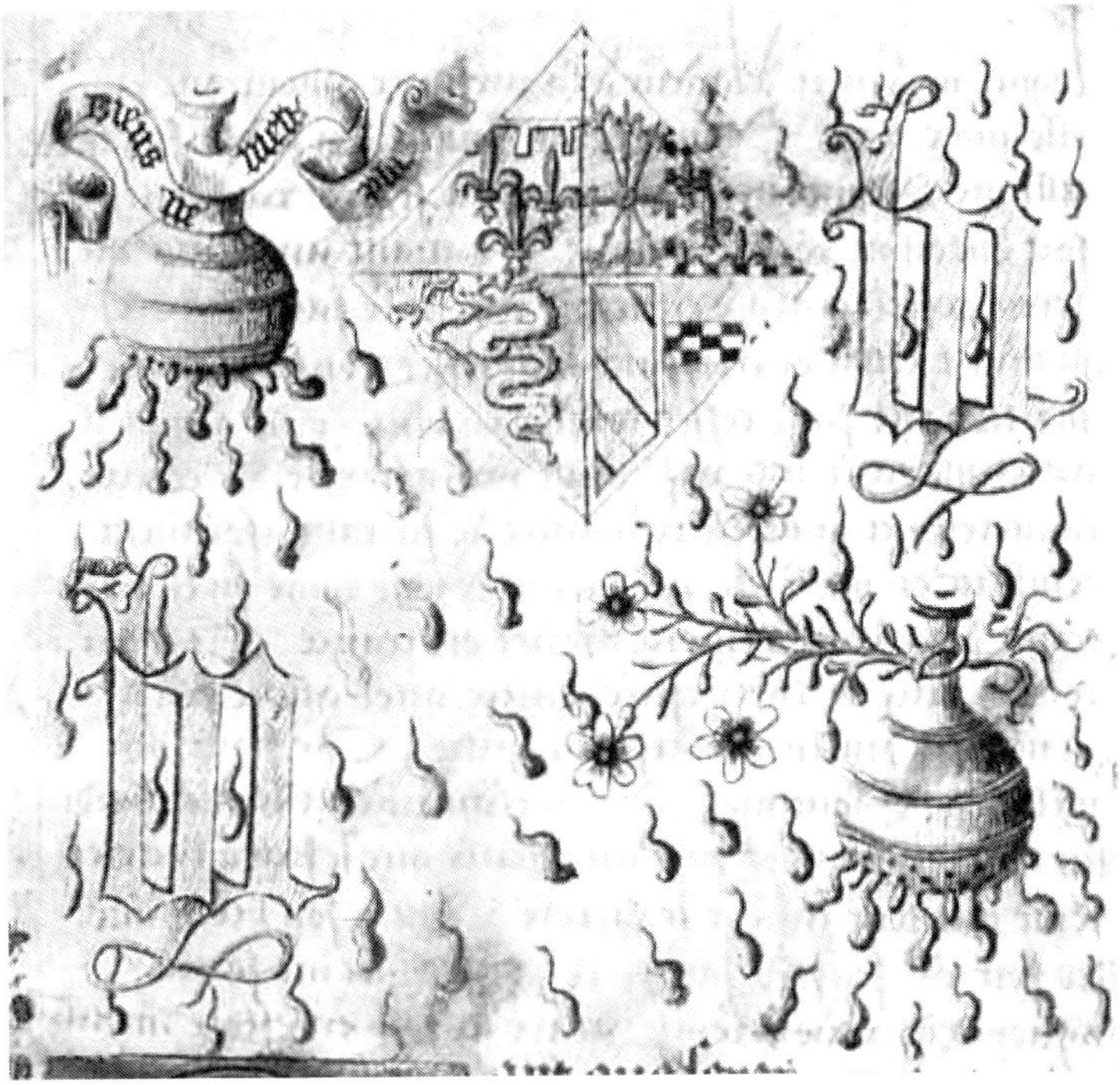

Ⅰ-14　マリー・ド・クレーヴの標章、ジョウロと三色スミレ（BnF. Ms.fr.25528, f.1）

ルル六世の娘イザベルと結婚、三年後に彼女が亡くなった後、ボンヌ・ダルマニャックと結婚したから、結婚は三度目になる。

マリー・ド・クレーヴのドゥヴィーズは、彼女が所蔵した写本の扉に描かれている（図Ⅰ-14）。それはピエール・ダンブロワーズが筆写したボッカッチョの作品『フィローストラト』を収めた写本で、制作は一四五五～五六年といわれる。扉図の左下と右上に、彼女のイニシャルであるM、四分割された彼女の家紋のほかに、ジョウロの描かれているのが見えるだろう。添えられた標語「私にはもはやなにもない」が同じであることから、マリー・ド・クレーヴが姑に当たるヴァランティーヌのドゥヴィーズを踏襲したことは確かであるように思うが、なぜ彼女はこのように悲しい文様を選ばねばならなかったのだろうか。このドゥヴィーズが話題になるたびに、これまで発せられてきた疑問である[35]。彼女にはどこにも不幸の痕跡はなく、強いて言えば年齢が三〇も違った老いた夫の存在は不幸のひとつであったかもしれない、しかしそれを除けば彼女にはどうしても不幸は見つからないというのである。

マリーはたしかに姑と同じジョウロと水滴をドゥヴィーズとしたが、しかしそこに別の模様が付加されていることに注意したい。写本挿絵をもう一度見てみよう。ヴァランティーヌの場合と違うのは、ジョウロに三色スミレの花(pensée)が添えられていることである。稚拙ながら一枚の花弁がハート型の様子からスミレであることは間違いない。後で述べるように三色スミレの花には愛の含意があり、それがマリーとヴァランティーヌの紋章の違いを決定的にしているように思われる。つまり、マリーのジョウロには、後述の文学テーマ〈愛の悲しみ〉の抒情性が盛り込まれているように思われ、要するに文学趣味ゆえのジョウロの選択であったようにみえる。

このことは、ジョウロのドゥヴィーズを描き込み、マリーの所蔵になる上述の『フィローストラト』という作品の内容からも押しはかられる。ボッカッチョが一三八五年頃に制作したというこの作品は、トロイア戦争物語に由来するトロイオロとクリセイダの悲恋物語であり、題名のフィローストラトとは「恋に負け、打ちのめされた男」という意味のことばである。後にチョーサーやシェイクスピアが『トロイラスとクレシダ』という題で書くことになる恋物語の原型でもある[36]。悲しい恋の文学テーマについては後で詳述する機会があるから、ここではマリー・ド・クレーヴがドゥヴィーズを装飾としてどのように使っていたかを述べておこう。

マリーが涙と三色スミレの花の模様を宝飾品や調度品の飾りとして盛んに使っていたことは記録にいくらでも確かめられる。以下に引くラボルド伯の校訂によるオルレアン家の記録には一四五五〜五六年に集中してこれらの文様が言及されている。簡単な記述からは詳細はわからないが、たとえば「涙と三色スミレのかたちをしたものが繋げられた首飾り」は、金製で、白と青の七宝が施されている[37]。同じく「金製、白と青の七宝を施した三色スミレのかたちのものがぶら下げられた首飾り」がある[38]。

　そして記録にはジョウロの文様も記されている。マリーは一四五七年一二月に第一子を出産しているが、おそらくその妊娠中に帯として使ったと思われる鎖に、三つのジョウロの模様が付いている。理由はわからないが、この鎖は後に三つに断ち切られ、兄アドルフ・ド・クレーヴら三人の男性に贈呈されている[39]。あるいは指輪や靴下留め、そして衣服の裾をたくし上げるのに使う道具であったと思われるトゥルセール（troussouere）の金具に、涙と三色スミレを七宝で施したことが記されている[40]。珍しいものでは、羽根飾りを帽子に取り付けるときの道具ビュオ（buhot）があり、マリーが兄アドルフに贈呈したビュオはジョウロのかたちをしていた[41]。

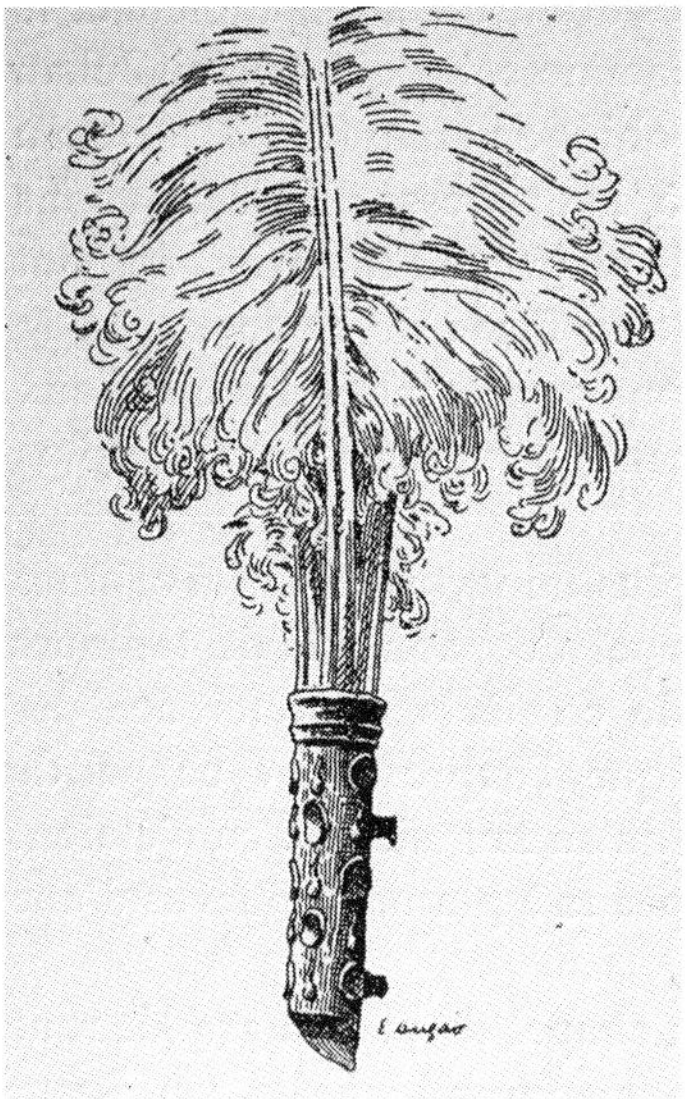

Fig. 176. — Buhot d'argent doré de la livrée de Valentine de Visconti.

I-15　節と涙の付いた銀製のビュオ

　ビュオについては、服飾史家カミーユ・アンラールがその著作のなかで興味深い例を挙げている。それはヴィクトル・ゲイから譲られたという銀製のビュオであり、そのデッサンによれば（図I-15）、ビュオは節のある枝《バトン・エコテ》のかたちをとり、そこに涙滴が散らされているというものである。ルイ・ドルレアンの標章とヴァランティーヌの標章がまさに組み合わされており、アンラールも二人の名を挙げているが、ただし制作は一六世紀であるとアンラールは説明している[42]。一六世紀に制作されたそれが、なぜルイとヴァランティーヌのドゥヴィーズを示しているのか、その理由についてはなにも語っていない。

マリー・ド・クレーヴは一四八七年に亡くなる。死後財産目録にはジョウロと涙を散らした水差しが記されているほか[43]、居室と寝室にかけるタピスリー、天蓋や寝台の背もたせなど二二品で成り立つひと揃いの調度に、あるいはクッションに、ジョウロと涙が散りばめられている[44]。マリー・ド・クレーヴは生活のすみずみまで涙と三色スミレで飾っていた。

第❸節　ブルゴーニュ家とアンジュー家の涙模様

1　フィリップ・ル・ボンの涙模様の黒い帽子

マリー・ド・クレーヴがジョウロをドゥヴィーズとして選んだことに、ヴァランティーヌ・ヴィスコンティの標章が影響したことは間違いないが、ジョウロの文様はマリーが育てられたブルゴーニュ家にも実は早くから例がある。それは、ヴァランティーヌが一四〇七年に使うより一年ほど早い一四〇六年のことである。ブルゴーニュ公ジャン・サン・プールの娘であり、フィリップ・ル・ボンには姉に当たるイザベルが、パンティエーヴル伯オリヴィエと結婚したのを記念し、贈り物としてつくられた革製のナイフ・カバーに、ジョウロが水滴を散らして描かれているのである。今日、大英博物館が所蔵しているこのナイフ・カバーには、ジョウロの脇に新郎新婦の名前のイニシャルのYとOが組み合わされた文字が添えられている。ジョウロの下にはシャベルをかついだひとりの庭師の姿があり、その頭上には「わたしは耐える」J'endure という標語が記されている（図Ⅰ-16）。翌年にヴァランティーヌが悲しみのシンボルとして使ったのとまったく同じジョウロの文様である。しかも「私は耐える」という標語もヴァランティーヌがジョウロに添えた標語に類似しているともいえる。結婚記念の贈り物としては意外であり、いったいこの模様や標語がなにを示そうとしているのか疑問が呈されている[45]。

たしかに結婚には似合わない模様と標語であるが、しかしここにはマリー・ド・クレーヴが、不幸な結婚の痕跡をどこにも残さなかったにもかかわらずこれをドゥヴィーズとしたことと同じような事情があるのではないだろうか。つまり後述の文学的抒情性を重ね合わされたこの模様の初期の姿とみることはできないだろうか。一四二六年に生まれたマリーが、生まれる二〇年も前の叔母の結婚の贈り物にあったこの模様をみることがあったかどうかはわからな

Ⅰ-16　ジョウロの模様が付いた革製のナイフカバー（大英博物館）

い。しかし少なくとも、ブルゴーニュ家でもジョウロの文様が知られ、使われていたことをこのナイフ・カバーは証している。ジョウロはブルゴーニュ家で育ったマリーにとってなじみのない文様では決してなかったと思われる。

この一例と、前節に述べたマリー・ド・クレーヴの例を除いて、管見ではブルゴーニュ家にジョウロの模様を見つけることはできないのだが、水滴のかたちを散らした模様については、ブルゴーニュ家の宮廷に満載である。ひとつは一四四〇年代から開催される武芸試合で散見され、これに関する宮廷の記録にはこと欠かない。これについては章を改めて述べることにし、もうひとつの事例、序章に触れたフィリップ・ル・ボンの帽子に付けられた公の晩年の涙模様について、その詳細をここでは述べておきたい。それはブルゴーニュ家の年代記作家として、公の事績を記したジョルジュ・シャトラン（一四一五〜七五年）の『年代記』が伝える、いかにも美しく、ロマンティックな趣きさえ漂わせる涙模様に関する一文である。一四六三年一二月一九日、フィリップ・ル・ボンは、妹アニェスがブルボン家に嫁いでもうけた娘、すなわち姪のカトリーヌの結婚式に臨んで、新婦の介添え役として、この日なにくれとなく世話をしていた。公はいつものように黒い衣裳をまとい、黒い帽子を被っていたが、作者シャトランはその装いに公の憂いを感じ取った。服飾についてめったにコメントをしないシャトランが珍しく衣裳に興味を示したときであり、それは涙を散らした公の帽子に対してであった。

「公は新婦を無帽のままで教会にともなった。そのような状態で今度は彼女を食事の席にともなったが、新婦はたいそう豪奢な金襴をまとい、一方の公は黒いビロードをまとっていた。この日中、公は黒いビロードの帽子を被り、それには一面に涙と、この世でもっとも美しい大粒の真珠とが散らしてあった。ここには隠された理由があると、そして美しいからつくらせたというだけではなく、彼の気持ちに似つかわしいからつくらせたと思うものもあった。彼には悩みがあった。このうえない喜びであるはずの一人息子が彼を悩ませ、メランコリーの涙を流させるのだと、彼は言っているようであった……」46

つやつやと光沢のある漆黒のビロードに、散らされた真珠が輝くさまは、さぞかし美しかったことだろうと想像する。記録のなかで真珠とともに記されている涙とは、真珠を涙に喩えた表現にとどまるのではなく、マリー・ド・クレーヴが使った涙模様と同じように、水滴型の涙の模様が散らされていたということだろう。黒という色と涙の模様に、記録の作者は悩める公の心の内を感じ取っている。公はたったひとりの嫡子である後のシャルル・ル・テメレルとの不和が続いていた。公が介添えを務めたこの結婚式は、姪であるブルボン家のカトリーヌをヘルダーラント公に嫁がせる盛儀のはずだったが、シャルロワ伯を名乗っていた息子シャルル夫妻は欠席で、したがって祝典は控えめであったとシャトランは述べている。しかもこの結婚式のあいだに二つの不幸な事件が起こっている。祝祭に付きものの馬上槍試合でひとりの騎士が殺されたのであり、主君の結婚式にかけつけたヘルダーラント公の一〇人か一二人の騎士が港で溺れて死んだのである。シャトランは公のメランコリックな心情に言及しているだけだが、その書き方は、婚礼の場に黒衣と涙模様の黒い帽子で臨んだ姿に、こうした事件や災厄までを暗示させているかのようでもある。

ところで、フィリップが常に黒装束であったことは、シャトランが同じ年代記のなかで繰り返し証言している。既に触れたように、一四世紀末から一五世紀にかけて黒は男の服装の色として流行、定着した。この現象は一過性の流行ではなく、現代に至る黒服の原点として今日の服飾史ではその意義が認められている。なによりも喪と悲嘆のシン

I-17　書物を献呈される黒衣のフィリップ・ル・ボン
（ベルギー王立図書館 Ms.9242, f.1）

ボルである黒が中世末期に流行したことは、涙模様が流行したのと同じ時代の心性として理解されるべきである。ゆえにここで黒の流行について、またその黒の流行を先導したとして知られるフィリップとブルゴーニュ宮廷について語っておく必要があるだろう。オルレアン家との確執のなかで、フィリップの父、「恐れ知らず」の異名をもつジャンは一四一九年九月一〇日、アルマニャック派のテロにより無残な死を遂げた。それはパリの東南およそ八〇キロに位置するモントロー橋上にて、アルマニャック派とブルゴーニュ派の和解のために計画された王太子とブルゴーニュ公の会談においてであった。王太子側の陰謀なのか、偶発的な事件だったのか、経緯は記録によって異なるが、いずれにしても和解の場でジャンは剣で打たれ、斧の一撃を受け、短刀で突き刺され殺された。アルマニャック派のこの仕打ちは、フィリップにイングランドとの同盟を決意させたといわれ、イングランドとフランスのあいだの政治と外交に大きな影響を与えた。そして、この悲惨な父の急逝を忘れまいと、フィリップは以後、黒い喪服を脱ぐことはなかったというのが年代記作家シャトランの証言である。フィリップの黒装束の発端が、この事件にあることを思わせる記述は、シャトランの『年代記』の他に、同じくフィリップに仕えたジャック・デュ・クレルクの『回想録』にもある[47]。翌年の六月二日、フランス王とイングランド王とともにパリに入城した公は、華やかな行列のあいだで「未だ黒しか着ることはなかった」。そして以後、服装などに関心を示さないシャトランが、公の黒い服あるいは公の馬の黒い覆いのことだけは繰り返し記し、こだわりをみせている。そしてそれを裏付けるように、写本挿絵に描かれる公は常に黒い服を着ている（図Ⅰ-17）[48]。

一五世紀の黒の流行を生み出したのがフィリップであるかどうか、その経緯は不明だが、しかしブルゴーニュ家の宮廷でこの世紀に黒い装束が流行していることは間違いない。その意味では黒を着たのがフィリップのみであるかのような印象を与えるシャトランの記述を信じてはならない。同じブルゴーニュ家で祝祭の情景などを詳細に記したオリヴィエ・ド・ラ・マルシュ（一四二六頃〜一五〇二年）の『回想録』には、武芸試合に臨んで黒い服の人物がかなり登場する。オリヴィエ・ド・ラ・マルシュ（一四二六頃〜一五〇二年）は、ブルゴーニュ家の祭典掛りという役目にあったから、祝祭の華やかな装飾や服装について詳細に伝えており、この点でシャトランの記録とは対照的である。一四四三年七月一日からディジョン近郊で「シャルルマーニュの樹の武芸試合」が行われたとき、防衛者ド・シャルニィに挑戦したカスティリア王国の騎士は「黒い布の短い衣裳を着て、黒い帽子を被り、すっかり黒装束で」現れた。一四四五年、金羊毛騎士団の祝典の際に行われたヘントでの武芸試合では、シチリアの騎士ジャン・ド・ボニファスが「黒い短い衣裳で」現れた。ただし脚衣《ショース》は深紅で、左脚には奴隷の足枷のような鉄輪を金鎖付きではめていて、これが挑戦者を募る標識であったと言う。対戦したブルゴーニュ公の騎士ジャック・ド・ラランについては、彼に従う四人の小姓の馬の覆いが黒いビロードであった。ちなみに彼自身の馬の覆いは灰色のダマスク織りで、四人の小姓の衣服も同様だった[49]。

ブルゴーニュ公の侍従長を務めたジャック・ド・ラランの生涯を語った『ジャック・ド・ラランの事績』もブルゴーニュ公の宮廷に集まる多くの騎士が黒装束であったことを伝えている。一四四九年九月の最初の土曜日からシャロン・スュル・ソーヌで開かれた「涙の泉の武芸試合」では、防衛者ジャック・ド・ラランに挑戦した多くの若者が黒い服で紹介されている。実はこの試合に涙模様が満載なのであるが、それは章を改めて述べることにし、黒衣の人物には、ブルゴーニュの騎士見習い《エキュイエ》ピエール・ド・シャンディオ、およびジャン・ピトワ、サン＝ボネの領主クロード・ピトワ、騎士見習いジャン・ド・ヴィルヌーヴ、サヴォワの騎士見習いジャック・ダヴァンシエがおり、記された挑戦者のほとんどが黒い服を着ている。一方のジャック・ド・ラランは同年二月、スコットランドに武芸試合に赴いたが、このとき彼は黒いビロードに黒貂の毛皮を張った衣裳を着ていた。ジャックがともなった二人の騎士も同様に黒装束だった[50]。このようにしてブルゴーニュ公領の騎士や騎士見習い、公領で開催された武芸試合に参加した国内外の騎士に黒い服は、少なくとも一四四〇年代にはきわめて普通だった。

ついでながら、若くして戦死したジャック・ド・ラランは騎士の鏡として誉れ高く、死後にその生涯を語る『ジャック・ド・ラランの事績』が書かれたのもそのためだが、そこに彼をめぐってマリー・ド・クレーヴとアンジュー公ルネの長男ジャン・ダンジューの夫人とが鞘当てをしたという逸話が伝えられている。あるとき、ジャックの兜には立派な婦人物の被り物が付けられ、また左腕には同様に立派な袖が取り付けられていた。いずれも女性から想う男性に贈られる品であり、それらを武具に取り付けて戦うのが中世の古くからの習慣である[51]。実は前者はマリーの贈りものであり、後者はジャン夫人の贈りもので、二人が疑心暗鬼になるというエピソードである[52]。これを伝える上記の著作も、ジョルジュ・シャトランによって書かれたと推測されているが、ただし確かな証拠はない。

武芸試合の記録から気が付くことは、当時のヨーロッパ諸国は武芸試合を通して広い交流があり、したがって黒を着る流行も諸国に普遍的であっただろうということである。ジャック・ド・ラランはスコットランドをはじめ、カスティリア、アラゴン、ポルトガル、ナヴァールの各王国に試合を求めて遍歴しているし、一方ブルゴーニュ公領にはカスティリアやシチリアをはじめ、ドイツ、スペイン、イタリアの地域、スコットランド、イングランドから騎士が訪れている。一五世紀から一六世紀初めにかけて書かれたとされる『色彩の紋章』が、白い肌着に黒いプールポワン、灰色のショースに黒い靴という装いを男性に勧め、これらの色の象徴的意味を説明しているのは、これが一五世紀の男性の最新の服装だからである[53]。そしてこれがいかに新しいことであったかは、これ以前に黒い服は、簡素・清貧をシンボリックに示した僧服か、未染色の黒い羊の毛からつくる粗末な庶民の服か、そのどちらかでしかでなかったことからわかる。漆黒の美しい黒を染め出す染色技術を欠き、藍と茜で二度染めすることによって得る黒は、藍が強ければ青くなり、茜が強くなれば茶色になり、難かしい作業であった。それを解決して中世末期が美しい黒をつくり出すようになったのは、黒に対する人びとの強い好尚があったからである。

おそらくそれを代表するのが、シャトランが示したフィリップ・ル・ボンの黒い喪服へのこだわりなのかもしれない。写本の挿絵画家が彼を好んで黒衣で描いたのも同様なのであろうか。今日の服飾史では、黒い服はモードであり、フィリップ・ル・ボンの例から一五世紀の黒衣のすべてに喪や悲しみの感情を敷衍すべきではないとする意見がある。そうかもしれない。黒い布といってもダマスク織り、サテン、模様の入ったビロードなどニュアンスの違った種々の素材があり、あるいは金糸の刺繍を施し、鮮やかな色彩の裏地を配置し、きらきらする金属片をぶらさげることもあったからである[54]。そしてシャトランの『年代記』によれば、フィリップ・ル・ボンだけが黒を着ているようにみえるが、他の記録には公以外に黒を着て登場する人物が随分おり、決して皆が悲しみに沈んでいるわけではない。しかし、黒が悲嘆を示す色であることは中世のこの色に対する普遍的な感情である。悲しみに沈んだ心を「黒い」という形容詞で表現する比喩がある通りである。そしてその黒が流行するのであれば、それはやはり時代のメランコリックな感情に後押しされたのではないだろうか。シャトランが公の黒衣にこだわったのも、主君思いの彼であれば、暗殺によって父を奪われたフィリップの悲嘆と、消えることのない心の傷を伝えたかったためであろう。そうであれば黒はやはり涙模様に匹敵する悲しみの表象なのである。

2　アンジュー公ルネの黒地に金の涙滴紋

ロンドンのヴィクトリア・アンド・アルバート美術館に通称《デボンシャー家の狩猟タピスリー》と呼ばれる四枚連作の巨大なタピスリーが所蔵されている。そのなかの一枚〈熊狩り〉には、画面の左裾に美しい涙模様を散らした衣服を着た男の姿がある（口絵：図I-18）。それは猟犬の世話をしている男性で、彼は、プールポワンと呼ばれた当時の流行の衣服を着ている。濃い青空色のその衣服の丈が短いのは、狩猟のための服装だからであろう。シャプロンという帽子をたっぷりと巻き付けている様子からは、貴族階級の男性であるようにみえる。右側の袖の様子はわからないが、袂のような丸みをもった左袖には、きれいな水滴型の涙が上から下へと落ちている。このタピスリーは北フランスのアラスで制作されたと推測されており、アンジュー公ルネの次女であるマルグリット（一四二九〜八二年）が一四四五年、イングランド王ヘンリー六世に嫁いだ折りにイングランドに渡ったと推測されている。ヘンリー六世が精神を病み、ランカスター家とヨーク家のあいだに起こった薔薇戦争時に、ランカスター家を率いたのはこの王妃マルグリットであり、その勇敢さは後世に伝えられている。シェイクスピアが戯曲『ヘンリー六世』のなかで、彼女を「フランスの雌狼」と呼んだことは有名である。さてタピスリーの由来の詳細は不詳だが、タピスリーの研究者がこの連作をアンジュー家に由来すると考える根拠は、上述の男性の衣服の涙模様である[55]。つまりアンジュー家でも涙の文様が使われたのであり、アンジュー家では、ブルゴーニュ家やオルレアン家にもまして、この模様が好まれたらしいのである。

一四四六年に催された武芸試合「竜の口の闘い」Emprise de la Gueule du Dragon では、アンジュー公ルネ自身が黒地に金の涙滴文の盾をもち、鎧も馬衣も槍もすべて黒を使っている。そしてアンジュー家主催のその他の武芸試合には涙滴文ばかりかジョウロもまた登場し、さらに宝飾品などの装飾文様としても涙模様が頻繁に使われている。オルレアン家でマリー・ド・クレーヴが涙を盛んに使ったのは一四五五〜五六年の頃であったが、アンジュー家ではそれより早く一四五一〜五三年の記録に宝飾品の飾りとして、たとえば長女ヨランド（一四二八〜八三年）の首飾り[56]やルネの剣の柄[57]などに涙模様がみられる。アンジュー家では、この模様が生活のそこかしこで使われていたようなのである。

一四四六年の試合で自ら黒地に涙滴文を使ったのは、一四四三年に次男ルイを亡くしてまもない時期にあり、運命の過酷さをどれほど味わったかを知らしめるためであったと伝えられる[58]。しかしアンジュー公ルネが涙滴文を使ったのは、愛しい息子の死に接したことだけが理由なのではない。おそらくマリー・ド・クレーヴと同じような事情があったように思われる。それは一四四〇年代以降、アンジュー公ルネの宮廷とシャルル・ドルレアンの宮廷は親しく交流しているからである。つまり両家の交流のなかで涙模様やジョウロの文様が展開したと思われる。

両宮廷は贈り物の交換ばかりか、詩歌のやりとりさえ行っている。たとえば一四四九年八月、ルネはオルレアン家に滞在しており、マリー・ド・クレーヴの打楽器奏者がルネに演奏を聞かせている。マリーが所蔵したアラン・シャルティエの作品を含む写本（フランス国立図書館フランス語写本二〇〇二六）は、オルレアン家を訪れた人びとのサインが数頁にわたって残されていることで知られ、ピエール・シャンピオンにより、一五世紀の寄せ書き帳（Liber amicorum）と名付けられた写本である[59]。ここには一四五七年に訪問した際のルネ自身のサイン、そして一四五五年から五八年のあいだに訪問したはずである長男ジャン（一四二六頃〜七〇年）のサインが残されている。文学に傾倒していたルネとシャルルの二人が、親しい交流のなかでお互いに影響し合ったことは当然で、ルネが一四五七年末に著した『愛に囚われし心の書』は、シャルル・ドルレアンの詩歌の影響の下に誕生したことは文学研究においてよく知られている。ところでこの作品のなかで、愛する女性を探して旅をする主人公の〈心〉は、そのシンボルとして三色スミレの花を兜に付けている（口絵：図Ⅲ－1参照）。次章で触れるようにソミュールの武芸試合では、ルネはことさらに三色スミレの花にこだわり、この花をこの機会にドゥヴィーズとして選択した（図Ⅱ－12、Ⅱ－13参照）。つまりマリー・ド・クレーヴがドゥヴィーズとした三色スミレの花は、ルネによってもドゥヴィーズとして採用されており、オルレアン家とアンジュー家の両宮廷は同じ文化を共有しているように思われるのである。

ところで上の写本に記された訪問者のサインは、名前を記しているだけではなく、そこにドゥヴィーズを添えたものが少なくない。サインは木で装丁された表紙に始まり、続く二頁の白紙に書き連ねられ、最後は裏表紙に及んで、シャンピオンの解読によれば五八人のサインが認められる。表紙に続く一枚目の表には、二つの小さな涙滴に囲まれた《hc》の組み合わせ文字があるが(図Ⅰ-19)、残念ながらこれが誰のサインなのかはわからない[60]。ジャン・ダンジューのサインは、そのページの裏に、《Ce mieulx ne puis. Lorainne》と、二行にわたって記されている。すぐ上にアンジュー公ルネ自身のサインが《FVT. Rene d'Anjou》とあり、同じページの上のほうにはさらに、マリー・ド・クレーヴ自らのサインが、《h.m. Rien ne m'est plus. Cleves》とあり、ヴァランティーヌの標語を彼女自身がドゥヴィーズとしていたことがわかる(図Ⅰ-20)[61]。本文が始まるこの写本の第一葉には、欄外にオルレアン家とクレーヴ家を半々に繋いだ彼女の家紋、hとmのイニシャルをリボンで繋いだ文様、そしてほとんど消えているが、《Rien ne m'est plus》の

Ⅰ-19　涙滴をともなったサイン
(BnF. Ms.fr.20026, f.A)

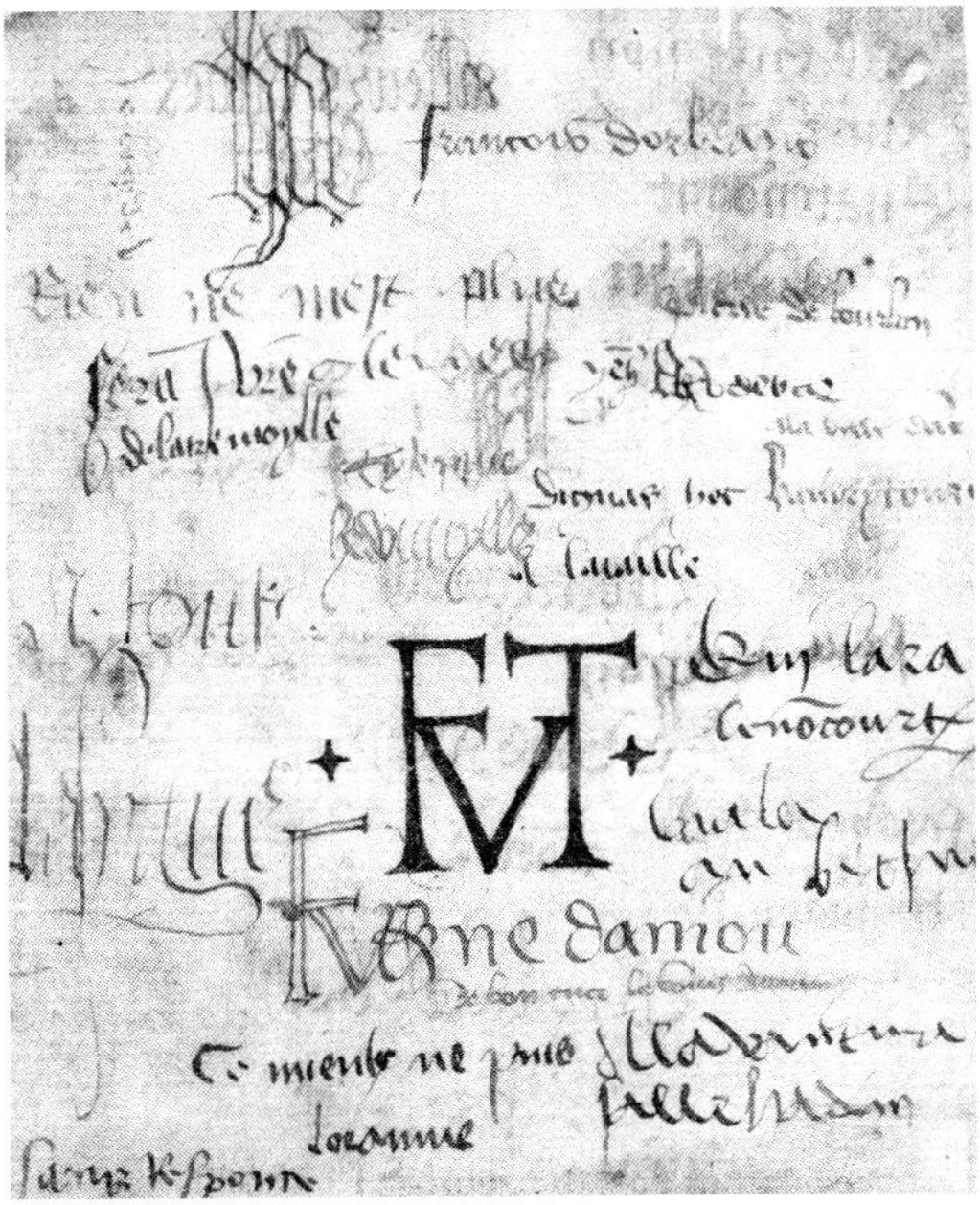

Ⅰ-20　アンジュー公ルネ、マリー・ド・クレーヴ等のサイン(BnF. Ms.fr.20026, f.Av.)

標語をもった帯が描かれている。ルネの娘ヨランドのサインは、裏表紙に《Yolant d'Anjou》と素直に名前だけが記されている[62]。アンジュー家とオルレアン家の親密な交際がこれらのサインからみえてくるだろう。ちなみに、マリー・ド・クレーヴが、ブルゴーニュきっての騎士ジャック・ド・ラランをめぐって鞘当をしたと伝えられている相手は、このジャン・ダンニューの夫人、マリー・ド・ブルボンである。

涙の模様は、さらにヴァロワ王家、そしてブルターニュ家でもみられる。一四五一年に、後にルイ一一世として王位につく王太子と結婚したシャルロット・ド・サヴォワ（一四四五～八三年）は、その死後財産目録によれば、ジョウロが付いたトゥルセール（すなわち衣服の裾をたくし上げる際に使うと思われる道具）をひとつと、ロザリオを数個所有している[63]。さらに涙模様の付いた数点の宝飾品をもっているが、ただしこれらは自身で注文・購入したものではなく、贈呈品であった可能性もある。王室でこの模様が知られていたことは、ルイ一一世がつくらせた『聖書』の挿絵が示しているが、それは王太子時代のルイがブルゴーニュ家に身を寄せ、公家の文学環境に身を置いていたためなのかもしれない。ルイは父王シャルル七世とのあいだにいさかいが絶えず、自らに近しいジャック・クールやアランソン公が逮捕された後、父王のもとを離れ、敵であるはずのブルゴーニュ公のもとに走った。さらに、彼が飽くことなき読書家であったこと、そして印刷本の時代を迎えて、魔法使い呼ばわりされることのあった印刷工を庇護したことが知られている[64]。彼の文学・文字文化への理解を考え合わせると涙模様が写本に登場することも頷けよう。フランス国立図書館が所蔵するラテン語写本二五番は、一四七〇年頃にルイ一一世の命により制作された大型本の聖書で[65]、ところどころに挿入された美しいイニシャルに、涙らしい模様の散っているものがある。三色スミレの花と組み合わされたもの（**図Ⅰ-21**）とオダマキの花と組み合わされたもの（**図Ⅰ-22**）、両者の背景に散らされた小さな模様は、はたして涙を表わしているのかどうか判別しにくいが、三色スミレとオダマキの花との組み合わせからすれば涙と考えてよいのではないだろうか。後に述べるようにオダマキの花も、三色スミレと同じ愛の含意をもっているからである。ブルターニュ公フランソワ二世の妻、マルグリットも同様の模様の付いたある金具を所持していたことが、一四六九年の財産目録から知られている[66]。そしてフィリップ・ル・ボンを継いだブルゴーニュ公シャルル・ル・テメレールも「涙型の金の大きな首飾り」をもっていた[67]。

マリー・ド・クレーヴが涙と三色スミレを好んだことは、このようにして時代の趣味に呼応している。涙の模様は

Ⅰ-21　三色スミレと涙滴のイニシャル装飾
(BnF. Ms.lat.25, f.328v.)

Ⅰ-22　オダマキと涙滴のイニシャル装飾
(BnF. Ms.lat.25, f.125v.)

オルレアン家の二人の公夫人、ヴァランティーヌ・ヴィスコンティとマリー・ド・クレーヴの他に、ブルゴーニュ家にも、またアンジュー家にも、さらにヴァロア王家にもなじみの模様であった。涙模様を追いかけていくとき、宮廷貴族の確執と権謀術数の宮廷社会で翻弄される人びとの傷心に出会うが、そこにはなにがしかの文学趣味が介在する。

注

1 A. Jal, *Dictionnaire critique de biographie et d'histoire*, Henri Plon, Paris, 1872 (Slatkine Rep., 1970), t.1, pp.364-368.

2 森護『ヨーロッパの紋章』三省堂、一九七九年、一五頁。

3 M. Pastoureau, *Figures de l'héraldique*, Paris, 1996, pp.19-20（邦訳、松村剛監修『紋章の歴史』創元社、一九九七年、二一‐二四頁）; Id., *La* diffusion des armoiries et les débuts de l'héraldique, *Figures et couleurs*, Le Léopard d'Or, Paris, 1986, p.89sqq.

4 吉澤京子「一六世紀イタリアの標章集―ゴンザーガ家関係の標章を中心として（1）」『跡見学園女子大学短期大学部紀要』第三三集、一九九八年、五九‐七〇頁。

5 『東京芸術大学所蔵エンブレム本に関する美術史的研究』平成二～四年度科学研究費補助金一般研究（A）研究成果報告書（研究代表者　辻茂）、一九九三年。吉澤京子「一六世紀イタリアの標章集―ゴンザーガ家関係の標章を中心として（2）」同上紀要、第三五集、一九九九年、一一四‐一二七頁。同「一六世紀イタリアの標章集―ゴンザーガ家関係の標章を中心として（3）」同上紀要、第三七集、二〇〇一年、一一八‐一三二頁。同「パラッツォ・デル・テの「標章の間」について（1）」同上紀要、第三九集、二〇〇三年、七〇‐七九頁。同「ピットーニの『著名人標章集』と一六世紀装飾版画―象徴に対する装飾の優位性」同上紀要、第四〇集、二〇〇四年、五〇‐六三頁。マリオ・プラーツ『綺想主義研究―バロックのエンブレム類典』伊藤博明訳、ありな書房、一九九八年。同『官能の庭』若桑・森田・白崎・伊藤・上村訳、ありな書房、一九九三年。伊藤博明『綺想の表象学』ありな書房、二〇〇七年。

6 同上『綺想の表象学』八九頁以下。

7 *Splendeur de l'enluminure, le roi René et les livres*, Ville d'Angers / Actes Sud, Angers, 2009, pp.172-174.

8 Ch. de Mérindol, *Le roi René et la seconde maison d'Anjou, Emblématique, art et histoire*, Paris, 1987, p.130sqq.; Id., Le vitrail, une source de l'héraldique médiévale: l'exemple de la seconde maison d'Anjou, *Actes de 4e colloque international d'héraldique*, Bruxelles, 1985.

9 *Œuvres complètes de Brantôme*, éd. Ludovic Lalanne, t.VII, SHF, Paris, 1873, p.349.

10 «Ardorem extincta testantur vivere flamma».

11 木島俊介『ヨーロッパ中世の四季』中央公論社、一九八三年、九六－九七頁。

12 フィリップ・ヴァルテール「雁と熊―想像世界での系譜と宇宙創成神話」渡邉浩司訳、『北海道立北方民俗博物館研究紀要』第一八号、二〇〇九年、九一－一二八頁、注1。

13 Ph. Bon, Notes sur le symbole de l'ours au Moyen Age: les ours du duc de Berry, *Cahiers d'archéologie et d'histoire du Berry*, 1989, pp.49-52.

14 C. Beaune, Costume et pouvoir en France à la fin du Moyen Age: Les devises royales vers 1400, *Revue des Sciences Humaines*, t.LV, no.183, 1981, pp.125-146.『聖杯の探索』については天沢退二郎訳（人文書院、一九九四年）を参照。

15 V. Tourneur, Les origines de l'Ordre de la Toison d'or et le symbolique des insignes de celui-ci, Académie royale de Belgique, *Bulletin de la classe des lettres*, 5e série, t.XLII, 1956, p.307; Ch. Commeaux, *La Vie quotidienne en Bourgogne au temps des ducs de Valois 1364-1477*, Hachette, Paris, 1979, p.243.

16 V. Leroquais, *Un Livre d'heures de Jean sans Peur*, 1939, p.62; Jean-Bernard de Vaivre, Troisième note sur le sceau du comté de Charlois au temps de Jean sans Peur, *Archivum Heraldicum*, XCVI, 1982, pp.34-36.

17 Cte de Laborde, *Les Ducs de Bourgogne: étude sur les lettres, les arts et l'industrie pendant le XVe siècle*, Paris, 1849-1852, t.I, nos. 270, 372, 379, 385.

18 «Je ne faillerai jamais».

19 « Cominus et eminus».

20 E. Petit, *Itinéraire de Philippe le Hardi et Jean sans Peur, ducs de Bourgogne (1363-1419)*, Paris, 1888, pp.529-530, 537, 566.

21 Ch. de Mérindol, De l'emblématique et de la symbolique de l'arbre, *L'Arbre*, Cahiers du Léopard d'or, no.2, 1993, p.105.

22 Ph. Bon, Notes sur le symbole de l'ours au Moyen Age: les ours du Duc de Berry, *op.cit.*, pp.49-52.

23 A. Piaget, La complainte du prisonnier d'amours, *Mélanges offerts à M. Emile Picot*, Damascène Morgand, 1913, t.I, p.155sqq..

24 A. Thomas, Les manuscrits français et provençaux des ducs de Milan au château de Pavie, *Romania*, XL, 1911; E. Pellegrin, *La Bibliothèque des Visconti et des Sforza, ducs de Milan, au XVe siècle*, Paris, CNRS, 1955.

25 E. Collas, *Valentine de Milan, duchesse d'Orléans*, Plon, Paris, 1911, p.31sqq., p.121sqq..

26 Claude Paradin, *Devises héroïques*, Jean de Tournes et Guillaume Gazeau, Lyon, 1551; Cf. Jean-Marc Chatelain, *Livres d'emblèmes et de devises*, Klincksieck, Paris, 1993, p.107.

27 Cte de Laborde, *Les Ducs de Bourgogne, op.cit.*, t.III, no.6094: «A bon droit».

28 F. M. Graves, *Deux inventaires de la maison d'Orléans (1389 et 1408)*, Champion, Paris, 1926, p.45: «Loyauté passe tout».

29 H. Havard, *Dictionnaire de l'ameublement et de la décoration*, Paris, 1887-90, vol.1, chantepleure の項目参照 ; J. Teppe, Les petits mystères de "chantepleure", *Vie et langage*, 1968, no.197, pp.494-495.

30 J. Coignet, *Chante pleure d'eaue vive*, Didier Maheu, Paris, 1537.

31 *Sur la terre comme au ciel, Jardins d'Occident à la fin du Moyen Age*, Réunion des Musées Nationaux, 2002, cat.67, 68.

32 E. Collas, *op.cit.*, p.418sqq..

33 P. Champion, *Vie de Charles d'Orléans*, p.132; *Charles d'Orléans, Poésies*, éd. P. Champion, H. Champion, Paris, 1982-83, t.I, Introduction, pp.IV, XXIII.

34 Cte de Laborde, *Les Ducs de Bourgogne, op.cit.*, t.III, no.6241: «Lettres de Charles, duc d'Orléans, ordonnance de payement d'une somme de 276 liv. 7 s.6 den. tour., pour prix de 960 perles destinées à orner une robe; sur les manches est escript de broderie, tout au long, le dit de la chanson: Madame je suis plus joyeulx et notté tout au long sur chacune desdites deux manches. –568 perles pour servir à former les nottes de ladite chanson, où il a 142 nottes, c'est assavoir pour chacune notte 4 perles en quarré, etc.».

35 *Vie de Charles d'Orléans, op.cit.*, p.515 sqq.; D. Poirion, *Le Poète et le prince*, Paris, 1965, p.65.

36 ジョヴァンニ・ボッカッチョ『フィローストラト』岡三郎訳、国文社、二〇〇四年。

37 Cte de Laborde, *Les Ducs de Bourgogne, op.cit.*, t.III, no.6945: «Ung petit collier d'or, fait à pensées et à larmes pendans à jour, esmaillé de blanc

et d'asur».

38 *Ibid.*, no.6946: «Ung autre petit collier fait à pensées à branlans d'or fait à jour, esmaillé de blanc et d'asur,...».

39 *Ibid.*, no.6949: «Une chesne d'or torse, à quatre doubles, garnie de trois chantepleures et de trois lectres à la devise de ma dicte dame. (En surcharge:) La dict chesne a esté mise en simple pour saindre ma dicte dame durant le temps qu'elle estoit grosse, ...». なお troussouereとferrureについては、V. Gay, *Glossaire archéologique*, Paris, 1887 (Kraus Rep., 1974), ferrure および troussoire の項目を参照。

40 *Ibid.*, no.6722: «Audit Jehan Lessayeur, pour avoir fait les ferrures d'une troussouere et deux jartières d'or pour madame la duchesse, esmaillées à larmes et à pensées,...»; no.6727: «A lui [Jehan Lessayeur, orfèvre de MdS,] pour an aneau d'or, esmaillé à larmes, auquel est escript une chançon, par lui fait, baillé et livré pour madame la duchesse,...».

41 *Ibid.*, no.6732: «A lui, pour avoir faicte une chantepleure d'or, à la devise de ma dicte dame, par elle donnée à MS Alof de Clefves, son frère, pour porter une plume sur son chappeau et une garniture d'un cordeau de chappeau, fait à la devise de MS de Bourgoigne, que ma dicte dame a pareillement donné à MdS de Bourgoigne, au bout de laquelle garniture est assis ung petit dyamant, en façon d'un cuer,...».

42 C. Enlart, *Manuel d'archéologie*, t.III, Costume, A. Picard, Paris, 1916, p.173, fig.176.

43 Cte de Laborde, *Les Ducs de Bourgogne*, *op.cit.*, no.7135.

44 G. Lecocq, *Etude historique sur Marie de Clèves*, Saint-Quentin, 1875, pp.32, 35 et 39: «tappisserie nommée aux larmes et chantepleures pour tendre salle et chambre», «une coultepointe blanche à chantepleures et à larmes».

45 *Sur la terre comme au ciel*, *op.cit.*, p.170.

46 G. Chastellain, *Œuvres*, éd. Kervyn de Lettenhove, Bruxelles, 1863-68 (Slatkine Rep., 1971), t.IV, p.447: «Le duc mena la dame de nopce à l'église à nue teste; et en pareil estat la ramena jusqu'à seoir à table, vestue de draps d'or moult riches, et luy de noir velours. Et portoit en teste, tout celuy jour, une barrette de velours noir toute semée pleines de larmes et de gros perles les plus beaux de la terre. Et jugeoient aucuns qu'en ce avoit mystère, et que non-seulemnt il les avoit fait faire par joliveté, mais à entendement tout semblable à son coeur. Et portoit les larmes en chief, comme si dire voulait que le chief de sa joye, qui devoit estre son seul unique fils, luy surfondoit et faisoit pleuvoir sur luy des larmes de mérencolie,...».

47 *Ibid.*, t.I, pp.187-188; J. Du Clercq, *Mémoires*, éd. Fréd. Reiffenberg, Bruxelles, 1823, liv. III, ch.XV.

48 ほかに次の写本挿絵がある。ベルギー王立図書館 Ms.9511 f.252; フランス国立図書館 Ms. fr.9342 f.5; ウィーン国立図書館 codex 2549 f.6.

49 O. de La Marche, *Mémoires*, éd. H. Beaune et J. d'Arbaumont, SHF, Paris, 1883-88, t.1, liv.1, ch.IX, XVI.

50 G. Chastellain, *op. cit.*, t.VIII, pp.172, 204, 219, 227, 231, 236. なお試合の開始日についてはラ・マルシュに従った。

51 徳井淑子『服飾の中世』勁草書房、一九九五年、一二二－一二八頁。

52 G. Chastellain, *Le Livre des faits de Jacques de Lalaing, op.cit.*, t.VIII, p.51sqq..

53 シシル『色彩の紋章』伊藤亜紀・徳井淑子訳・解説、悠書館、二〇〇九年、八三－八四頁。

54 F. Piponnier et P. Mane, *Se vêtir au Moyen Age*, Adam Biro, Paris, 1995, pp.90-91, 144.

55 G. Wingfield Digby, *The Devonshire Hunting Tapestries*, London, 1971, p.13.

56 G. Arnaud d'Agnel, *Les Comptes du roi René*, t.1, Paris, 1908, no.879: «7 mai 1453—A Jehan Nicollas..., pour la façon, pour le déchiet et pour l'esmailleure d'un collier d'or, fait de larmes, par le commendement dudit seigneur, pour madame Yoland,...».

57 *Ibid.*, no.882: «26 septembre 1453—A Jehan Nicollas..., tant pour avoir fait la garniture de l'espée dudit seigneur, en façon de larmes, que pour avoir deux gros d'or....»; そのほか no.788, 868.

58 Vulson de la Colombière, *Le Vray théâtre d'honneur et de chevalerie*, 2vols, Paris, 1648, pp.81-84; Cf. Lecoy de la Marche, *Le Roi René*, Paris, 1875 (Slatkine Rip., 1969), t.II, p.146; Richard Barber & Juliet Barker, *Tournaments*, Boydell Press, Woodbridge, 1989, p.126; Guillaume Leseur, *Histoire de Gaston IV, comte de Foix*, éd. H. Courteault, SHF, 1893, t.1, ch.XI, note.

59 H. Champion, Un «Liber amicorum» du XVe siècle: notice d'un manuscrit d'Alain Chartier ayant appartenu à Marie de Clèves, femme de Charles d'Orléans, *Revue des Bibliothèques*, 1910, pp.320-336.

60 *Ibid.*, p.326; Feuillet de garde A du Ms. fr. 20026.

61 I*bid.*, pp.329-330; Feuillet de garde A verso du Ms. fr. 20026.

62 *Ibid.*, p.335; f.179.

63 A. Tuetey, Inventaire des biens de Charlotte de Savoie, *Bibliothèque de l'Ecole des Chartes*, t.26, 1865, pp.427-428: «Item, une troussouere d'or, faicte à couplez à cordelières, dont a en ung bout A, et en l'autre une chantepleure, extimée XL escuz».

64 ミシュレ『フランス史Ⅱ』大野一道・立川孝一監修、藤原書店、二〇一〇年、三五七頁。

65 *Le Cabinet des manuscrits, op.cit.*, t.I, p.75.

66 V. Gay, *op.cit.*, ferrure の項目。

67 Cte de Laborde, *Les Ducs de Bourgogne, op.cit.*, t.II, p.112, no.2992: «grand colet d'or, fait à larmes».

第II章

武芸試合と涙滴文

第❶節　アーサー王物語と涙滴文

1　「歓び知らずのブラン」の紋章

水滴を散らすという、この繊細な模様はそもそもなににルーツがあるのだろうか。この模様は、もともと想像上の人物の紋章として文学作品に登場し、現実の紋章として使われるものではなかった。すなわちアーサー王物語に登場する人物の紋章として現れたのが最初である。アーサー王物語に起源のある涙滴文あるいは涙模様が、中世末期の貴族の生活に盛んに現れるようになるのは、この種の文学が広く享受されたからである。

アーサー王はイギリスに伝わる伝説の王である。彼の配下の一二人の騎士が繰り広げる冒険の物語は、一二世紀から盛んに書かれるようになり、次の世紀にかけてさまざまなヴァージョンを生み出した。アーサー王の妃ギニヴィアと恋に落ちる「湖の騎士ランスロ」は、武芸においても宮廷風の礼節においてももっとも優れた騎士として、特に知られている。一二世紀後半、フランスではクレチャン・ド・トロワが、ランスロの冒険をテーマとした物語の他、イヴァン、そしてペルスヴァルとゴーヴァンを主人公とした物語を著し、次の世紀にかけて多様な作品を生み出す素地をつくった。アーサー王と一二人の騎士は、騎士という身分において同等であることを示すために丸いテーブルを囲み、ゆえに彼らは円卓の騎士と呼ばれ、彼らの武勇譚が広く楽しまれた。

そしてアーサー王の物語は単なる娯楽の域を超えて、円卓の騎士が中世貴族のあるべき姿のモデルとして人びとに享受された。アーサー王配下の騎士が織り成す物語は、一二〜一三世紀に大量に制作され、コピーされた後、円卓の騎士は、王侯貴族ばかりか、やがてはブルジョア階級にも理想的な男性像のモデルとみなされ、人びとはアーサー王や円卓の騎士をまねるようになったという。このようにして一三世紀末からは、若きアーサー王、円卓の創設、ゴーヴァンやペルスヴァルの冒険、トリスタン物語、ランスロの恋、あるいは聖杯の探索など、アーサー王物語にまつわる有名なエピソードやシーンが祝祭のテーマとして取り上げられることになった。一四〜一五世紀には、円卓の騎士の名前は、フランスやフランドル地方、イングランドに限らず、ドイツ文化圏でもイタリア文化圏でも、洗礼名などに盛んに使われるようになったというから、その影響のほどが知れよう。このようなアーサー王物語の流布のなかで、そこに登場する騎士たちの紋章鑑ともいうべき書物が、一四四〇〜五〇年代に少なからず編纂された。この種の書物にはアーサー王物語に登場する一六〇から一八〇人の騎士の紋章が登録されている。フーズ・フーともいうべきこの種の写本を、紋章学者のミシェル・パストゥローは七四冊確認している[1]。

紋章鑑によれば、「歓び知らず」の異名をもつ騎士ブラン«Brun sans joie»は、盾地の半分を赤地に銀の涙滴文とし、もう半分を緑地に金の涙滴文にして組み合わせた紋章をもつ(**図Ⅱ-1**、図序-1参照)。彼の兜飾り《シミエ》は銀の猫の頭であり、それを支えるのも二匹の猫で、しかもおびえた表情をしていると紋章鑑には説明されているから、勇敢であるべき騎士としては、いかにも不名誉な標章である。一般には獅子や狼や熊などの動物が兜を飾るのであるから、おびえた猫の標章をもたされたブランは哀れを誘う騎士であり、そうであれば、それに組み合わされた涙滴文もここでは決してよいイメージをもってはいない。悲しみの概念が、感情としてではなく倫理としてとらえられ、つまり騎士たるもの

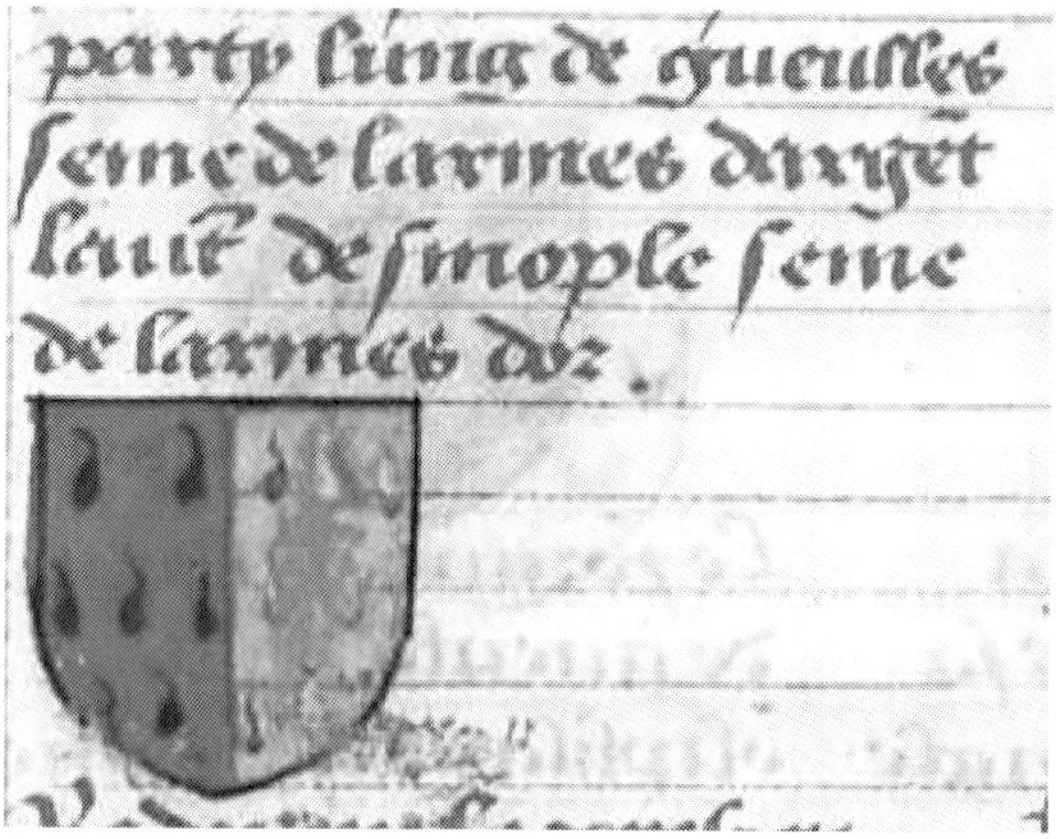

II-1　「歓び知らずのブラン」の紋章（BnF. Ms.fr.14357 f.2）

は涙を流してはならないとする道徳観を感じさせる。[2] 騎士にとって悲嘆に暮れるようなことは、あってはならない態度であるのだが、それが中世末期に美しい悲哀の感情として感じられるように変貌することは、実は本書の涙模様の流布が示していることである。歓び知らずのブランの不名誉な涙滴文から出発した涙滴の文様は、メランコリックな感情を漂わせる美しい涙模様としてイメージを変えていく。そればかりか、かなわぬ恋に泣く男の涙として、涙模様は大流行をみるのである。

2　『散文ランスロ』と涙滴文の盾

湖の騎士ランスロをめぐる冒険譚は、今日「ランスロ・聖杯」物語群の名で整理される多くの作品を世に出した。なかでもよく知られ、中世末期にかけてよく読まれたのが、一三世紀に書かれた大作『散文ランスロ』である。今日に残された写本の数から一三世紀から一四世紀初頭にかけて広く流布したことが知られ、続く一四世紀から一五世紀にかけて写本の数は減るものの豪華本であることから、上層階級に読まれたことが知られている。[3] 一四四九年、ブルゴーニュ家で「美しき巡礼女の武芸試合」と名付けられて開かれた催し物で、防衛者のド・オーブルダンなる人物が、自らを「巡礼女の騎士」と称して、湖の騎士ランスロの紋章を付けて戦ったのも、ランスロの人気を伝えているだろう。ちなみにランスロの紋章は銀の地に赤いバンドが入った柄である（図Ⅱ-2）。
『散文ランスロ』は、物語群のなかでも特に奇想天外な騎士の冒険譚を含んでいる。その冒険のなかに涙滴文の盾が登場するところがある。しかも、そこで涙滴文の盾がいわば挑戦の道具として機能しており、それは後述の武芸試合、たとえばブルゴーニュ公の宮廷で開催された「涙の泉の武芸試合」で、涙滴文の盾が挑戦の道具となっている様子を彷彿とさせるものである。先ずイヴァンの冒険から紹介すると、次のような涙滴文の盾が登場している[4]。

Ⅱ-2　〈歓びの砦〉近くで戦うランスロ（左）
（BnF. Ms.Ars.3479, p.558）

あるときイヴァンは痩せた馬に乗った老婆に出会った。老婆はイヴァンに兜をとらせると、彼がたいそうな美男子であるのを見て接吻をしてくれと言う。老婆があまりに醜いのでイヴァンが躊躇していると、ではアーサー王の宮廷に彼の不実を訴えに行くと言う。慌てたイヴァンがキスをしようとすると、ちょっと待て、あそこに見えるテントから兜と剣を持ってきたら、そして木に下げられた盾を叩きこわしてきたら許してやると言う。キスよりましと思ったイヴァンはその通りにして老婆の策略に掛かった。その「黒い滴を散らした白い盾」écu blanc goutté de noirには触れてはならなかったのである。触れると「呪われた巨人」が暴れ出すからで、次のような事情があった。巨人はさる騎士の妻を強奪し自分の妻にしたが、その際、彼女に誓って悪事から身を引き城にこもった。

しかし半年もしたころ退屈のあまり兜と剣と盾を並べ、己の盾を叩きこわした者がいたら闘いに出ると決めた。だから人びとは一二人の婦人を配置し、盾に触れるものがないよう見張りをさせていた。イヴァンが兜と剣を持ち、盾を持ち出したとき、彼女たちは胸を打ち髪をかきむしって泣き叫んだが、それは見張りの空しかったことを嘆いていたのである。巨人は檻から放たれた猛獣のように殺戮を繰り返し、イヴァンの行動の代償はあまりにも大きかった。さて問題の巨人の盾は、白い盾に黒い「滴が散らされた」と記され、「涙」ということばで記されてはいないが、次のエピソードからこの表現が涙滴文であることは確かである。

ゴーヴァンの冒険には、逆に黒地に白い滴の紋章が出てくる[5]。広々と草花に覆われた美しい谷間に一本の見事な松が生えていた。その松の下には大きな泉があり小川が流れ出ていたから「松の泉」と呼ばれる場所である。ゴーヴァンはここで不思議な光景に出会った。ひとりの騎士見習いが「銀の滴を散らした黒い盾」を松の木に下げて立ち去ると、続いてひとりの騎士が現れ、盾を仰ぎ見ながら泣いたり叫んだりたいそう悲嘆に暮れた様子である。ひとしきり泣くと今度はたいそう嬉しそうに笑い出し、そんな風に泣いたり笑ったり七、八回も繰り返した頃、ひとりの小人が現れて彼を打擲しながら連れていった。ゴーヴァンは小人を見つけて理由を聞き出した。騎士はエクトールという美男子で、彼にはお互いに好意を抱く女性がいた。彼が泣いていたのはその女性の不興をかったと信じて絶望したからで、笑い出したのは気を取り直して恋の希望をもったからである。ところで女性の従姉（妹）に当たるロエストクの奥方はセギュラド殿の求愛をかわすために、一年の猶予のあいだに騎士たちを彼に挑戦させ勝利をおさめねばならなかった。エクトールはもちろんセギュラドとの一騎打ちを果たしたかった。彼が嬉しそうに笑い出したのは、一騎打ちで勝利したあかつきには晴れて女性を自分のものにできると思ったからである。しかし女性はエクトールを失うことを恐れて闘いの許しをなかなか与えない。そしてもし闘うなら必ず使ってほしいとつくらせたのが、「小さな銀のしずくを散らした黒い盾」écu noir goutté d'argent menuement だった。ここで物語は「黒は苦痛を、銀のしずくは苦痛に流す涙を意味している」と述べているから、しずくは明らかに涙滴なのである。銀は紋章用語で白と同義であり、次節で言及する『ポンチュスとシドワーヌ』の物語において、ポンチュスの涙が白で表わされるように、白は涙の色として以後に受け継がれていく。巨人の涙が黒かったのは、彼が呪われているからである。

『散文ランスロ』が語る二つのエピソードは、「涙」ということばによって説明しているわけではないが、涙滴文であることに違いはない。そしてイヴァンの冒険において、イヴァンが盾に触れたことによって巨人との戦いが開始されるという設定は、次節に述べる武芸試合の場面で、盾に触れる行為によって挑戦の意思表示がなされる試合のルールに近似している。しかも「涙の泉の武芸試合」では、挑戦の盾に涙滴が散らされている。

3　ランスロ物語とソミュールの武芸試合

涙滴文のルーツがアーサー王物語にあり、ここに登場する騎士の生き方を自らの手本とした貴族により、涙模様は次第に彼らの生活のなかに入っていった。具体的に言えば、祝祭の機会に催された武芸試合を、アーサー王の騎士の冒険に見立て、つまりアーサー王の物語をモデルにして試合が設定されたということである。それを暗示させるのが上述の『散文ランスロ』のエピソードと次節に述べる「涙の泉の武芸試合」の設定の類似であるが、ここではもうひとつ、アンジュー家の武芸試合から、『散文ランスロ』に取材されたと思われる試合を紹介しておきたい。それは、アンジュー家主催の武芸試合のなかでもっとも大掛かりに行われたソミュールの武芸試合（一四四六あるいは一四四八年）である。詳細は第3節で述べるが、ここでは挑戦の場面の設定にランスロ物語が使われたことを指摘し、アーサー王物語と武芸試合の親密な関係を示しておこう。

ソミュールの武芸試合について詳細を伝えているのは、一七世紀のヴュルゾン・ド・ラ・コロンビエールが、同時代の写本をもとに記した『栄誉と騎士道の真の劇場』である[6]。著作が典拠とした中世の写本についてはいずれ述べることにして、ここではヴュルゾン・ド・ラ・コロンビエールの著作が、一七世紀の騎士道復古の宮廷文化を背景に生まれ、ソミュールの武芸試合に関する資料として今日もっとも重要なものであることだけ述べておこう。著作は試合の準備から語り始めている。ソミュールの近郊、美しい野原に木造の城が建造され、中には豪華なタピスリーが掛けられる。外側もきれいに飾られた様子で、この城は「昔の物語をまねて、歓ばしい砦の城と名付け」られる[7]。「歓ばしい砦の城」とは、ランスロが最初に経験するよく知られた冒険のエピソードであり、すなわちソミュールの武芸試合はランスロ物語を典拠としているのである。『散文ランスロ』には「歓ばしい砦」あるいは「苦しみの砦」という名で次のようなエピソードがある。それは、「白い騎士がいかにして『歓ばしい砦』を征服したか、彼のなした武勲、いかにして乙女が、戦いの間に彼の盾を別のものに変えたのか」という見出しで始まる一節である[8]。この冒険譚は、物語の冒頭、湖の貴婦人のもとで育てられたランスロが未だ自らの名前も出自も知らぬまま、アーサー王の宮廷に赴き、騎士になってから最初に体験する冒険のエピソードである（図Ⅱ-2参照）。

ランスロは、出発に際して湖の貴婦人から与えられた白ずくめの武装で身をかため、未だ名のない彼は白い騎士と呼ばれている。冒険は、悲嘆に暮れた乙女に会い、彼女の恋人が「苦しみの砦」という名の城で殺されたことを知らされるところから始まる。ランスロが駒を進めてその要塞に来ると、そこには子どもや男や女が囚われており、みなが助けてくれと泣き叫んでいる。その要塞には、二対の城壁があって、それぞれに戸口があった。城内に入るには、それぞれの入口で、一〇人の騎士を倒さねばならない。しかもひとりを倒すまで、次の騎士と戦うことはできないというルールがある。一番高い戸口には、銅製の騎士が銅製の馬にまたがり、両手に大きな斧を持って立ち塞がっている。今までに何人もの騎士が攻撃を試みたが、生きて城を出たものはいない。乙女に導かれて城に入ったランスロは五人を倒し、闘いは翌日に持ち越されることになる。乙女に従って、その夜の宿に戻るとそこに湖の貴婦人から三つの魔法の盾が届けられている。いずれも銀地だが、ひとつには赤いバンドが斜めに一本、もうひとつには二本、そして最後のひとつには三本のバンドが付いている。一本のものは、これを持つものに自身の能力を超えた力を与え、二本のものは二人分の力を、三本のものは三人分の力を与えてくれる。翌日ランスロは、盾を携えた乙女の助力で盾を取り替えては闘い、ついに勝利する。城の主は逃走し、囚われていた人びとは解放される。「苦しみの砦」は「歓ばしい砦」と名前を変えたという物語である。

冒険はさらに続く。ランスロは奇妙な墓場に連れていかれる。そこは壁に囲まれ、壁にうがたれた銃眼には、兜をかぶったままの騎士の頭蓋骨が並べられている。それぞれが「ここにこのものが眠る、これがそのものの頭である」という銘をもっている。過去に囚われ、殺された騎士の墓場なのである。そのなかにひとつだけ頭の置かれていない銃眼があり、「ここにこのものが眠るだろう」とのみ記されている。そこには見事な細工の金属製の墓板があり、それを開けることに成功したランスロが見たものは、「ここに王バン・ド・ベノイックの息子、湖のランスロが眠る」という銘であった。こうしてランスロは自分が誰なのか、自らの出自を知るという場面である。匿名の白い騎士が湖の騎士ランスロであり、自らの名と家系を知るという重要な部分であれば、この冒険譚はよく知られていたと思われる。当時の人びとには、ランスロ物語という出典は容易にわかったはずである。

以上は武芸試合と文学の関わりの一端にすぎないが、このような時代の趣味のなかでアーサー王物語という虚構の世界の涙滴文が、現実世界の祝祭と生活を飾ることになることは理解できるだろう。武芸試合とアーサー王物語との関わりを必ずしもすべてについて解き明かすわけにはいかないのだが、ブルゴーニュ家とアンジュー家の武芸試合をもう少し詳細に観察し、涙模様やジョウロのドゥヴィーズがどのように登場するかを次節からみていこう。

第❷節　ブルゴーニュ家の「涙の泉の武芸試合」と物語文学

1　武芸試合とは

涙模様がフランスのあらゆる宮廷に流布したことには、なによりも一四四〇年代から盛んに行われた武芸試合が貢献している。武芸試合とは、文字通り、騎士が馬上で槍を突き合い、あるいは馬を降り、徒《かち》で剣や斧をもって戦う武術の競技である。それは実戦に備えた訓練でもあり、またスポーツとしての娯楽でもあったが、パ・ダルム(pas d'armes)と呼ばれた中世末期の武芸試合は、単に武芸を磨き、競い合うというだけではない独特の趣向をもった。「パ」とは、山間の隘路とか峠とかという意味で使われるように、越えねばならない難所を指し、ゆえにパ・ダルムは「武芸の難所」

という意味である。つまり騎士たるものが越えねばならない試練であり、それは肉体的な試練であると同時に精神的な試練でもある。要するに、アーサー王物語に登場するランスロやゴーヴァンのような理想の騎士が冒険の旅の途次に次々と克服していく難儀であり、これを乗り越えて騎士として完成されるさまをなぞって行われるのが、パ・ダルムという催物なのである。前節に述べたように、ここには、アーサー王物語の騎士が、男性貴族にとってならうべき騎士の理想の姿であったという事実、逆に言えば、アーサー王物語がいわば道徳の書として貴族男性に享受されていたという事実がある。

つまり、一二世紀以来の騎士道文学にならって試合が組まれているという意味で、武芸試合は単純な武芸の競争ではない。したがって、ブルゴーニュ家で頻繁に大掛かりな武芸試合が開催されたのも、この宮廷の経済力だけがこれを可能にしたのではない。一五世紀に公国を治めたフィリップ・ル・ボンがアーサー王物語を好み、そこに描かれた騎士道を自ら実践しようとした君主だったからこそなしえたことである[9]。彼は歴史や文学を好んだ愛書家であり、公家の蔵書を二五〇冊から九〇〇冊まで増やした君主である。彼の宮殿の広間に掛けられたタピスリーには、アーサー王をはじめ、武勲詩に登場する名だたる騎士、ギヨーム・ドランジュやエムリ・ド・ナルボンヌらが描かれていたといわれる。文学趣味を背景としたこのような武芸試合に、涙滴文は付きものなのである。涙模様は武芸を競う騎士の紋章にしばしば使われ、試合の場面で盾や衣服や馬衣に表わされた。要するに涙の文様は当時の騎士道遊戯に従った流行なのである。

文学に取材された武芸試合は、ゆえに物語の題名のような名称がそれぞれに付けられている。たとえば、一四四三年、ディジョンで開催された試合は「シャルルマーニュの樹の武芸試合」と呼ばれている[10]。一四四九年、北部のサン・トメールの近郊で開かれた試合は、「美しき巡礼女の武芸試合」といい、主催者であり、防衛者であったド・オーブルダンは、自らを「巡礼女の騎士」と称して、「湖の騎士ランスロ」の紋章を付けて戦ったことは既に触れた[11]。アーサー王の円卓の騎士のなかでも最も優れた騎士ランスロに自らをなぞらえたわけである。同じ一四四九年に、翌五〇年にかけて、ブルゴーニュ地方のシャロン・スュル・ソーヌで開かれたのは、次節で詳述する「涙の泉の武芸試合」である。挑戦の道具として涙滴文の盾が使われるという点で、ランスロ物語のエピソードに似たところがあることは既に述べた通りだが、さらにこれは『ポンチュスとシドワーヌ』という当時よく読まれた物語に出てくる武芸試合に酷似している。

一四五四年二月一七日、フィリップ・ル・ボンが北部のリールで「雉の饗宴」Banquet du Faisan と名付けた盛大な祝祭を開催したとき、アドルフ・ド・クレーヴは「白鳥の騎士」に扮し、饗宴の余興でも試合の場でも、彼は黄金の白鳥が金鎖で曳く小舟に乗って登場している[12]。言うまでもなくローエングリンの物語に従っているのだが、ただし、ここにあるのはローエングリンという騎士道の英雄への羨望ばかりではない。クレーヴ家が白鳥の騎士の家系にあることの表明でもあるからである。アドルフ・ド・クレーヴは、涙模様を愛した、シャルル・ドルレアンの若き妻マリー・ド・クレーヴの兄に当たり、彼女がジョウロ型の羽根押さえ《ビュオ》を贈ったあの兄で、クレーヴ家の当主である。伝説によれば、ローエングリンは白鳥の曳く舟に乗って、ある日ブラバントの運河に現れ、囚われの身のエルセン姫を救う（図II-3）。ローエングリンは姫を妻とするが、自らの出自を明かさない。姫が、彼の名を知りたいと懇願すると、白鳥が現れ、彼を連れ去ってしまうという話である。今日なおよく知られているこの白鳥の騎士の物語は、ロートリンゲンの地域（今日のベルギー、オランダ、北部ドイツ）に早くからあったが、一三世紀初期にウォルフラム・フォン・エッシエンバッハによってローエングリンの名を与えられ、パルチヴァール（フランス語ではペルスヴァル）の息子として、アーサー王物語のなかに組み込まれたとされる[13]。そして一三世紀後半には、ローエングリンがブラバント公の寡婦と結婚し、そこからヘルダーラント家、クレーヴ家などの高貴なる家系が生じたとする物語が、コンラド・フォン・ビュルツブルクによってつくられた。白鳥の騎士を演じたアドルフとジョウロを標章としたマリー、二人のクレーヴ家の兄妹は、ブルゴーニュ公フィリップの姉マリーがクレーヴ家に嫁ぎ、もうけた子らであり、すなわち公の甥であり姪である。一四六三年、姪のカトリーヌの婚礼に公が涙模様の帽子を被り、介添えを務めたことを前章に述べたが、カトリーヌは、公の妹アニェスの娘で、彼女の嫁ぎ先はヘルダーラント公であった。ブルゴーニュ公にとって、婚姻で結ばれたこれらの公家の由来は重要であったに違いない。ゆえに武芸試合には、騎士道の理想を求める道徳性ばかりではなく、なんらかの政治性が備っていたと言える。

II－3　『クレーヴ公の年代記』より（ミュンヘン、バイエルン州立図書館）

　フィリップの晩年の一四六三年から六四年には、ブリュッセルで「見知らぬ貴婦人」と題した武芸試合があり、これは一三世紀の騎士道物語『見知らぬ美青年』をもじっているのだろうか[14]。一四六三年には、ブルッへで「妖精の石段」という名で試合が行われている。公フィリップが亡くなった翌年、一四六八年には後を継いだシャルル・ル・テメレールがマルグリット・ド・ヨークを娶り、三度目の結婚を果たしたのを記念して、同じくブルッヘで「金の樹」と題した試合が開催されている。

以上に挙げた武芸試合のなかで涙滴文が登場している試合は三つある。最初のひとつは、一四四三年の「シャルルマーニュの樹の武芸試合」で、試合の挑戦者を募るために使った盾は、ひとつには「黒地に金の涙滴が散らされ」、もうひとつには「紫地に黒の涙滴が散らされていた」[15]。そのような二つの盾がシャルルマーニュの樹と呼ばれる樹に下げられ、防衛者に挑戦するものはどちらかの盾に触れて挑戦の意思を示さねばならないというルールが決められた。前者に触れた者は馬上の槍試合を、後者に触れた者は徒で斧と剣で闘うという約束である。武芸試合には、難所を守る防衛者がおり、彼に対し次々と騎士らが挑戦し、武芸を競うというのが一般的だったようである。

同じように挑戦の道具として涙滴文が登場するのが、一四四九年九月に始まる「涙の泉の武芸試合」であり、涙の泉という命名が興味を引く。しかも取材された文学作品がほぼ特定されており[16]、典拠とされる『ポンチュスとシドワーヌ』という物語はアンジュー公ルネの文学創作にも影響を与え、当時広く読まれた作品であった。一方、一四六三年の「妖精の石段の武芸試合」では、雨が降る情景を美しい模様とし、文様のヴァリエーションを広げている様子が観察されて興味が引かれる。これについては次章で紹介することにし、以下では涙の泉の武芸試合について詳細を見てみたい。

2　涙の泉の武芸試合と『ポンチュスとシドワーヌ』

「涙の泉の武芸試合」は、一四四九年九月の最初の土曜日、ディジョンの南、シャロン・スュル・ソーヌのソーヌ河の河原で始まった。この地が選ばれたのは、ヨーロッパ北部、またイングランドやスコットランドなどから来る多くの巡礼者が、ここを通ってローマへ行ったからだという。要するに街道の要所として都合がよかったのだろう。参加の騎士の国際性はもとより、見物の人びともまた国際的であった。試合は翌年の一四五〇年にかけて断続的に行われており、武芸試合は、必ずしも短時日のうちに終わるものではなかった。ブルゴーニュ家の記録者、オリヴィエ・ド・ラ・マルシュはこの試合については特に丁寧に、準備から戦いまでを記している。それによれば舞台設定は次のようである[17]。

II-4　「涙の泉の武芸試合」の設え
(BnF. Ms.fr.16830, f.124)

シャロン・スュル・ソーヌの小島に豪華なパビリオンが建造され、その中に美しい聖母像が置かれた。像の左下に姿形も美しいひとりの女性が「白い涙を散らし、黒貂で裏打ちした」衣裳を着ている。長い髪は踵にまで達し、髪を被う布の端を右手でもち、青い大粒の涙を拭っている(図II-4)。涙は流れて泉をつくり、そこに一角獣が白と紫と黒の盾を首に下げている。三つの盾にはいずれも彼女の涙の色である青の涙滴が散らされている。白い盾に触れた者は斧で、紫の盾に触れた者は剣で、そして黒の盾に触れた者は槍で闘うという約束である。挑戦の道具として涙滴文の盾が使われているのは、「シャルルマーニュの樹の武芸試合」と同じであるが、涙滴文の盾は三種類に増えている。踏襲されている黒と紫はこの頃に特に悲しみと喪の色とされた色で、白もまた喪の色であったから[18]、色も図柄も徹底して悲しみを表現している。防衛者は騎士の鑑、かのジャック・ド・ラランであり、彼は白地に青い涙滴文の衣服を甲冑の上にまとい、防戦している。

さて涙を流す女性は窮地にあり、救出を待っているようにみえるが、この女性はどんな窮地に陥っているというのだろうか。白鳥の騎士に救出されたエルセン姫のように囚われの身なのだろうか。この女性について、イスラム教徒に占領されたエルサレムを嘆く〈聖教会〉の擬人化ではないかという解釈がある[19]。四年後の一四五四年にリールで開かれた「雉の饗宴」に、〈聖教会〉を表わす女性が白い衣裳を身に付け、その上に、苦痛を示すために黒いマントを羽織って嘆きながら象に乗って登場、十字軍遠征への士気を鼓舞するという出し物があるからである。そのようなアレゴリーが重ね合わされている可能性はもちろん否定はされないが、「涙の泉」というタイトルをもったこの試合にきわめてよく似た武芸試合が、実はほぼ同時代の文学作品にある。それが騎士ポンチュスとブルターニュ公の息女シドワーヌの恋を語った物語『ポンチュスとシドワーヌ』である。そこに描かれる「驚異の泉の武芸試合」が涙の泉の武芸試合によく似ているのである。

ポンチュスの物語は一四世紀末頃にアンジュー地方の中心地アンジェから遠くないところで書かれ、広くよく読まれたことが知られている。作品は一二世紀末にアングロ・ノルマン語で書かれた『ホーン物語』の翻案であり、一五世紀に流布したことは、残されている写本の数、刊行を重ねた版の数、そして諸外国語への翻訳の数から明らかである[20]。今日では中世フランス文学史のなかでほとんど注目されることのない作品であるが、写本はフランス、イギリス、スペインなどに二八冊残され、一五世紀末期に印刷本として一〇件の刊行がある。翻訳は英語訳が少なくとも二件、ドイツ語訳が二件、オランダ語訳もあり、一八世紀まで読まれたという。物語はガリシア王の息子ポンチュスが国を追われた後、ブルターニュ公に助けられ、公の娘のシドワーヌと恋仲になるも、嫉妬による妨害にあって多くの苦難を経る、という恋と武勲をテーマとした宮廷文学である。最初の陰謀でポンチュスは恋人の愛を失い、失意のうちに旅に出る。遠くハンガリアの地に戦争に赴くと見せかけて、実はシドワーヌの愛を取り戻すための作戦があった。ポンチュスは密かに武芸試合を企画し、自らを「白い涙の黒い騎士」と自称する[21]。匿名の騎士となって挑戦者を次々と倒し、倒れた騎士をシドワーヌの囚われ人として彼女のもとへ差し向けようという計画である。ポンチュスの白い涙が悲しみの表現であることは当然として、ヴァランティーヌ・ヴィスコンティが夫の死に接して示した悲しみとは少々異なり、ここでは失恋に対する悲しみへと、文学作品らしくかたちを変えていることは重要である。後述のように、涙模様は愛するひとから愛を得られない〈悲しみの恋人〉のシンボルとして定着していくからである。

ポンチュスは企画した試合の予告を次のようにしたためた。「白い涙の黒い騎士が、各国の優れた騎士に告げる。一年間、毎週火曜日の朝の一時課、『冒険の泉』のかたわらに白い涙の散らされた黒いテントがあるだろう。そこに一本の樹があり、それに白い涙の黒い盾と角笛が掛けてある。こびとが角笛を吹けば、隠者を連れたひとりの女によって、黒い騎士が武装して待つ野に案内されるだろう」。つまり涙滴文の盾に触れて挑戦の意思を示せば、こびとが角笛を吹き、それを合図に女性が現れて、試合場に案内されるということである。試合はこびとによってフランス各地へ伝えられ、その間にポンチュスは試合の準備を進める。大きなテントと幕屋が立てられ、ひとりの老女が雇われて、挑戦の騎士を案内する女性に仕立てられる。ポンチュス自身は女の連れとなる隠者に変装する。冒険の泉は「驚異の泉」とも呼ばれ、そこに予告された火曜日、多くの騎士が集まった。隠者に化けたポンチュスの采配で、黒い騎士に挑戦する騎士の盾が木々に下げられると、最初の一カ月に戦う四人が選ばれ、このようにして一年のあいだに五二人の騎士が毎週火曜日にひとりずつ戦うことになる。最初の挑戦者はブルターニュでもっとも優れた騎士ベルナール・ド・ラ・ロシュであった。隠者の姿から黒い武装の騎士に変身したポンチュスが登場すると、彼は黄金の杯で泉の水を汲み、それを石段にかけると水は飛び散り、雷が鳴り、雹が降る。以後も試合の前にはこの儀式があり、これを合図に戦いが始まる[22]。

物語が語るこの試合のなかで注目すべきは、驚異の泉という泉の命名であり、そのエピソードである。つまりこれはアーサー王物語になじみのエピソードで、たとえばクレチャン・ド・トロワの『イヴァン』にある挿話がそれを代表する。イヴァンの物語の冒頭は、カログロナンの驚異の泉の冒険談で始まり、主人公イヴァンが、その冒険を試そうと旅立つというのが物語の導入である。ブロセリアンドの森の中、一本の美しい松の樹の木陰に泉がある。かたわらにお堂と貴石でできた石段があり、松の樹に下がった金属製の器で泉の水を汲み、石段にかけると、恐ろしい嵐がやってきて、辺りを荒廃させる。やがてひとりの強そうな騎士が現れ、荒廃の理由を訊ねて、彼に打ちかかってくる。カログロナンは敗れて、逃げ帰るが、イヴァンは死ぬほど彼を痛めつけ、逃走する彼を追跡する[23]。アーサー王物語の騎士が冒険の旅で出会う驚異が、ポンチュス物語の武芸試合のなかに組み込まれており、騎士道文学が武芸試合に影響を与えた事実を証言しているといえる。ポンチュス物語は、アーサー王物語の驚異の泉の冒険をまねた武芸試合を描き、それが涙滴文の使用という点もあわせてブルゴーニュ家の涙の泉の武芸試合に影響したということである。

涙滴文の盾が挑戦の道具になっているという点において、ポンチュス物語が描く武芸試合と「涙の泉の武芸試合」はたしかによく似ている。しかもポンチュス物語が広く読まれた事実を考えれば、これに影響を受けたことは間違いないだろう。ポンチュスとシドワーヌの恋物語は、本書がこの後たびたび引用することになる、アンジュー公ルネの一四五七年の作品『愛に囚われし心の書』のなかでも言及されている。主人公の〈心〉が〈慈悲〉という名の女性を求めて旅をするこのアレゴリー文学のなかで、愛に殉じた恋人たちの墓をめぐり、彼らの恋を紹介するくだりに彼らの名があるからである。既に触れたように、ここにベリー公ジャンとイングランドの女性との恋が示唆されているのだが、トリスタンとイズー、ランスロとギニヴィア王妃など文学と歴史上の名だたる恋人たちが列挙されているなかに、ポンチュスとシドワーヌもその場を与えられている。彼らはよく知られた恋人たちなのである。ルネの物語のなかで、一つひとつの墓が誰のものであるか、紋章が描写さていくのだが、ポンチュスの紋章は「白い涙を散らした黒い盾」であり、それが、ガリシア国の紋、すなわち金の三つ葉と金の杯が散らされた赤地の上に置かれている、と物語は述べている[24]。この紋章を忠実に描いているのが、フランス国立図書館蔵の写本の挿絵である（図Ⅱ-5）。

Ⅱ-5　三つ葉と杯の散らされた赤いガリシア国の紋に、黒地に白い涙滴の紋を重ねたポンチュスの紋章（BnF. Ms.fr.24399, f.91）

ポンチュス物語が「涙の泉の武芸試合」にヒントを与えたことは確かである。アーサー王物語の冒険になじみの装置である「泉」を使い、そこに、愛を失い、悲しみに暮れる騎士の「涙」を組み合わせたのは、たしかにポンチュス物語である。そのポンチュス物語に取材されたのであれば、「涙の泉の武芸試合」にも、後述する〈悲しみの恋人〉の文学テーマの含みがあるということである。「涙の泉」は、それに付随する文学レトリック「涙の川」「涙の海」「涙のさざ波」といった一連の修辞のなかから得られたものではないだろうか。「涙の泉の武芸試合」は、涙の文学のより展開した姿を示しているように思われる。

第❸節　アンジュー家の武芸試合

1　一四四〇年代の武芸試合[25]

アンジュー家でも同様に一四四〇年代にいくつかの大掛かりな武芸試合が開催されている。まず一四四五年、前年にアンジュー公ルネの次女、マルグリットがイギリス王ヘンリー六世と結婚したことを記念して、ナンシーにおいて国王シャルル七世を迎えて武芸試合が開かれている。第I章で述べたように、雲と雨粒の美しい模様を袖に付けた男を描いている《デヴォンシャー家の狩猟タピスリー》が、アンジュー家の注文で制作され、イギリスに渡ったとされるのは、マルグリットのこの結婚の際である。ロレーヌ地方のナンシーで武芸試合が開かれたのは、ロレーヌ公の娘、イザベル・ド・ロレーヌを妻としたアンジュー公が、一四三一年からイザベルの亡くなる五三年までロレーヌ公を兼ねていたからである。イザベルが亡くなった後、ルネが使ったドゥヴィーズが節の付いた枝《バトン・エコテ》であり切り株であったことは序章に述べた通りである。そしてシャルル七世の臨席を得たのは、アンジュー公ルネの姉のマリーがシャルル七世の妃であったからである。

ナンシーにおける試合の詳細については、参加したフォア伯ガストンの記録『ガストン四世の歴史』に記されており、ガストン自身とアンジュー公ルネのほか、少なくとも四人の騎士に、いずれも金の涙滴文が馬衣に表わされていたことが伝えられている。アンジュー公は青いビロードに金の涙滴文、フォア伯は、スミレ色とタンニン色（黄褐色）の二色のビロードに金の涙滴文、人物の特定はできないが、ド・ショーモンなる人物は「半分が白、半分が青のビロードに、豪華な金糸刺繍が施され、金の涙滴が散り、金メッキの銀製鈴が付く」と、いかにも華やかな馬衣である[26]。フォア伯の場合、スミレ色とタンニン色の二色がどのような配置になっているのかはわからないが、ド・ショーモンの場合には白と青を半々に合わせた、いわゆるミ・パルティの趣向なのであろう。銀製の鈴は、以下に触れるタピスリーに示されているように、馬衣の裾に下げられているのだろう（図Ⅱ-11参照）。鈴を下げるのは、この頃の流行で、馬衣の装飾ばかりか、男性の衣裳の腰回りにぶら下げられることもあった。鈴の音を楽しむファッションである。

ブルゴーニュ家の武芸試合では、涙滴文は防衛者の紋として盾に示されたことが目立っていたが、アンジュー家の場合には、馬衣の飾り模様として広く騎士たちに使われている[27]。もちろん単なる飾りなのではなく、多くの騎士がドゥヴィーズとしてこの文様を使ったということであろう。試合に臨んで騎士は輝くような甲冑を身に付け、動物などの姿を表わした想像力に富んだ兜をかぶり、防御用に左手には盾を、右手に槍を構える。こうした騎士自らが示す姿と比べてみれば、馬の体を覆う馬衣の重要性はさほどではなかったようにも思えるが、しかしビロードやサテンなどの光沢のある布地に文字や葉、花、動物などを刺繍した馬衣は、武芸試合という祝祭空間の演出のうえでは重要であったのではないだろうか（図序-2、図Ⅱ-12参照）。

一四四五年にはもうひとつ、シャロン・スュル・マルヌで武芸試合が開かれている。このとき国王顧問でアンジュー家と縁の深いジャン・ド・ブルボンが、「黒と金と白い涙滴文を」使ったことが知られている[28]。ただし黒と金の配置がミ・パルティなのか縞なのか、あるいは他のデザインなのか、詳細は不明である。ブルボン家がアンジュー家と強い絆で結ばれていたことは、ジャン・ド・ブルボンの娘マリーが、ルネの息子ジャンの妻となっていることからわかるだろう。ジャンの夫人マリーとは、マリー・ド・クレーヴがジャック・ド・ラランの愛を争った、あの逸話の相手の女性である。

そして、一四四六年に開かれたのが、「竜《ドラゴン》の口の武芸試合」で、アンジュー公ルネが、おそらく一四四三年の次男ルイの死の悲しみから未だ立ち直れず、ゆえに黒地に金の涙を散らした盾をもったのだろうと推測される武芸試合である[29]。試合場には、火を吹くドラゴンの絵が描かれた円柱が立てられ、そこに四人の防衛者の盾が掛けられている。ここを通過する女性はひとりの騎士をともなわねばならず、その騎士は二人の騎士の槍を折って、彼女へ愛を示さねばならない。これがこの試合に仕組まれた物語であるが、要するに怒り狂った恐ろしい竜が妨害する難所を、愛する女性を無事に通させるために戦わねばならない騎士の物語が下地になっているようにみえる。ルネは、四人の防衛者に挑戦するために、アンジュー公領の居城から駆けつけ、表向きはすべての女性のため、実は密かに愛していた、ラヴァル伯ギイの娘、ジャンヌ・ド・ラヴァルのためにこの試合を戦ったという。この女性は、一四五三年に公が妻イザベルを亡くした翌年、ルネの二番目の妻となる。イザベルの死に接してドゥヴィーズを切り株としたルネが、切り株から新芽を出した図柄を使ってジャンヌとの再婚の歓びを示したことは、本書の冒頭で紹介した通りである（図Ⅰ-3、

Ⅱ−6　ソミュールの武芸試合の設え（サンクト・ペテルスブルク図書館 Fr.F.p.XIV,4, f.23v.）

Ⅰ−4、Ⅰ−5参照）。この試合で彼が、甲冑も槍も馬衣も武装のいっさいを黒ずくめにし、黒い盾には涙滴を散らしたのは、実は必ずしも息子の死に理由があったのではなかったようである。ナポリ王国の戦争による政治的な災いに理由があるとみる向きもあるし、このようなメランコリックな演出が当時の流行なのだと理解するホイジンガのような意見もある。あるいは、後のタラスコンの武芸試合の含意を考えて、ある女性から愛の拒絶を受け、愛の犠牲者であることの表明なのだとする見方もある[30]。

竜《ドラゴン》の口の武芸試合に応えるかたちで、開催されたのが既に触れたソミュールで行われた武芸試合である。開催の年は一四四六年か一四四八年か特定されていないが、参加者の数やその豪華さにおいて他の武芸試合を抜き、後世に伝えられた武芸試合である。ルネはこの試合を、愛するジャンヌ・ド・ラヴァルのために企画し、自らが防衛者の筆頭となって戦った。美しい平原に木造の城館を建て、内部をタピスリーで飾って、これを「歓びの砦」と名付ける。例によって挑戦のための盾が柱に下げられるが、ここではそこに二頭のライオンが鎖で繋がれていて、記録によればどう

II-7　アンジュー公ルネ『馬上槍試合の書』より（BnF. Ms.fr.2695, f.100v-101）

やらライオンは本物らしい（図II-6）。その前で繰り広げられる試合には、ジャンヌはもちろん、妃のイザベル、娘のヨランドの他、多くの貴婦人方がいて、彼女たちが観覧席で見物をする。後に『馬上槍試合の書』と題して、武芸試合のマニュアル本を書いたルネであるが、こうした実地の経験によってそれは成立した作品なのである[31]。その写本には、ルネ自身が実際に描いたかもしれないという挿絵が豊かに添えられ、試合場に集まった騎士と観覧席で見物する貴顕の姿がある。ソミュールの武芸試合はこんな風であったのだろう（図II-7）。さて、この試合には涙滴文はもちろん、珍しくジョウロが登場している。さらに三色スミレの花がシンボリックに使われ、マリー・ド・クレーヴがそのドゥヴィーズとした文様のすべてが揃っている。

一四四九年には、南フランスのタラスコンで、もうひとつ有名な武芸試合が開かれている。すなわち「羊飼い女の武芸試合」である。写本挿絵に残されている、その舞台装置は次のようである。囲いの中に白い羊と黒い羊が何匹かいる。かたわらに黒い服を着て、赤い頭巾を被った女羊飼いが座っており、彼女はナデシコの花だろうか、小さな花を右手に持って差し出している風である（図II-8）。その前に一本の樹があり、そこに白い盾と黒い盾が下がっている。例によってこれが挑戦の盾である。白は歓びを意味し、黒は悲しみを意味するというのは定石通りだが、なぜか恋に満足しているものは黒い盾に、恋に不満のあるものは白い盾に槍の先で触れて、挑戦の意思を示すのだという。この試合を伝えているのは、アンジュー家の家令《セネシャル》を務めたルイ・ド・ボーヴォが残した記録であり、それによれば、この試合に涙滴文の騎士がひとりいる。ロベール・デュ・フェなる騎士であり、白地に小さな黒い涙を散らした盾を持って登場している[32]。

II-8　「羊飼い女の武芸試合」（BnF. Ms.fr.1974, f.1）

　アンジュー家では、その後、一四五五年にバルセロナで武芸試合を行ったようであるが、これ以外には大きな試合は知られていない。既に述べたように涙模様の装飾品は一四五〇年代の公家の記録に頻出する。一方、武芸試合は、アンジュー家でもブルゴーニュ家でも一四四〇年代に集中し、ここに少なからず涙滴文が登場する。個々の涙滴文には、もちろん肉親の死など個人的な悲しみの感情が託されている場合もあろうが、仮に竜の口の武芸試合におけるルネの扮装に、愛に傷付いた心情を読むことが可能であるなら、涙模様は愛の悲しみのトポスであったということにもなる。アンジュー家の武芸試合が示しているように、武芸試合は企画するものにとっても、そこで戦うものにとっても、愛する女性へ敬意を示すためにある[33]。武芸試合が男女の愛に結びついた催事であるなら、それが悲しみの恋人の表象としての涙滴文を準備したことは間違いない。

2 ソミュールの武芸試合

竜《ドラゴン》の口の武芸試合とともに、ソミュールの試合を後世にまで伝え、有名にしたのは、既に触れた一七世紀のヴュルゾン・ド・ラ・コロンビエールの著作である。彼は、今日サンクト・ペテルスブルク図書館に保存されている写本を元に、『栄誉と騎士道の真の劇場』と題して、一六四八年にこの試合について記した。それはルイ太陽王治世下の当時の貴族社会に騎士道復古の風潮があり、それに応えるためであった。写本は当時、大法官セギエの蔵書としてあり、ヴュルゾン・ド・ラ・コロンビエールはこれを閲覧し、複写したと推測されている。その後、写本はメッス大司教からサン・ジェルマン・デ・プレ修道院を経て、革命末期の一七九一年に、ドゥブロウスキーなるロシア大使の手に渡り、その後はロシア皇帝の持ち物となったようである。写本の存在が明らかになったのは一九一三年のことで、したがって二つの武芸試合は長いあいだヴュルゾン・ド・ラ・コロンビエールの著作によって知られてきた[34]。

サンクト・ペテルスブルク図書館の写本はこれまで閲覧が難しく、画質のきわめて悪いモノクロのマイクロフィルム版をパリのテクスト歴史研究所（Institut de Recherche et d'Histoire des Textes）で閲覧するのがフランスの研究者の習いであったが、二〇〇九年、アンジュー公ルネの生誕六百年を記念してアンジェ市で開催された展覧会でようやくその一部をわたしたちは眼にすることができた[35]。残念ながら展示された挿絵は二葉にすぎず、カタログに収録された挿絵も必ずしも充分ではないが、とはいえこのときルネがドゥヴィーズとした三色スミレが挿絵のそこかしこに表わされているさまがわかり、試合の雰囲気を充分に伝えてくれるものであった。これらに、マイクロフィルム版とヴュルゾン・ド・ラ・コロンビエールの著作を合わせれば、試合のほぼ全貌を知ることができるだろう。もっぱらアンジュー家の紋章を調査しているクリスチャン・ド・メナンドルによれば、ヴュルゾン・ド・ラ・コロンビエールには写本の誤読などがあるにしても、写本挿絵の説明は正確で、色に関する記述に問題はまったくないと言う[36]。

さて、この試合ではアンジュー公ルネをはじめとする三〇人ほどの騎士が防戦者となり、八〇人あまりの挑戦者が、交代しながら一騎打ちを行ったようである。そして誰が誰と戦ったのか、どのような武装やドゥヴィーズで登場したのかがほぼ記録されている[37]。一騎打ちの挿絵は、おそらく戦いの場面を写本の作者が実見してデッサンにとったのであろうと推測されている。

アンジュー公ルネは防衛者として、アランソン公ジャン五世と、そしてラヴァル伯、すなわち愛するジャンヌの父であるギイ一四世という二人の挑戦者と戦っているが、ここには特にドゥヴィーズに関する記録はない。金の百合の花を兜に付け、飾り布《ヴォレ》には青地に金の百合花を散らしてあったと、フランス王室に連なる家系を示した紋章が記録されているだけであるが、挿絵によれば三色スミレの散らされた大きな布で馬のからだは覆われている。挑戦者のアランソン公も同様に兜に金の百合花を付け、馬衣には赤地に金の蝶を散らしてあると記され、挿絵はそれを忠実に描いている（口絵：図Ⅱ-9）[38]。

問題の涙滴文を使った騎士は挑戦者のなかに三人いる。一人は、ジャン・ド・プレシが相手をした挑戦者ジャック・ド・クレルモンである。地は黒で、浮かぶ涙滴は銀であった[39]。兜には竜《ドラゴン》が付いている。

II-10　ギシャール・ド・モンブロンの兜飾り（BnF. Ms.fr.25204, f.56v.）

二人目は、ジャン・ド・ヴァレンヌが相手をした挑戦者アンドレ・ド・ヴィルキエである。記録には銀と青に涙滴文とのみあるが、写本挿絵には、銀と青が斜め縞になっており、そこに涙模様が縦に行列をつくって並んでいる。なかなか凝ったデザインである[40]。

三人目は、ギヨーム・ド・ムーロンが相手をしたギシャール・ド・モンブロンである。青地に金の涙滴文としか記録されていないが[41]、ルネが創設した三日月騎士団（Ordre du Croissant）の紋章鑑によれば、彼の兜飾りは、女性の顔と棍棒を持った野蛮人を組み合わせたものである（図II-10）。

そしてジャン・ド・ダイオンなる騎士は青地に三つのジョウロを付けた馬衣で出場している。この人物は、自身の騎馬像を描かせた見事なタピスリーがイギリスに残されていることで今日に名を残しているひとである[42]。高さ三・六メートル、幅二・八メートルの、さほど大きくはないタピスリーだが、甲冑姿で、絢爛豪華に飾り付けた軍馬にまたがり、いわゆる千花模様《ミル・フルール》の織物に浮かぶ彼の姿は見事である（図II-11）。豪華な馬衣には植物を表わしたような模様が付き、裾にはIとEのアルファベットが紐で結ばれて繰り返し模様になっており、縁に鈴がずらりと下げられている。馬上の彼が持つ軍旗には、おそらく狼と思われる獣が描かれ、同様にIとEの文字が繰り返されている。Iは本人のイニシャルだが、女性のものと思われるEは誰なのか特定されていない。タピスリーの制作年はジャンの晩年の一四八〇年と推定されている。したがって武芸試合からはかなりの後のものであり、ここにジョウロのドゥヴィーズを認めることができないのは仕方がない。ただ、このタピスリーによって、馬衣の文様には愛する女性の存在を暗示する模様が含まれること、ゆえにドゥヴィーズという遊戯的な紋章の表現の場として意味のあることに気が付くことはできる。

ジャン・ド・ダイオン（一四一三〜八一年）は、アンジューから遠くない地方で生まれている。下級貴族の出自にもかかわらず、ルイ一一世王に仕える高い地位に出世したひとであり、一四五九年には、ラヴァル伯ギイの娘マリーを二度目の妻に迎えることになるから、ジャンヌ・ド・ラヴァルを妻としたルネとは、お互いの妻を通して近しい縁戚関係にあった。この武芸試合が行われた頃のジャン・ド・ダイオンは、父王シャルル七世と対立した王太子ルイの侍従を務めている。ルイは王室を去って、ドフィネ領主の庇護を受けていたようである[43]。

Ⅱ-11　ジャン・ド・ダイオンのタピスリー
（イギリス、モンタキュート・ハウス）

「ジャン・ド・ダイオン、金のジョウロが三つ付いた青地の紋章と馬衣、ジョウロは平たい瓶のようなかたちをし、底にいくつかの穴が開けられている。……彼の兜飾りは、中央に赤い翼を二つもった銀の猟犬の頭部である」[44]。

II-12　ソミュールの武芸試合（サンクト・ペテルスブルク図書館 Fr.F.p.XIV,4, f.6）

平たい瓶のような恰好で、下に複数の穴が開けられていると、記録がジョウロの形状を説明しているのは、一七世紀の作者にはやはりなじみのないものだったからだろう。第I章で述べたように、ジョウロ（chantepleure）ということばは一六世紀には消え始めていた[45]。ジャン・ド・ダイオンは防衛者として、挑戦者のフィリップ・ド・ルノンクールと戦っており、その一騎打ちの様子はサンクト・ペテルスブルク図書館の写本に描かれているはずなのだが、残念ながら展覧会にもカタログにも示されることはなく、またマイクロフィルムではどのように描かれているのか判別できなかった。彼がなぜジョウロを使ったのかも不明である。

さて写本挿絵に次々と描かれる一騎打ちの場面を見ていると、一方の騎士の馬衣には等しく三枚の花弁で示された華麗な花が馬衣の全体に散らされていることに気が付く（図II-6、口絵：図II-9、II-12、II-13）。これがこの試合で

Ⅱ-13　アンジュー公ルネの登場（サンクト・ペテルスブルク図書館 Fr.F. p.XIV,4, f.24）

ルネが防戦者のドゥヴィーズとして選んだ三色スミレの花である。試合開幕の儀式には、このドゥヴィーズを付けた盾が運ばれ、異国的な行列の中でルネが登場するのであった[46]。

まず公がこの試合のために選んだシンボル・カラーの二色、淡紅色と白で構成されたターバンをかぶり、トルコ人らしい恰好の二人が、それぞれ本物のライオンを太い銀鎖で繋いで引いてくる。続いて公の太鼓打者やトランペット吹きが、同様の二色の仕着せを着て騎馬で連なり、その後に二人の紋章官が貴顕鑑を携え、そして四人の審判者が、いずれも立派な騎馬で続く。次に登場するのが、トルコ人の恰好をしたこびとで、ここにルネがこの機会のドゥヴィーズとした「自然の三色スミレを散らした赤い盾」[47]が運ばれてくる。要するにこれが挑戦を受け付ける例の盾である（図Ⅱ-6参照）。この後、騎馬の美女に先導されてようやくルネの登場となる（**図Ⅱ-13**）。「自然の三色スミレ」とは、スミレの絵が描かれているのではなく、摘んだばかりの自然のスミレを盾に散らしてきたという粋な趣向を示しているように思われる。淡紅色（incarnat）と白という二色のシンボル・

カラーも三色スミレの花の色に由来するのであろう。スミレの花がこの試合の防衛者のドゥヴィーズとされ、挑戦の盾に描かれるとともに、防衛者の馬衣に表わされたということであり、涙の泉の武芸試合の涙模様に対して、ここでは三色スミレが試合のシンボルなのである。

ルネが三色スミレの花を選んだことは重要である。ルネと親交をもったマリー・ド・クレーヴのジョウロのドゥヴィーズには三色スミレが付いていたのであり、装飾としてもスミレはジョウロや涙とともに使われていた。三色スミレにはどのような意味があるのか。既に触れたようにルネは、この花を恋するひとのシンボルとして使ったアレゴリー文学『愛に囚われし心の書』を残している。武芸試合のテーマに女性への愛があり、試合のシンボルとしてスミレを使ったのであれば、三色スミレは愛の花になる。

注

1 M. Pastoureau, Armoiries et devises des chevaliers de la Table Ronde: étude sur l'imagination emblématique à la fin du Moyen Age, *Gwéchall*, t. III, Quimper, 1982, pp.29-36, p.61; Cf. G.J. Brault, *Early blazon*, Oxford U.P., 1972, p.217.

2 佐々木茂美『シャルル・ドオルレアン研究』カルチャー出版、一九七八年、一八九頁。徳井淑子『色で読む中世ヨーロッパ』講談社、二〇〇六年、一九〇頁。

3 F. Lot, *Etude sur le Lancelot en prose*, Paris, 1916 (Slatkine Rip.,1984), pp.1-2.

4 *Lancelot*, éd. A. Micha, Droz, Genève, 1978-82, t.IV, p.237sqq..

5 *Ibid.*, t.VIII, p.144sqq..

6 Vulson de la Colombière, *op.cit.*.

7 *Ibid.*, pp.82-83: «à l'imitation des anciens Romans, le nomma le Chasteau de la Joyeuse garde».

8 BnF., Ms. fr.112, f.64v.; *Lancelot*, *op.cit.*, t.VII, pp.311-333; *Lancelot*, texte presenté par A. Micha, t.I, Union Général d'Edition, Paris, 1983, pp.122-127.

9 G. Doutrepont, *La Littérature française à la cour des ducs de Bourgogne*, Paris, 1909, p.105sqq.; R.H. Cline, The Influence of the Romances on Tournament of the Middle Ages, *Speculum*, vol.20, 1945, pp.204-211; J. Rychner, *La littérature et les mœurs chevaleresques à la cour de Bourgogne*, Neufchatel, 1950, p.7sqq..

10 La Marche, *op.cit.*, t.1, liv.1, ch.VIII.

11 *Ibid.*, t.1. liv.l. ch.XVIII. 本章第1節2参照。

12 G. Doutrepont, *op.cit.*, p.105.

13 Anthony R. Wagner, The Swan Badge and the Swan Knight, *Archaeologia*, vol.XCVII, 1959, pp.127-138.

14 G. Doutrepont, *op.cit.*, p.105: «La Dame Inconnue».

15 La Marche, *op.cit.*, t.1, liv.1, ch.VIII: «noir semé de larmes d'or» «violet semé de larmes noires».

16 J. Rychner, *La Littérature et les mœurs chevaleresques..., op.cit.*, p.17.

17 La Marche, *op.cit.*, t.1I, ch.XXI: «Pas de la Fontaine de Pleurs».

18 前掲『色で読む中世ヨーロッパ』一八二頁以下。

19 A. Planche, Du tournois au théâtre en Bourgogne. Le Pas de la Fontaine des Pleurs à Chalon-sur-Saône 1449-1450, *Moyen Age*, t.81, 1975, pp.97-128.

20 *Le Roman de Ponthus et Sidoine*, éd. M.- Cl.de Crécy, T.L.F., Droz, 1997, Introduction.

21 *Ibid.*, p.52: ch.V, vv. 236-237: «le chevalier noir aux larmes blanches», p.333: noteV, 237.

22 *Ibid.*, ch.V, vv.231-390.

23 Chrétien de Troyes, *Yvain*, éd. M. Roques, CFMA, Paris, 1978, v.380sqq., v.800sqq..

24 René d'Anjou, *Le Livre du cuer d'amours espris*, éd. F.Bouchet, Livre de Poche, Paris, 2003, p.324: «...lequel estoit noir, gouté de larmes blanches, sans autre difference fors que ledit tableau sur quoy estoit posé ledit escu estoit paint aux armes de Galice, c'est assavoir de gueules a coupes d'or,

et le champ estoit semé de trefles d'or aussi».

25 本節は、次の研究に多くを拠る。Chr. de Mérindol, *Les Fêtes de chevalerie à la cour du roi René*, C.T.H.S., Paris, 1993.

26 G. Leseur, *Histoire du Gaston IV, op.cit.*, t.1, ch.VIII.

27 J.-P. Jourdan, La lettre et l'étoffe: étude sur les lettres dans le dispositif vestimentaire à la fin du Moyen Age, *op.cit.*, pp.43-45; Chr. de Merindol, *op.cit.*; F. Piponnier, *Costume et vie sociale, op.cit.*, p.65.

28 Chr. de Mérindol, *op.cit.*, p.29.

29 本武芸試合 «Emprise de la gueule du Dragon» と、次のソミュールの武芸試合については、上記クリスチャン・ド・メランドルの著作、および前掲、ヴュルゾン・ド・ラ・コロンビエールの著作を参照。

30 G. Bianciotto, Le pas d'armes de Saumur (1446) et la vie chevalereque à la cour de René d'Anjou, *Le Roi René, Actes du colloque international, Avignon 1981* (Annales Univ. d'Avignon, no. spécial 1 et 2,1986, pp.1-15), p.7.

31 *Livre des tournois du roi René*, BnF., Ms. fr. 2695.

32 *Œuvres complètes du roi René*, éd.Th. de Quatrebarbes, t.II, pp.52, 69: «Pas de la Bergère».

33 J.-P. Jourdan, Le langage amoureux dans le combat de chevalerie à la fin du Moyen Age (France, Bourgogne, Anjou), *Le Moyen Age*, 1993, no.1, pp.83-106; Id., Le thème du Pas et de l'Emprise, *Ethnologie française*, t.XXII, 1992, pp.172-184.

34 G. Bianciotto, *op.cit.*, p.7.

35 *Splendeur de l'enluminure, le roi René et les livres*, Ville d'Angers / Actes Sud, Angers, 2009. 写本はサンクト・ペテルスブルク図書館蔵 Fr.F.p. XIV, 4.

36 Chr. de Merindol, *op.cit.*, p.8.

37 Vulson de la Colombière, *op.cit.*, pp.87-102; Chr. de Merindol, *op.cit.*, pp.62-76.

38 Vulson de la Colombière, *op.cit.*, p.92; Chr. de Merindol, *op.cit.*, p.64.

39 Vulson de la Colombière, *op.cit.*, p.90: «Iaques de Clermont houssé & armé de sable, semé de larmes d'argent, le volet de l'Escu de mesme, le bourlet ou tortil d'or & d'asur:...»; サンクト・ペテルスブルク図書館 Fr. F. p.XIV, 4, f.19v; Chr. de Merindol, *op.cit.*, p.67.

40 Vulson de la Colombière, *op.cit.*, p.94: «Villecler ou Vilequier, armé & houssé d'argent & d'azur, semé de larmes de l'un en l'autre, le bourlet de gueules d'argent & d'azur, le volet de gueules;...»; サンクト・ペテルスブルク図書館 Fr. F.p. XIV, 4, f.27v; Chr. de Merindol, *op.cit.*, p.76, fig.19a.

41 Vulson de la Colombière, *op.cit.*, p.100: «Guichart Montberon, armé et houssé d'azur, semé de larmes d'or, le volet de mesme, & le tortil aussi, sans aucun cimier ....»; サンクト・ペテルスブルク図書館 Fr. F.p.XIV, 4, f.39; Chr. de Merindol, *op.cit.*, p.73.

42 *Chefs-d'œuvre de la tapisserie du XIVe au XVIe siècle*, Editions du Musées Nationaux, Paris, 1973, pp.122-124.

43 J.-V. de Vaivre, La tapisserie de Jean de Daillon, *Archivum Heraldicum*, t. LXXXVII, 1973, pp.18-21; J.-V. de Vaivre, L'origine tournaisienne de la tapisserie de Jean de Daillon, *Archivum Heraldicum*, t. LXXXVIII, 1974, pp.18-25.

44 Vulson de la Colombière, *op.cit.*, p.98: «Iean de Daillon, armé & houssé d'azur à trois chantepleures d'or, qui font faites comme des bouteilles plattes, percées par le bas, il avoit un volet de gueules, & le bourlet d'or et d'azur, le cimier vne teste de lévrier d'argent au milieu de deux aigrettes ou aisles de gueules.»; サンクト・ペテルスブルク図書館 Fr. F. p.XIV, 4, f.35; Chr. de Merindol, *op.cit.*, p.68.

45 第I章第2節を参照。

46 Vulson de la Colombière, *op.cit.*, pp.83-84.

47 «de gueules semé de pensées au naturel».

第Ⅲ章

愛の文様

第❶節　愛の花

1　『愛に囚われし心の書』と三色スミレ、忘れな草、金盞花

　アンジュー公ルネは、ソミュールの武芸試合で、三色スミレを防衛者のドゥヴィーズとした。そして試合が、愛するジャンヌに敬意を表して開催されたのであれば、モチーフとして選ばれたこの花には愛の含意のあることが想像された。ではマリー・ド・クレーヴが、ジョウロのドゥヴィーズに、ヴァランティーヌの標章にはなかった三色スミレの花を加えたことにも、同じような事情があったと考えてよいだろうか。アンジュー家とオルレアン家は文学の趣味を通して親交を結んでいたからである。アンジュー公ルネとマリー・ド・クレーヴ、彼（女）らは三色スミレにどのような意味を託したのだろうか。一四五七年にアンジュー公ルネの著した『愛に囚われし心の書』が、三色スミレを、主人公〈心〉のシンボルとして使っていることは、この花が愛の花であることを確信させてくれる。

　作品は、〈心〉という名の騎士が忠僕の〈欲望〉とともに、愛する女性〈慈悲〉の探索に赴くという物語である。〈慈悲〉は〈危険〉によって囚われており、彼女の解放に向かう主人公〈心〉は道中さまざまな試練に遭遇する。〈嫉妬〉〈メランコリー〉〈悲しみ〉などの人物に出会い、〈不安〉や〈怒り〉と一騎打ちの戦いとなる。しかし〈希望〉や〈寛大〉に助けられ、ついに〈愛の神〉の住まう島へ到着する。愛するひとの病院と墓地をめぐり、ようやく女性〈慈悲〉の接吻

を得るも、〈危険〉に襲われ傷つき、終生、病院で祈りをささげるというストーリーである。

つまり、騎士の冒険の旅をまねながら、恋するひとの心理や心の葛藤を擬人化人物によって示すアレゴリーの手法を使った愛の探索物語である。恋愛心理を擬人化人物に語らせる手法は、一三世紀の『薔薇物語』を思わせるが、この作品の影響のもとでこの寓意物語が成立したことは文学研究の定説である。物語の後半には、例の恋人たちの墓所めぐりがあり、最後に愛する女性〈慈悲〉の住まう〈愛の病院〉にたどり着き、ここにポンチュスの紋章など、愛に殉じた恋人たちの紋章が掲げられている。このような愛の物語に、いくつかの花がシンボリックに登場するが、その中心にあるのが主人公〈心〉のシンボルである三色スミレの花である。

三色スミレを示すフランス語の pensée は、同時に「想い」という意味をもち、ゆえにこの花は恋人を想う気持ちを代弁する。パンセということばの意味が恋人を想うという意味に特化されたのは、後述するように三色スミレの花の花弁の一枚がいわゆるハート型をしている事情もあるだろう。なおフランス語のパンセは、英語のパンジーということばを生んでいるが、中世の三色スミレは、今日のわたしたちが目にするような大きく丸い花弁をもった華やかなパンジーなのではない。今日の姿は、一九世紀初めに始まる品種改良の結果であり、原種の三色スミレは小さく可憐な花であった。イギリス海軍を引退したガンビア卿のもとで園丁を務めたトムソンなる人物が、いくつかの品種の交配を繰り返し、一八三〇年には何百種におよぶパンジーが市場に出るようになったといわれる。このとき清楚な三色スミレは今日のようなパンジーに変身したのである[1]。

さて『愛に囚われし心の書』の冒頭、〈心〉は出発に際して、忠僕〈欲望〉に手伝わせて次のように武装を整えている。

「……次に〈欲望〉は、研ぎすまされて鋭利な鋼の剣を佩かせる。それは、たいそう謙虚な嘆願と祈りの鍛打で鍛えられ、哀れみの涙に充分に浸された剣である。……鋼の剣の後に、彼は兜を渡すが、それは愛する三色スミレの花で飾られている。……さらに、彼は盾を与えるが、それは純粋で、豊かで、大きく、たっぷりした希望でできており、忘れな草の三つの花が付き、苦しい溜息で縁取りがされている……」[2]。

剣と盾という武器の描写が、アレゴリー文学らしく多くの比喩で形容されているが、まず花に注目してみよう。兜には三色スミレが飾られ、盾には忘れな草が描かれている。ウィーンのオーストリア国立図書館が所蔵する同書の写本には、赤いハートを囲むようにスミレの花が兜の上に置かれているのがわかるだろう（口絵：図III-1、III-2）。そして彼の盾に描かれている青い花が忘れな草である。フランス国立図書館蔵フランス語写本二四三九九番も、テクストの通りその青い小さな花を描いている（図III-3）。この写本の挿絵を描いたのはルネ自身であったかもしれないと推測されており、ルネは文学にも美術にも造詣の深い文人だった。忘れな草はムラサキ科の多年草で、春夏に青色の小花を付け、ヨーロッパではなじみの花である。一五世紀には、この小花が写本の欄外にしばしば描かれているから（図III-4）、この花がここで紋章のモチーフとして使われたこ

III-2 〈心〉と従者〈欲望〉（オーストリア国立図書館 Codex Vind. 2597, f.9）

とも驚くことではい。忘れな草はフランス語で《myosotis》というが、ここでは文字通り、忘れないで《n'oubliez mie》という名が使われている。これはドイツ語《Vergissmeinnicht》の訳語であるといわれ[3]、英語でも《foget-me-not》と呼ばれる。言うまでもなく愛の花ことばである。

さて上の引用のなかで気になるのは、「哀れみの涙に充分に浸されて」剣が鍛えられたという一文である。鋼を熱して鎚で鍛打することに、謙虚な嘆願と祈りによって愛を訴える行為を重ね、そして水で急冷して硬い鋼を得る焼き入れの

Ⅲ-3　忘れな草と、周囲に涙滴を配した〈心〉の盾
(BnF. Ms.fr.24399, f.17v.)

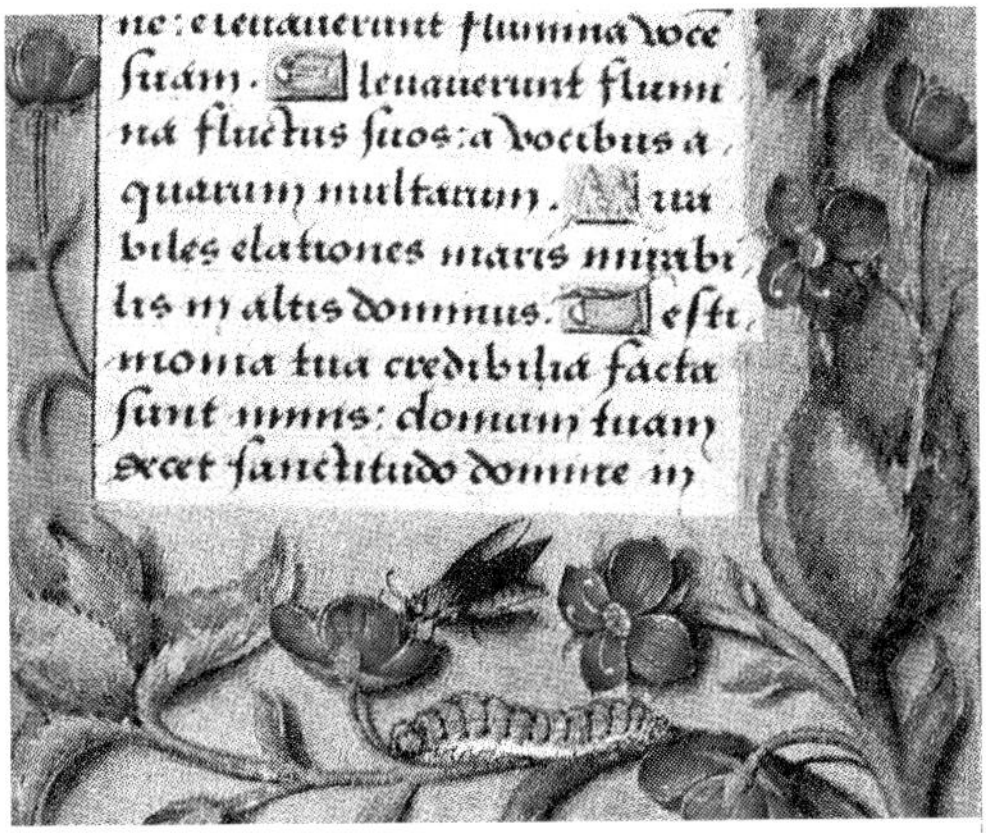

Ⅲ-4　写本欄外を飾る忘れな草
(BnF. Ms.Ars.291, f.27)

Ⅲ-5　黒い甲冑の〈不安〉の標章、金盞花（オーストリア国立図書館 Codex Vind.2597, f.18v.）

作業に、涙の比喩を組み込んでいるからである。涙で冷やされて、恋情はますますつのるという意味である。実はこの作品に涙の比喩はこれだけにとどまらない。〈メランコリー〉という名の女性の家で主人公が真っ黒なパンを与えられたときも、次のように涙について言及されている。〈心〉と〈欲望〉の二人はパンがあまりに固いので、なにを材料にして作ったのかと彼女に尋ねる。すると彼女が答えるには、家の後ろに流れている「涙の河」と呼ぶ河の水で捏ねたのだと言う。固くてパンは喉を落ちないから、二人は「涙の河」から汲んできた水を飲んで流し込んでいる。[4] メランコリーと涙を結び付けるためにつくられたエピソードではあるが、「涙の河」という表現は、後述の〈悲しみの恋人〉を語るレトリックそのものであることは注目に値する。

　ところで忘れな草の花を盾に描いているフランス国立図書館蔵の写本挿絵をよく見てほしい（図Ⅲ-3）。盾の縁に、涙が縦に行列して囲っているのがわかるだろう。すなわちこれが、上記の引用の「苦しい溜息で縁取りがされている」という一文の形象化である。テクストは涙とは言っていないのだが、恋するひとの溜息は涙として形象化されている。

恋の苦しみを示すシンボリックな花はもう二つある。それは、〈心〉が〈不安〉souciという名の騎士に出会い、一騎打ちになる場面で、〈不安〉の武装のモチーフとして登場する金盞花（souci）である。〈不安〉は真っ黒な甲冑姿で、黒い軍馬に乗って現れる。その盾も黒いのだが、そこに金盞花の花が三つ付いている。そして黒い兜の先にはオダマキの房飾りが付いているとテクストは述べている。[5] 金盞花が不安という語と同音同綴であるがゆえに、この黄色の花は恋の不安を示す花となった。一方、兜の先のオダマキ（ancolie）は後述のように、メランコリーという語と音が似ているがゆえに、悲しい恋のシンボルとして三色スミレと並んで有名になる花である。ウィーンの写本は、オダマキの房飾りという表現を形象化しにくかったのか、黒い兜の先に、鮮やかな黄色の金盞花を付けた〈不安〉の姿を示すにとどまっている（図III-5）。

〈怒り〉の紋章として登場するアザミの花とイバラの枝も、ある意味で恋にかかわる花であると言ってよい。彼が持つ盾はタンニン色（黄褐色）で、そこに黒いアザミの花が三つ付き、横切るようにイバラのひと枝が置かれている（図III-6）。とげのあるアザミとイバラという植物の選択は、怒りを示すのにいかにもふさわしい。彼のパートナーは〈悲しみ〉という名の女性であり、この

III-6　〈怒り〉のアザミとイバラの標章（オーストリア国立図書館 Codex Vind.2597, f.26）

ことは怒りと悲しみが対になって非難される中世らしい倫理観を反映しているように思われる。とはいえ、ここでは〈悲しみ〉が、〈心〉と〈怒り〉の戦いを終わらせる仲介役をしており、〈心〉は心ならずも〈悲しみ〉の懇願を受け入れ、決して愛の神とその忠臣らに卑怯なことはしないようにと言いわたして〈怒り〉を許している[6]。怒りは恋の妨害物であり、それを示す植物がアザミとイバラである。

ルネの手になる『愛に囚われし心の書』には、このように悲しい恋を示す花と涙が揃っており、これと同じ世界にソミュールの武芸試合もまたあったということである。涙模様と三色スミレの花がこのように恋愛感情の表現のなかで結び付くのであれば、この二つの文様を組み合わせて装飾に使ったマリー・ド・クレーヴにも、ルネと同じ文学趣味があったと思われてくるだろう。本書の冒頭に引いた、マリーのドゥヴィーズが表わされた挿絵入りの写本とはボッカッチョの作品『フィローストラト』のフランス語訳で、この翻訳を成し遂げたのはアンジュー公の家令を務めたルイ・ド・ボーヴォであった。彼はソミュールの武芸試合で防衛者として活躍し、タラスコンの「羊飼い女の武芸試合」では、その次第を記録した人物である。つまりアンジュー家でもオルレアン家でも同じように、「恋に負け、打ちのめされた男」という意味のフィローストラトを語るイタリア文学を愛したということである。このことは、アンジュー家のルネとオルレアン家のマリーが同じ文学世界を共有していたことの証しとなるだろう。ヴァランティーヌのジョウロに付けられた二つのS、すなわち不安（souci）と溜息（soupir）とは、ルネの作品においては悲しい愛の記号である。ヴァランティーヌのジョウロに〈愛の悲しみ〉の形象の原型があったとも言える。当然ながら、こうした伝統のなかでルネの愛の形象が生まれたのだし、それはまた後世へと受け継がれていく。

愛の花である三色スミレは、後世のシェイクスピアの作品に少なからず登場している。『夏の夜の夢』には、この花の汁を絞って眠っているまぶたの上に塗っておくと、目が覚めたとき最初に見たものに惚れ込んでしまう恋薬として登場している。シェイクスピアはここで love-in-idleness という三色スミレの異名を使い、日本語では浮気スミレとか浮気スミレとか訳されてきた。この花は他にも heartsease（心の平安）など多くの異名をもつことが知られており、『夏の夜の夢』では、上述の恋薬の効能を消そうとする場面で、三色スミレは「キューピッドの花」と言い換えられている[7]。『ハムレット』第四幕五場で正気を失ったオフィーリアが花束を抱えて宮廷の広間に現れる場面には、花の名前を借りてその意味をにおわそうとする科白があり、ここではもっともよく知られたパンジー（pansy）ということばが使われる。恋人ハムレットの狂乱と、愛する父をハムレットに殺されたことを知って心に痛手を受けたオフィーリアは精神を病む。誰彼の区別のつかなくなった彼女は、兄のレアーチーズをハムレットと間違えて次のように言う。「これまんねんろう（rosemary）、忘れないでってしるしですわ。ねえ、あなた、忘れないでね。それから三色スミレもあるわ、これはものを想えってしるし」。科白は三色スミレが想い（thought）のしるしであると明言している。一方のまんねんろう（ローズマリー）は記憶（remembrance）のしるしであり、記憶を失くしたオフィーリアがこれを持つのは、まんねんろうが脳の病気を治すと信じられていたからであるらしい。まんねんろうは、どこの家の庭にもあったポピュラーな低木で、当時の本草書は、この花が神経の働きをよくし、記憶力を促進させると述べているという[8]。

ついでながらオフィーリアの科白にはさらに花とその意味するところが示唆されているから、安部薫氏の著作を借りて紹介しておこう。彼女は国王に向かって言う。「これがあなたのういきょう（fennel）とオダマキ草（columbine）よ」。兄を毒殺し、王位と妃を奪った国王に与えられたのが、ういきょうとオダマキであるのは、前者は追従を示し、後者は忘恩を示しているからであるという。そして王妃に与えられるのがヘンルーダである。「あなたには悔み草（ヘンルーダ）、あたしにも少しとっておこう、これは安息日の恵み草と言ってもいいの。――ああ、あなたの恨み草はちょっと形を変えておつけにならなければいけないことよ。ひな菊（daisy）もあるの。あなたにはスミレ（violet）をあげたいのだけれど、みんな萎んでしまったの、お父様がお亡くなりになったときに」。ヘンルーダ（rue）は、ミカン科の香草であり、身体に効く薬草として使われたがゆえに恵み草ともいわれる。一方、ヘンルーダの葉はたいへん苦いことから悔恨のシンボルであり、恵み草という言い方は悔い改めることによって恩寵を得られるがゆえの命名だともいわれる。悔恨のしるしであるヘンルーダは、兄王（夫）を殺し王位についた弟と再婚した王妃への非難を暗示しているのだろう。ひな菊は虚偽、スミレは忠実という花ことばがある。

2　オダマキの花とメランコリー

〈不安〉という名の騎士が、その兜にオダマキの飾りを付けていたように、この花もまた恋の悲しみのシンボルである。オダマキはキンポウゲ科の多年草で、ヨーロッパに自生する。西洋オダマキと呼ばれるこの花は、高さ七〇～八〇センチになり、六月頃に青やピンクの花を咲かせる。オダマキという日本名は、紡いだ麻糸を巻いておく糸巻きのことで、これに似たかたちゆえの命名である。その独特の造形性はやや奇妙な趣きさえ漂わせるが、花弁とは反対側に後ろに伸びる距《きょ》とともに、なにか精巧につくられた造花のような不思議な魅力がある。この花も一五世紀の写本に装飾として頻繁に現れ（**図Ⅲ-7**）、中世末期を代表する花であるが、この時代にはもっぱら青い花であったようである。オダマキはフランス語で《ancolie》と呼び、ことばの音が《mélancolie》に近いがゆえに心の憂鬱を示し、それが特に恋の憂鬱を示すことばとして特化された。憂鬱な心持ちを歌ったシャルル・ドルレアンの詩には、擬人化された大文字の«Mélancolie»がしばしば登場するが、そのなかにメランコリーを「オダマキおばさん」Mère Ancolie と言い換えたものがある。

「行ってしまえ！　行ってしまえ！
怒りと悪しき生活を育む老いた乳母よ、
愚かなオダマキおばさん！
お前は悲しみと悪意ばかり」[9]。

Ⅲ-7　写本欄外のオダマキとカーネーションの花（BnF. Ms.lat.1156B, f.31）

三色スミレも金盞花も、そしてオダマキも、これらの花が悲恋を象徴することになった背景には、ことばの音や綴りの類似ということば遊びがある。ここにも文学と文様の結び付きというドゥヴィーズらしい特徴がみえる。

一五世紀フランス文学に言及されるオダマキについては、既にアリス・プランシュによる研究があり、この花が写本装飾を担ったばかりか、文学描写を彩る役割を果たしたことが指摘されている[10]。引用されている多くの事例のなかで、次のような一五世紀のシャンソンが、三色スミレや金盞花とともに、オダマキが悲しい恋の象徴であることを端的に示している。失恋の詩の一節である。

「小夜鳴鶯《ロシニョル》よ、お前の甘い唄を
おやめなさい、わたしを喜ばせはしないのだから、
そのかわりに、わたしにくださるのは
金盞花と、三色スミレと、オダマキ」[11]。

オダマキは、こうして三色スミレと同じように涙模様と親密な関係をもつことになる。したがって、第I章の末尾で紹介した、ルイ一一世の大型聖書のなかで、オダマキの花と組み合わされた模様は涙のしずくではないかと思われるのである（図I–22参照）。この写本には、テクストのイニシャル装飾に、制作の一五世紀後半を思わせるような当時よく知られた植物が描き込まれている。オダマキの花はそのひとつであり、三色スミレもそのひとつである（図I–21参照）。そしてオダマキや三色スミレの装飾に限って涙滴にみえるものが散らされている[12]。これらがたしかに涙なのかどうか、決して奇麗な水滴のかたちをしていないから判じ難い。とはいえ、ルイ一一世の聖書において、一方でマーガレットや苺が描かれている場合に、決してそのような模様は描かれてはいないから、三色スミレやオダマキの花の周囲に散るのが涙である可能性は高い。ついでながら忘れな草やオダマキが愛の花として認識されたことには、これらの花の青という色も貢献していたかもしれない。青は誠実な愛を示すというのが、中世によく知られたこの色

のイメージだからである[13]。いつまでも愛してほしいというメッセージを伝えるのが忘れな草の花であり、拒絶されてもなお愛さずにはいられない、せつない気持ちを伝えるのがオダマキの花である。

武芸試合の場でオダマキの花が多用されたのは、一四六八年ブルッヘでシャルル・ル・テメレールの婚礼を記念して開かれた試合のときである。前章に紹介した一四四〇年代の試合にこの花をみることはなく、オダマキは一四六八年のこの試合で初めて登場する。試合を記録したオリヴィエ・ド・ラ・マルシュは一三件を伝えているが[14]、この数はひとつの試合に登場する同じ文様の数としてはきわめて大きい。各試合を飾った、おもだった文様を数え挙げているジャン＝ピエール・ジュルダンの論考によれば、この試合でみられた植物文は、アザミが四件、薔薇が八件、スミレが二件、単に花と記されて種類を特定できないのが七件、単に葉と記されたものが八件、また単に樹と記されたものが二七件である[15]。オダマキの人気のほどがわかるだろう。ちなみにこの試合で涙滴文は七件あり、この数もかなり大きい。ドゥヴィーズの図柄としてのオダマキの花は、一五世紀も下った時代に現れ、後発である。

やや後の一四七六年、サン・ポール伯の財産目録には雲とオダマキを刺繍したものが列挙されている。彼は、フランス王ルイ一一世の元帥《コネタブル》を務めていたが、ブルゴーニュ家やブルターニュ家との内通を疑われ、一四七五年、反逆罪によってグレーヴ広場で処刑された。彼の財産はブルゴーニュ公に没収されたが、翌年、マリー・ド・ブルゴーニュのはからいにより子どもたちに返還されることになり、その際にカンブレーの館にあった財産が数えられ、目録が作成された。そこには、タピスリーや銀器や武具とともに豪華な衣裳類が列挙されており、そのなかに真紅のビロードに金糸で雲とオダマキの花を刺繍したという馬衣がある[16]。サン・ポール伯は、一四四九年シャルル七世王のルーアン入市に従った際には、黒いサテンに金と銀の涙滴を散らした馬衣を使ったひとである[17]。オダマキの選択、そして

III-8　男女の左に置かれたナデシコの鉢
(BnF. Est. Rés.Ea.41)

これが雲と組み合わされていることは、ここで述べてきた時代の趣味を感じさせる。涙が雲から落ちる雨粒へと文様のヴァリエーションを広げたことは既に述べた。サン・ポール伯の馬衣に涙はみられないが、いまにも降り出しそうな雲と、メランコリックなオダマキの形象は、抑制されているがゆえによりメランコリーの情緒を感じさせる。

3　ナデシコ

マリー・ド・クレーヴとシャルル・ドルレアンと思われる二人の男女が天蓋の下におり、女性がジョウロで鉢植えの花に水をやっている様子を表わしているタピスリーを、もう一度見てほしい（図I-13参照）。ジョウロの水を振り注がれているピンクの花は、ナデシコの花である。男女のカップルを表わす際にナデシコの鉢を添えるのは、一五世紀のひとつの習慣であり、その事例は容易に見つけられる（図III-8）。ナデシコは、三色スミレやオダマキのような恋の悲しみを語る花ではないが、男女の愛を表わすという意味でやはり恋の花である。そして、この可憐なナデシコ（œillet）の花と同種の、フランス語で「花屋のナデシコ」œillet des fleuristes と呼ぶ花、すなわち八重の花びらを持つナデシコ、わたしたちがカーネーションと呼ぶ花が、盛んに写本挿絵を飾るのが、この一五世紀後半である（図III-9）。

ナデシコとカーネーションは、その後、婚約や結婚を記念して描かせる肖像画のなかで、その手にナデシコ、あるいはカーネーションを持たせるという絵画上の伝統をつくっている。そして、実はカーネーションがフランスに広く広まった背景に、アンジュー公ルネの貢献があったようである[18]。カーネーションはルネのイタリア趣味によって、イタリアからもたらされたもので、彼は、プロヴァンス地方のエクスに広大な、いわば植物園をつくっていた。この植物園には、小道があり、小川が流れ、草地があり、東屋があった。果樹園にはサクランボやアーモンドやオリーヴが実り、ブドウ棚の広がる場所があり、野菜園があった。植物ばかりか鳥園があったらしく、大きな囲いの中にさまざまな珍しい鳥が放されていたという[19]。ルネが多くの花々をシンボリックに使った背景には、彼のこのような植物への関心があった。

Ⅲ-9　大きなナデシコを運ぶひと（大英図書館 Add. Ms.38126, f.110）

結婚に付き物のナデシコのエピソードとして伝えられているのが、ブルゴーニュ公シャルル・ル・テメレールの娘、マリー・ド・ブルゴーニュ（一四五七～八二年）がマクシミリアン一世（一四五九～一五一九年）と結婚したときの逸話である。一四七七年八月一八日、ヘントを訪れたマクシミリアンが初めてマリーに会ったとき、貴婦人たちに接吻で迎えられた後、彼は新婦のからだのどこかに隠されている一輪のナデシコを見つけねばならなかった。マクシミリアンはそれを見つけることができない。トゥレーヴ司教に教

III-10　ブルゴーニュ公の宮廷の情景（ヴェルサイユ城美術館）

えられ、ようやく彼は彼女のドレスの胸元にナデシコを見つける[20]。このときマリーは二〇歳、マクシミリアンは一九歳であった。パリのジャクマール＝アンドレ美術館には、マクシミリアンと想像される若い男性が右手に三輪のナデシコをもった肖像画が残されている[21]。制作は一五一〇年とされる。ナデシコを手にした肖像画は、なぜか男性のものに多い。

ナデシコを手にした肖像画は、古いものとしてヤン・ヴァン・エイクの手になる一四二〇年前後の作品がハーグのマウリッツハイム美術館に保存されている。ヤン・ヴァン・エイクが画家として、リエージュ大司教ジャン・ド・バヴィエールのために働いていたときであり、したがって人物はジャンかと推測されるが、「非情なジャン」という異名をとったジャン・ド・バヴィエールであるとするなら、彼の結婚は一四一八年であるから、制作もこの頃となる[22]。

ヴェルサイユ城美術館には、一六世紀のコピーであるが、一五世紀のブルゴーニュ公の宮廷の情景を描いた作品があり、ここに結婚を示すナデシコの例がある。それは、花咲く庭園に着飾った男女が集い、饗宴の食卓があり、音楽と踊りがあり、犬が駆け巡り、遠くに城館があり、中世美術のトポス、いわゆる〈愛の園〉を描いたものである。そのなかに一輪のナデシコをもった女性の姿がある（図Ⅲ-10）。おそらく、これは記録に残る一四三一年の春、ブルゴーニュ公フィリップ・ル・ボンの侍従や顧問を務めたアンドレ・トゥーロンジョンとジャクリーヌ・ド・ラ・トレモイルの結婚を示していると推測されている[23]。二人とも公フィリップ・ル・ボンに近いひとたちで、新郎アンドレは最初の結婚で、公の庶出の娘コルネリアを妻としたが、彼女は既になかった。一方の新婦ジャクリーヌは、代々のブルゴーニュ公に忠臣として仕えた家の出身だった。

イギリス王室の記録にありながら、長いあいだ行方不明になっていた《王太子アーサー・チューダー》は近年、発見されて話題を呼んだが、この肖像画は一五〇一年、ヘンリー七世の長男アーサーがアラゴン王の末娘キャサリンとの結婚に際して描かれた肖像画である。右手に持つのはナデシコの一輪の花である（図Ⅲ-11）。一四八六年生まれの王太子は一五歳であり、翌年の春に生来、病弱な彼は感冒によって病死した。一五〇九年、ヘンリー七世の死によって即位したアーサーの弟、ヘンリー八世は、この年にキャサリンと結婚している。

Ⅲ-11　イングランド王太子アーサー・チューダー（イギリス、ヒーバー城）

ナデシコの花が、婚約や結婚を示すアトリビュートとして肖像画に書き込まれるのは、一六世紀から一七世紀にむしろ多いが、その出現は一五世紀初期に既にある。それにしてもナデシコは、なぜ婚約や結婚と結び付くことになったのだろうか。千花模様《ミル・フルール》と称されるタピスリーの背景に散らされた草花のなかにも、あるいは祭壇画などの背景の草木の描写にも、ナデシコはよく登場しているから、中世の人びとにとってなじみの花である。その花が、しばしば鉢植えになって、カップルのそばに置かれることになったことには、どんな理由があるのだろうか。ナデシコはフランス語で《œillet》といい、すなわち小さな眼を意味するこの命名になにかヒントがあるだろうか。小さな眼というこの名称は、花弁を一周する丸い輪が付いているようにみえる花の模様によると一般にいわれているが、ナデシコが眼という意味のことばに派生したとするなら、本書ではなおざりにはできない。眼は恋を生み出す器官であり、つらい恋の涙を流させるのも眼である。後述のように、涙を眼に流させるのは、かなわぬ恋につらい思いをする心の仕打ちである。恋愛のメカニズムにおける眼の役割が、ナデシコをクローズアップさせたといえるのかどうか、断言はできないが、中世の恋愛思想のなかで眼の果たした役割の大きさは後述する通りである。

第❷節　ルイ・ドルレアンの衣裳の《泉に姿を映す虎》

1　泉に姿を映す虎の文様

視ることと恋の関わりは深い。視るという行為がなければ恋は生まれないし、恋人たちは眼差しを交わして愛を確かめ合う。報われることがないにもかかわらず、心を奪ったひとの姿を日々、眼前にしなければならないとしたら、かなわぬ恋はいっそう辛い恋になる。当たり前といえば当たり前だが、しかし中世の人びとが視覚という感覚にこだわったことはひと通りではなかった。ヴァランティーヌ・ヴィスコンティの夫のルイ・ドルレアン、彼は虎のドゥヴィーズを使っていたが、この動物文にも中世人のこだわる恋と視覚の問題がみえてくる。虎の文様は、動物誌という博物学の書ともいえる書物に取材されている。しかし、この動物文に投影されたのは、いかにも享楽的な生活を送ったルイ・ドルレアンらしい愛のイメージである。以下では、涙模様からは少し離れて、虎のドゥヴィーズがいかにして愛の表象となるのか、しかも視覚という感覚を示唆するイメージであるのかについて考えてみよう。

ルイ・ドルレアンとヴァランティーヌの宮廷は享楽的な生活によって知られている。ルイ・ドルレアンはギャラントリーの作法をもっとも心得た人であったと評され、当時の説教師に彼の宮廷はヴィーナスの住まうところと評されたともいわれる[24]。後に息子のシャルル・ドルレアンも、「父は愛の神によく仕え、愛の神は父をよく知っていた」と記している[25]。その放蕩三昧の生活は民衆を怒らせるものだったが、そのような彼を歴史家ミシュレは愛すべき精神の持ち主として好意的にとらえている。美男子で愛想がよく、優雅このうえないルイ・ドルレアンに、ミシュレは人間的な魅力を強く感じ取り、ルイの軽薄と無鉄砲はたしかに罪深いが、とはいえ若くして殺された彼の死に涙を禁じえないと述べている[26]。叔父のベリー公ジャンの宮廷では既に、ユマニスムを予見させる古典の英知が尊ばれ、学者らが厚遇を受けていたのとは対照的に、彼の宮廷では抒情的な恋の文学が好まれ、若い貴族が古き騎士道に熱狂していたというのは既に文学史の定説である[27]。彼の蔵書に詩集は少ないが、この種の作品を当時は吟遊詩人《メネストレル》の語りで享受しており、ゆえに彼の宮廷に吟遊詩人の受け入れは格段に多かった[28]。つまりこうした環境が、いかにも情緒的な涙模様を醸成したのであろう。

そして出費を惜しまぬこの宮廷の贅沢な衣生活については服飾史で既によく知られている[29]。シャルル・ドルレアンが自作のシャンソン「奥様、私はいつになく陽気です」の歌詞と音符を両袖に九六〇個の真珠を用いて縫い取りをさせたという既に紹介したエピソードも、そうしたオルレアン家の雰囲気を語るものである。贅沢な衣裳にはドゥヴィーズやその他の模様がさまざまな技巧をもって表わされたが、そのなかにルイ・ドルレアンが虎の姿を刺繍したという記録があり、しかもこの虎が独特のポーズで描かれている。

ルイ・ドルレアンの衣生活については、衣類の調達記録や財産目録など、衣裳の素材・模様・装飾などの子細を伝える文書が少なからず残されている。そのような記録のなかに、衣裳の模様として、虎が自らの姿を泉に映しているという説明を加えられた記述がある。この衣裳は一三九六年、ルイ・ドルレアンが神聖ローマ帝国への旅支度としてあつらえた衣類のなかの一着である。

「黒いダマスク織の長いウープランドが二着、平たい襟付き、そして殿下の六色で裁たれた六つのバンドと、下の方に金の紐と房飾り付き、そしてスリットと袖と襟と袖付けの周囲も、刺繍で飾られ、鎧のように、金銀細工のかすがい。そして脇には岩の上で泉に自らを映す虎が一頭と、それぞれの袖に金と真珠の弩がひとつずつ」[30]。

わかりやすい記述ではないのだが、イタリア産か東方渡来のダマスク織りの黒い絹織物で仕立てた二着のウープランドについて記録は述べている。ウープランドは、一四世紀末から一五世紀初頭に上層階級の男女がもっとも普通に着た衣服であり、この頃の写本挿絵に描かれる男女のワンピース型の衣服に対応する（図Ⅰ－1参照）。男ものには膝下ほどの丈の短いものと、床に引きずるほどの丈の長いものとがあり、上の記述で「長い」と断わっているのはそのためである。多くは立ち襟を特徴としており、したがってここではそうではないことを「平たい襟」と言っているのだろう。「殿下の六色」とは、これもドゥヴィーズと称されて、王侯貴族がいわばシンボル・カラーとして決めた色のことである。兄のシャルル六世は、赤・白・緑・黒という四色をシンボル・カラーとしたことが知られているが、この頃のルイ・ドルレアンがどのような六色をドゥヴィーズとしたかは明らかではない。これらの色の六つの帯状の布が、どのように衣裳を装飾していたか、これもよくわからないが、ドゥヴィーズの色で衣服を飾ることはよくあったことで、記録に散見される。

先の引用はメモのような断片的な記載で、装飾の具体像はわからないが、注目したいのは、引用の最後の文章が示している衣服の模様についてである。すなわち胴部には、虎が岩の上で自らを泉に映している姿がおそらく刺繡によって表わされ、さらに両袖には金糸と真珠で弩《おおゆみ》のモチーフがひとつずつ刺繡されているということである。袖に表わされた「弩」の模様はルイ・ドルレアンのドゥヴィーズのひとつであったことはよく知られている。ここでは珍しく両袖に付けられているが、片袖に弩の模様の刺繡された衣服は、同じ旅支度の衣類のなかにもいくつかみられる。この模様は真珠で縫い取りをされているが、これもこの頃に一般的な技法であることは、シャルル・ドルレアンのシャンソンを表わした衣裳が示していた通りである。ウープランドは袖口に向かって大きく広がる袂のような袖をもつことを特徴とし、ここに文様を表わすのはまことに都合がよい。

2 「動物誌」における虎と鏡

問題は虎の図柄である。しかも泉に姿を映している虎とは、いったいなにを語っているのだろうか。弩のドゥヴィーズについて伝える記載は少なからずあるが、虎の文様は管見ではこの例をおいて他にはない。しかし、次のような薔薇水の小瓶の装飾として記されている例がある。泉ではないが、ここでは虎が鏡と組み合わされており、すなわち姿を映すという意味で泉との関連が想像される。

「薔薇水の小瓶のかたちをした金製宝飾品、二頭の虎と二人の若い女が上のほうに、二つの鏡が中央に、そして立ち上がった二匹の狼、八つのスピネル、六つのサファイア、八〇の真珠、さらに小さな真珠が六〇」[31]。

この記述はドイツ旅行と同じ年の一三九六年四月一二日のオルレアン家の記録のなかにある。「薔薇水を入れる小瓶のかたちをした」と書かれているが、薔薇水を入れる小瓶のことと考えてよいだろう。おそらく同じ品を記していると思われる記載が、今日ではブロワ市に保存されている記録にあるからである[32]。それによれば、小瓶はルイ・ドルレアンが、叔母にあたるジャン二世王の娘マリーに、彼女がヴァランティーヌを訪問した際に贈ったものだという。たくさんの宝石を付けられた豪華で繊細な小瓶であるが、虎と鏡と若い女性と狼という具象的な文様には、単に飾りとはいえないルイ・ドルレアンらしい文様の世界が表わされているといってよい。第I章で触れたように、彼はルイという音の類似から狼《ルー》をドゥヴィーズとしており、上記のドイツへの旅支度の記録にもその他の記録にもこのドゥヴィーズは頻出しているからである。狼がドゥヴィーズとして飾られているのであれば、虎と鏡の装飾にもなにか意味があるだろう。しかも虎と鏡が共存していること、そこに若い女性の姿が添えられているのは注目に値する。見るひとの姿を映すという意味で鏡は泉と同じ機能をもつから、虎と鏡の組み合わせは、泉に見入る虎の模様のヴァリエーションと思えるからである。

さて小瓶に付けられた鏡のモチーフが虎との連想によって選ばれたとするなら、これが中世に流布した「動物誌」に由来することは容易に想像できる。たとえば一三世紀の百科全書として知られたブルネット・ラティーニの『宝典』には虎と鏡に関する次のような話がある。

「……虎はおそらく世界中でもっとも速く走る獣のひとつで、たいへん獰猛です。巣穴が荒され、虎の子が奪われているのがわかると、虎は子を略奪した者の跡を全速力で追いかけて来ることは知っておくべきでしょう。虎の子を奪った者は、馬でもその他の手段でも逃げられないことを知っていますので、獰猛な虎をひどく恐れるあまり、虎が追いかけてくる道のあちらこちらにいくつか鏡を置きます。虎は鏡に映され、自分の姿と顔が映っているのを見ますと、それを我が子だと思い、鏡をいじくり回しますが、どうにもなりません。それから再び虎は追跡を始め、次の鏡を見つけます。虎は我が子を哀れに思い、何度も何度も鏡を眺めます。こんな風に鏡から鏡へとやっているあいだに、人は無事に遠ざかることができるのです」[33]。

虎の子をなぜ盗まねばならないのか、理由はわからないが、盗んだひとは全速力で追いかけてくる虎をかわすため

Ⅲ-12　虎と鏡（ボードリアン図書館）

に、鏡を置いて逃げる。虎が鏡に映った姿に手間どっているあいだにひとは逃げることができるという話である。この話は中世に流布した動物誌になじみの逸話である。動物誌は古代の博物学の知識を基にして、それを踏襲しながら中世に多くのヴァージョンを産み、中世らしいキリスト教的な解釈を加える場合もあった。いずれにしろ古代の博物学の伝統に則った一種の自然学の書である。紹介した虎の説明は、中国の後漢書に由来することわざ「虎穴に入らずんば虎児を得ず」を思い出させるが、ヨーロッパでは紀元一世紀のプリニウスの『博物誌』にさかのぼることができる[34]。同じように虎の子を奪って、いかにして逃げるかの話だが、ただしここには鏡は登場しておらず、代わりに虎の子を一頭ずつ放り出して逃げることになっている。母虎は我が子を見つける度に、くわえて巣穴に戻る。そのあいだに人は舟着き場にたどりつき、母虎は岸で無念の吠え声をあげなければならないという説明である。

鏡を置いて逃げる挿絵は、中世の動物誌の写本に少なからず見つけられる。特に一三世紀のイングランドで制作された動物誌の写本には美しい挿絵を数多くともなったものがあり、鏡に見入る虎の姿は鮮明に描かれている。図Ⅲ-12はボドリアン図書館が所蔵する一三世紀半ば頃の制作の写本挿絵である[35]。虎を知らない中世のひとの描いた虎は、虎とは思えない姿をしているが、丸い鏡に顔が映っている様子は鮮明である。同じボドリアン図書館の所蔵だが、制作はやや早く、一三世紀初頭の制作とされる写本挿絵では、虎のからだに斑点が付けられているから豹との混同があるのだろうか[36]。あるいはフランスのドゥーエイ市に残されている写本の挿絵には、狐のようにみえる動物が赤い不思議な斑点を付けて、全身を鏡に映している（図Ⅲ-13）[37]。動物誌は、冒頭で虎の生息地をイランの古い地方名であるヒルカニアということばで示しているから、虎は東方への好奇心に訴える珍しい動物であっただろう。

Ⅲ-13　虎と鏡（ドゥーエイ市立図書館 Ms.711, f.2）

3　ナルシスに重ねられる虎

では鏡を見る虎が、ルイ・ドルレアンの衣裳のように泉に姿を映す虎に変わりうるのだろうか。それを考える前に、泉に見入る虎のモチーフが実は兄のシャルル六世のドゥヴィーズにあることについて触れておこう。

本書の冒頭に挙げた通り、シャルル六世の数多いドゥヴィーズのなかには虎のモチーフがあった。その虎が衣裳に表わされている様子は写本挿絵

Ⅲ–14　ヴァンドーム公シャルル・ド・ブルボンの虎の標章（右上）

に少なからずみることができる（図Ⅰ–1参照）[38]。シャルル六世のウープランドの袖に描かれた動物は子犬と誤解されたことがあったように、たしかに犬のようにみえるが、この動物は先のドゥーエイ写本の虎に似ているともいえる。袖の動物を挿絵画家が虎のつもりで描いていることは次のことによって確かめられる。

まずシャルル六世のドゥヴィーズとして犬は知られていない。多くの文様がドゥヴィーズとして記録されているが、文書に犬を示すことばはみられないのである。そして、犬の尾としては長すぎる、先端が房になった尾、寝台の枕元に描かれている獣の口にはっきりしている長い舌、これらが虎の特徴であることは、やや後の図像から確かめられる。それは一六世紀初頭に刊行されたピエール・グランゴールの著作に掲載されたヴァンドーム公シャルル・ド・ブルボンの標章と推測される図柄によってである（図Ⅲ–14）[39]。右上の舌を突き出し、房付きの長い尾をしたこの虎の姿は、先の虎（図Ⅰ–1参照）に酷似しているだろう。ちなみに左下はフランソワ一世の標章のサラマンダー、その右はアンヌ・ドブルターニュのアーミン、右下はシャルル・ド・ヴァロアの豹である。著作は一五一六年に刊行された初版の第二版で、初版ではルイ一二世の豪猪《やまあらし》であったところが、それよりやや後に刊行されたこの第二版では、シャルル・ド・ブルボンの虎に置き換えられたという。

これらが虎の姿の典型なのである。図I−1の虎の首に付けられた王冠も、シャルル六世の記録に記されている虎のドゥヴィーズの説明に一致する[40]。残念ながら、このような挿絵のなかには泉を覗く虎の姿は見つからない。しかしジャン＝ベルナール・ド・ヴェーヴルによれば『愛の法廷の紋章集』には、シャルル六世の他のドゥヴィーズに混じって虎と泉のモチーフの登場する挿絵がある（図III−15）[41]。挿絵の中央には三つの百合の花を描いた王室の盾型紋章があり、それが雲間から現れた天使によって支えられている。その盾の下から幾すじかの陽の光りが射し、花を付けたエニシダのひと株を照らしており、その株はちょうど岩の上に生えたような恰好になっている。岩の左端には水の流れ出ている泉があり、その脇に虎がおり、岩の反対側には羽を丸く広げた孔雀がいる。画面全体には左側にエニシダの莢と「五月の葉」が、右側に孔雀の羽根が散らされている。シャルル六世のドゥヴィーズとしてよく知られたエニシダと孔雀の文様からして、この挿絵の全体が同王の紋章を表わしていることは間違いない。われわれにとって興味深いのは、先に引用したルイ・ドルレアンの衣裳に刺繍された泉に姿を映す虎の文様とはまさしくこのような情景描写であったのではないかと、模様の様を彷彿とさせる点である。そしてシャルル六世のドゥヴィーズとして記録に記されているものの、やや奇異な感じのする泉（bassin）とは、もともと虎と組み合わされたこの泉に由来するのではないか、と思われる。泉と組み合わされた虎のモチーフはルイ・ドルレアン

III−15　シャルル6世の標章（ウィーン、金羊毛騎士団資料 Ms.51, f.2）

のドゥヴィーズとしてはこれまで知られていないが、ルイ・ドルレアンとシャルル六世の兄弟にこのドゥヴィーズは共有されていたのではないかと思われる。

虎の子を放り出して逃げるプリニウスの話が鏡を置いて逃げる話に変わったのは、四世紀のミラノの司教アンブロシウスの著作からであるらしい。鏡にとって代わられたこの話がその後、一一世紀のイタリアのベネディクトゥス会神学者ペトルス・ダミアニの著作から一三世紀の動物誌などを経て、一五世紀のピエール・グランゴールの作品に至るまで、鏡の役目をどのように変化させていったかについては既に比較検討した論考がある[42]。ペトルス・ダミアニの著作のなかでは、連れ去られた虎の子は宗教生活に入る者を、つまり虎は悪魔を、虎の子を連れ去る人間は僧を表わし、きわめて月並なキリスト教解釈がなされている。一方われわれにとって興味深いのは一三世紀のピエール・ド・ボーヴェの『動物誌』とリシャール・ド・フルニヴァルの『愛の動物誌』である。これらの作品のなかでは、虎は我が子を見つけた嬉しさのあまり鏡に見入って手間取るわけではなく、鏡に映った姿形の美しさに見とれ、そのために追跡を忘れてしまうことになっているからである。しかもリシャールの作品では虎が見とれてしまうのは、自分自身の姿形の美しさである。己の美しさに見入る虎の姿はまさしくナルシスである。つまりこのような理解のなかでは鏡を見る虎が、泉に見入る虎に置き換えられるのは自然なのである。

ところで、ピエール・ド・ボーヴェの『動物誌』では鏡は避けなければならない誘惑のシンボルであり、虎のように惑わされぬよう気を付けるべしという警告とともにキリスト教のモラルが説かれているにすぎない。しかし愛のアレゴリー文学と化し、作者自身の恋の経緯を語っているリシャールの『愛の動物誌』では、自身の姿に見とれる虎は、美しい女性に見とれて我を忘れる男の姿になぞらえられている。「人は眼によって心奪われる。眺めることがなかったなら、愛に心奪われることはなかっただろう」とリシャールは繰り返し述べ、視覚は五感のなかでもっとも高貴な感覚であると述べている[43]。司祭アンドレの著作以来、中世の恋愛思想が恋の契機として視覚にこだわったことはひと通りではなかった。そのような視覚が鏡で象徴されたことは言うまでもない[44]。

虎と鏡の話はアダン・ド・ラ・アルのシャンソンにも引かれているから[45]、これは動物誌のなかでもひときわ流布した話なのだろう。長らく留守にした旅からの帰途、故郷に近付いたところで愛する女性の面影に似たひとに会う。そこで作者が虎と鏡の話を引用しているのは、虎が虚像の子どもにとらわれているあいだに本物の子どもは遠ざかってしまう、それと同じように、似た女性に心奪われているあいだに愛する女性が去ってしまうことのないようにと歌うためである。最後に恋人に呼びかけて、鏡の中に見たものは貴女の想い出であるのだからと、勝手な言い訳をしているところが愉快である。

虎と鏡の逸話に愛のテーマを託したこれらの作品が、ルイ・ドルレアンの衣裳の虎の文様にどのような経緯があって影響したのかはわからない。とはいえ彼の衣裳の虎の文様が動物誌に根差していることは確かであり、泉に見入る虎の姿に愛のテーマが盛り込まれていることも間違いないであろう。虎と鏡の話に愛のテーマを託す伝統は確立していたのだし、ルイ・ドルレアンはギャラントリーの作法をもっとも心得た人であったからである。宮廷のこのような雰囲気は、国王シャルル六世の宮廷でも同じであった。泉に見入る虎のモチーフはそうした若き国王と王弟の宮廷世界を語る文様である。

第❸節　雲と雨粒の文様

1　妖精の石段の武芸試合

繰り返すけれど、アンジュー公ルネの娘マルグリットがイングランド王家に嫁ぐ際に持っていったとされる《デボンシャー家のタピスリー》の一枚〈熊狩り〉には、その左袖に美しい涙模様を散らした衣服を着た男の姿があった（口絵：図Ⅰ-18参照）。そしてその袂のように丸くつくられた奇麗な袖の付け根には雲のような模様が描かれていた。涙の模様についても虎の姿についても、写本挿絵の描写からは、なにを描いているのか判別しにくい場合があったように、ここでも付け根の模様がはたして雲なのかどうかわかりにくい。とはいえ、以下に述べるように明らかに雲と雨粒を組み合わせている例があるとするなら、ここで涙滴が雨粒に置き代えられ、雲をともなっていると考えるのは妥当であろう。そのように考えれば、マリー・ド・クレーヴが三色スミレの花に組み合わせて「雲」の模様で飾ったと伝えられる首飾りのこともよく理解できるし[46]、あるいはサン・ポール伯の一四七六年の財産目録にオダマキに雲を組み合わせた刺繍が記されていたことにも納得がいく。涙は雨粒に喩えられ、愛のシンボルは雲と雨粒へと形象の世界を広げていく。

空を覆う真っ黒な雲は悪魔の闇を思わせるというのが、中世本来の雲のイメージである。しかし中世末期の雲には、そのような不吉なイメージはない。それどころか報われぬ恋のせつなさという、きわめて抒情的な感情を代弁する。

まずブルゴーニュ家の武芸試合から雲と雨粒の模様が登場する一四六三年の「妖精の石段の武芸試合」を紹介して

おこう。この試合で涙滴は、馬衣の模様として登場している。馬のからだを覆うかなり大きな布地だけに、雨降る情景が描かれた様子は見事であったであろう。まず涙滴と組み合わされた雲の模様が、ジャン・ダルソンという騎士の馬衣に次のように表わされている。

「紫で刺繍された白いサテンで、馬の尻の上に、金の雲があり、七宝の銀の涙がたいそう豪華に散らされている」[47]。

紫の刺繍がなにを描いているのかはわからないが、黄金の雲から銀の雨粒が落ちる情景で、白地に金銀の色合いからたいそう華やかな印象を受ける。涙の表象を読むには華やかすぎるが、雲と組み合わされているなら涙と記されていることばが雨粒の代替であることは間違いない。そして、この試合にはさらに美しい雲と雨粒の例が登場している。ルスカン・ド・ガメルなる騎士の騎乗する馬の覆いには、スレート瓦に雨が降りしきる情景があり、しかも縁飾りが雨樋に模してあるという凝ったデザインである。

「この騎士は金に金を重ねた覆いを用い、それはスレート瓦のようで、その上に涙が散らされていた。その端は雨樋のように、青い絹と銀で刺繍がなされ、白い絹と紫の房が付いていた」[48]。

ここでも雨粒を示して涙ということばを使っていることは言うまでもない。雨は涙の比喩的な表現である。

2 「涙の雨」「溜息の風」という文学修辞

では、なぜ涙が雨に置き代えられるのだろうか。日本語でも「涙の雨」という喩えは使われることがあるから、驚くような比喩ではないが、とはいえこの表現はことのほか中世末期に好まれた。涙が雨に置き換えられるのが、「涙の雨」という比喩に対応することは、たとえばメランコリックな心情を語ったシャルル・ドルレアンの詩の次のような一節から明らかである。

「涙の雨が降らず、
溜息の風が吹かず、
そして辛い苦悶が止むとき、
おだやかな希望の時がきて、
欲望の小舟は
幸いなる港に錨を降ろす」[49]。

「涙の雨」という文学修辞が、涙を雨粒に喩え、雲と組み合わせた文様を生んだということである。シャルル・ドルレアンと文学的交流をもったアンジュー公ルネが、『愛に囚われし心の書』の写本挿絵のなかで、恋人の溜息を涙のかたちで表わしたことを既に述べたが、上の引用はそのように溜息を涙で形象化する可能性も裏付けている。涙を雨で表わし、溜息を風で示す、二つの比喩が並べられており、涙と溜息の親密性を思わせるからである。

シャルル・ドルレアンの上の詩は、特に恋の悲しみをテーマとしたものではないけれど、「涙の雨」という表現は、彼に先立って実は報われない辛い恋心を語る際のレトリックとして抒情詩でよく使われていた。中世末期のヨーロッパには涙の雨は悲しい恋を語る常套表現であり、その種の修辞を使う抒情詩の流行があったのである。涙模様の流行には、アーサー王物語とはまた別の側面で文学との深い関わりがあったのだが、そのことは次章で詳しく述べることにして、ここではクリスティーヌ・ド・ピザン（一三六三〜一四三一年頃）の作品から、恋心にはいかに涙が付き物であったかを付け加えておこう。というのも、彼女の詩集を飾る写本挿絵に、真剣に女性に恋心を訴えている男性が、雲と雨粒の模様を袖に描いて登場しているからである（口絵：図Ⅲ-16）。

クリスティーヌ・ド・ピザンは、自らの文筆で生計を立てたヨーロッパ最初の女流作家として知られている。イタリアに生まれたイタリア人女性であるが、医学と天文学に秀でた父がフランス王シャルル五世に請われてフランスに赴いたのに従い、フランスで終生を過ごした。一三七九年、一四歳のクリスティーヌは青年貴族と結婚、幸せな生活が始まったが、翌年、シャルル五世の急逝によって父は宮廷での地位を失い、やがて夫は病死する。二五歳のクリスティーヌは、三人の子どもとともに残され、夫の遺産と借金の整理に数年間を忙殺された。一三九〇年代から、当初は自らの心を癒すためであったか、詩をつくるようになり、彼女の作品はまもなく評判となった。詩人としての名声を確立した彼女は、フランス、イタリア、イングランドの宮廷から庇護を受けるようになる。シャルル六世と妃イザボー・ド・バヴィエールに献呈する彼女の姿が多くの写本冒頭を飾っているように、彼らのために彼女は詩作した。抒情詩を好んだ王弟ルイ・ドルレアンと、イタリア出身の妻のヴァランティーヌも彼女の擁護者であった。ヴァランティーヌの父、ヴィスコンティ家のジャン・ガレアッツォはクリスティーヌを宮廷に招聘しようとしたが、これは彼の急逝で実現しなかった。ブルゴーニュ公ジャンも同様、イングランド王ヘンリー四世も、彼女への厚い待遇を呼びかけたといわれる。

つまり彼女は、涙模様が現れる一四世紀末期から一五世紀初めの宮廷文化のなかにあり、しかも生活の糧として文筆にいそしんだ。そうであるなら宮廷人の好みに合った詩作を心がけたはずであり、彼女の抒情詩に涙のレトリックが現れないはずはないのである。生きるための手段である詩作であるなら、流行りの愛の悲しみを歌わねばならない。悲しみを語るその抒情詩は、当初は夫を失った個人的な心情を訴えるものであったとしても、やがて男性に代わって恋の辛さを語る作品を彼女はつくることになる。

愛の嘆きには大量の涙が流されなければならない。彼女は二編の『愛の嘆き』を残している。そのなかには、たとえば次のような辛い恋心を訴える表現がある。

「大量の涙を散らさせる、あなたへの愛にどうか思いをいたしてください」50。

「もしも貴女に哀れみの情があるのなら、
わたしがどんなに涙に濡れているかを御覧になってください」51。

あるいは『百のバラッド』には次のような一節がある。

「大粒の涙を流して泣きながら、
あまりにも悲しく、辛くてつらくて、
誰にも負けないわたしの本物の恋は」[52]。

『ロンドー』の一編には、次の文章が繰り返されている。

「涙を流し嘆きながら、わたしはときを過ごさねばならない」[53]。

恋焦がれた心は、不眠と食欲減退を引き起こし、行動を混乱させ、そして絶えまなく涙を流させるというのが抒情詩の決まった表現である[54]。辛い恋に必要な涙は、さらに多様な表現をつくる。クリスティーヌ・ド・ピザンの詩では、涙は泉となり、小川となり、大河となり、海になる。『ロンドー』に次の一節がある。

「涙の泉、悲しみの小川、
苦痛の大河、苦みに満ちた海が
私を取り囲み、そして悲しみに暮れた私の哀れな心を
深い苦悩のなかに沈めていく」[55]。

Ⅲ-17　脚衣に雲と雨粒
（BnF. Ms.Ars.5074, f.296）

　このような抒情詩の世界を展開したクリスティーヌ・ド・ピザンであれば、その作品集に添えられた写本挿絵に雲と雨粒の文様を認めることは可能であろう。彼女の作品集『恋人と奥方の百のバラッド』の写本挿絵に描かれた雲と雨粒は、判じ難いのであるが（口絵：図Ⅲ-16）、女性に真剣に訴えているらしい男の姿から想像すれば、袖に描かれた模様は雲と涙であろう。挿絵はシャルル六世の妃イザボー・ド・バヴィエールのために一五世紀初めに制作され、今日では大英図書館が所蔵する写本に載せられた一枚である。男性は赤い衣裳に赤と白の左右色違いの靴下をはいた洒落た恰好である。赤いウープランドの右袖に黒い色で描かれている模様が、雲と雨粒である。男は女性の心を引こうと懸命に恋心を訴えているようにみえ、悲しい恋を歌ったクリスティーヌの作品であれば、これを雲と涙に見立てることに無理はない。大量の涙は雨粒に重ねられ、雲に雨粒は不幸な恋のシンボルとなった[56]。

　涙がメランコリックな心情とせつない恋心に付きものであることはわかるとしても、ここまで深く悲しみ、それを形象化させる時代というのは、やはり特異であるように思う。女性を口説く男性の袖に表わされた雲と雨粒の模様は、抒情詩のレトリックの形象化以外のなにものでもないことは明らかだが、とはいえその表現はひとつのレトリックであり、形象はひとつの流行であることもまた事実である。例の〈熊狩り〉のタピスリーに登場している男性が（口絵：図Ⅰ-18参照）、なぜ雲と雨粒を付けて描かれているのか事情は詳らかでなかったが、この模様は日常生活においてかなり流行していたのではないだろうか。ブルゴーニュ公フィリップ・ル・ボンが姪の結婚式に臨んで、黒い帽子に涙模様をつけたのも、公自身にどのような意図があったかはわからないが、これも流行に従った側面があったに違いない。同じブルゴーニュ公の宮廷で一四六九年に制作された『ルノー・ド・モントーバン』の写本挿絵にも、よく似たかたちの雲と雨粒を脚衣に表わした人物が描かれており（図Ⅲ-17）[57]、このような脚衣は散見される。図Ⅲ-18では、対する女性の帽子に涙にみえなくもない模様が散らされているが、はたして涙模様なのか、これは断定できない。涙模様はたしかに流行ではあるが、とはいえ愛の含意をもった

Ⅲ-18　脚衣に雲と雨粒、女性の帽子にも涙滴か？

文様であることもまた事実である。

注

1 ピーター・コーツ『花の文化史』安部薫訳、八坂書房、一九七八年、一九七－二〇〇頁。

2 René d’Anjou, *Le Livre du cuer d’amours espris*, *op.cit.*, pp.94-96: «Tantost après Desir lui seint ung branc d’acier trenchant et aceré, fait et forgé tout a coups de treshumbles requestes et prieres et si fort trempé en larmes de pitié ... Après le branc d’acier il lui donna ung heaume timbré tout de fleurs d’amoureuses pensées, ... Oultreplus lui bailla ledit Desir ung escu qui estoit d’esperance pure, large, grant et plantureux, a trois fleurs de n’oubliez-mye et bordé de doloreux soupirs».

3 A. Planche, Le temps des Ancolies, *Romania*, t.95, 1974, p.251.

4 *Le Livre du cuer d’amours espris*, *op.cit.*, p.140.

5 *Ibid.*, p.142: «Et de l’autre part du pont y avoit ung chevalier tout armé d’unes armes noires, fors que sur son escu, qui estoit noir, avoit trois fleurs de soussye, et estoit monté sur ung grant destrier tout noir et avoit le heaulme en la teste, sur lequel avoit une hpuppe de fleurs d’encolies».

6 *Ibid.*, p.164sqq.

7 安倍薫『シェイクスピアの花』八坂書房、一九七九年、四七－五九頁。

8 Shakespeare, Hamlet, IV, ll.171-182, *op.cit.*（前掲、三神勲訳『ハムレット』『シェイクスピア全集6』二八一頁）・前掲『シェイクスピアの花』四七－五九頁、一四五－一五〇頁、一五一－一五九頁。

9 Charles d’Orléans, *Ballades et rondeaux*, éd. J.-Cl. Mühlethaler, Livre de Poche, Paris, 1992, p.482, Rondel 136.

10 A. Planche, Le temps des Ancolies, *op.cit.*, pp.235-255.

11 *Chanson du XVe siècle*, éd. G. Paris, Paris, 1875, no.120, pp.120-122.

12 オダマキの花と涙が組み合わされた例は ff.125v, 359v, 362 に、三色スミレと組み合わされた例は ff. 193v, 328v, 390 にみられる。

13 A. Planche, *op.cit.*, p.251. 色のイメージについては、前掲『色で読む中世ヨーロッパ』八九－九〇頁。

14 Olivier de La Marche, *Mémoires, op.cit.*, t.IV, pp.95-145.

15 J.-P. Jourdan, La lettre et l'étoffe, étude sur les lettres dans le dispositif vestimentaire à la fin du Moyen Age, *Médiévales*, 29, 1995, p.43-44.

16 M. J. Gauthier, Inventaire du mobilier de l'Hôtel du connétable de Saint-Paul, à Cambrai (1476), *Bulletin archéologique du comité des travaux historiques et scientifiques*, no.1, 1885, p.16, no.183: «Une couverte de barde complète, de velours cramoisy, bordée du nuées de brodure, de fleurs d'ancolies, de fil d'or et fringes aussi de fil d'or,...».

17 A. Chéruel, *Histoire de Rouen*, Paris, 1840, p.130.

18 M.-Th. Gousset, Le jardin d'Emilie, *Revue de la Bibliothèque nationale*, no.2, 1986, p.7.

19 N. Coulet, Jardin et jardiniers du roi René à Aix, *Annales du Midi*, CII, 1990, pp.275-286.

20 F. Mercier, La valeur symbolique de l'œillet dans la peinture du Moyen Age, *La Revue de l'art ancien et moderne*, t.71, 1937, pp.233-236 ; La peinture de fleurs, la peinture en Flandre du XVe au XVIIIe siècle, *Fleurs et Jardins dans l'art flamand*, Musée des Beaux-Arts, Gand, pp.13-18.

21 F. Mercier, *op.cit.*; *Fleurs et Jardins dans l'art flamand, op.cit.*, cat.48.

22 F. Mercier, *op.cit.*; *Fleurs et Jardins dans l'art flamand, op.cit.*, cat.170.

23 A. Van Buren Hagopian, Un jardin d'amour de Philippe de Bon au parc de Hesden, le rôle de Van Eyck dans une commande ducale, *La Revue du Louvre*, 1985, pp.185-192.

24 J. Quicherat, *Histoire du costume en France*, Paris, 1875, pp.247-248.

25 Charles d'Orléans, *Ballades et rondeaux*, *op,cit.*, p.38, La Retenue d'Amours, v.171sqq..

26 ミシュレ『フランス史Ⅱ』大野一道、立川孝一監修、藤原書房、二〇一〇年、一七七頁以下。

27 D. Poirion, *Le Poète et le prince*, P. U. F., Paris, 1965 (Slatkine Rip., 1978), pp. 28-37.

28 D. Poirion, *La Littérature française, Le Moyen Age, II.1300-1480*, Arthaud, Paris, 1971, p.80.

29 J. Quicherat, *op.cit.*, p.245 sqq.; P. Champion, *Vie de Charles d'Orléans*, H. Champion, Paris, 1969, p.8.

30 A. Champollion-Figeac, *Louis et Charles, ducs d'Orléans*, Comptoir des Imprimeurs-Unis, Paris, 1844 (Slatkine Rep., 1980), t.1, p.113: «Deux longues hoppellandes de drap de Damas noir, à colet assis, et VI bendes entaillées des VI couleurs de mon dit seigneur et à franges et aguillettes

d'or par dessoubz, et aux fentes et aux manches et au colet et entour les assiettes des manches, esmaillé de brodeure, en manière de haubergon et crampons d'or d'orfaverie; et sur costé un tygre sur une roche se mirant en une fontaine, et sur les manches de chascune une arbaleste d'or et de perles».

31 Cte de Laborde, *Les Ducs de Bourgogne, op.cit.*, t.III, no.5694: «Un joyau d'or, en forme d'une fiole à eau rose, à deux tigres et deux damoiselles en haut, deux miroires au milieu et deux loups en la patte, garny de huit ballays, six saphirs, vingt quatre perles et de soixante autres plus ptites».

32 M.A. Dupré, Renseignements historiques sur les arts, tirés des Archives de Blois, *Revue des Sociétés Savantes*, 5em série, t.III, 1872, pp.452-453.

33 B. Latini, *Li livres dou Tresor*, éd. F. J. Carmody, Los Angeles, 1948 (Slatkine Rep., 1975), p.169.

34 『プリニウスの博物誌』全3巻、中野定雄他訳、雄山閣、一九八六年、八巻25。

35 Cf. R. Barber, *Bestiary*, Boydell Press, London, 1993, p.28.

36 Ms. Ashmole 1511; *Le Bestiaire*, traduit en français moderne par M.-F. Dupuis et S. Louis, P. Lebaud, Paris, 1988.

37 Douai, Biblliothèque municipale, Ms.711, f.2; Cf. Harvey Stahl, Le bestiaire de Douai, *Revue de l'Art*, 1970, no.8, pp.6-16.

38 シャルル六世の衣服には虎の模様のほかJAMAISの標語が、寝台にはエニシダの枝と《五月の葉》が表わされている。

39 *Fantasies de Mere sotte* の第二版。初版は一五一六年であり、これよりやや後に刊行されたと思われる。次の著作もこれを虎と認めている。C. Sterling, *La Peinture médiévale à Paris 1300-1500*, Bibliothèques des Arts, Paris, 1987, p.366. Cf. E. Picot, Note sur une tapisserie à figures symboliques conservée au Musée des Antiquités de Rouen, *Bulletin de la Société de l'Histoire de Normandie*, t.11, 1911, p.119.

40 A. Jal, *op.cit.*, p.367.

41 『愛の法廷の紋章集』*Armorial de la cour amoureuse* を参照。J.-B. de Vaivre, A propos des devises de Charles VI, *Bulletin monumental*, t.141, 1983, pp.92-95; C. Bozzolo et H. Loyau, *La Cour amoureuse dite de Charles VI*, t.1, Léopard d'or, Paris, 1982, pp.9-11.

42 F. Mc Culloch, Le tigre au miroir. La vie d'une image de Pline à Pierre Gringore, *Revue des Sciences Humaines*, t.XXXIII, no.130, 1968, pp.149-160.

43 *Bestiari medievali*, A cura di Luigina Morini, Einaudi, Torino, 1996, pp.384, 388.

44 Cf. C. Alvar, Oiseuse, Vénus, Luxure: Trois dames et un miroir, *Romania*, t.106, 1985, pp.108-117.

45 Adam de la Halle, *Œuvres complètes*, éd. P.-Y. Badel, Livre de Poche, Paris, 1995, pp.116-118.

46 Cte de Laborde, *op.cit.*, no.6947: «un autre collier d'or à façon de l'ordre de clèves, à nuées à la devise de ma dicte dame, et à pensées pendans esmaillées de blanc et de violet».

47 *Le Pas du Perron fée*, éd. F. Brassart, Douai, L. Crépin, 1874, p.56: «...Jehan d'Arson, houchié de satin blanc bordé de violet, et sur la coupe du cheval une nuée d'or, semé de lermes très richement enmailliés, et estoient lesdittes lermes d'argent en forme de paillettes ...».

48 *Ibid.*, p.74: «...icelluy chevalier [Roussequin de Gamel] avoit une couverte d'or sur or, en manière d'une couverture tieule et comme ung combre d'ardoise, et dessus lermes semées tout par tout ladite couverte, et la bordeure en manière d'une goutière de bordeure d'argrnt et de soye bleue et frangée de blance soye et violet, ...».

49 Charles d'Orléans, *Poésies*, *op.cit.*, t.II, p.451, Rondeau CCLXXX: «Quant Pleur ne pleut, Souspir ne vente,/ Et que cessee est la tourmente / De Dueil, par le doulx temps d'Espoir, / La nef de Desireulx Vouloir / A Port Eureux fait sa dessente».

50 Christine de Pisan, *Œuvres poètiques de Christine de Pisan*, éd. M. Roy, 3 vols, SATF, Paris, 1886-1896 (Slatkine Rip., 1965), t.I, Complaintes I, vv.72-74: «Mais à l'amer / Que j'ay pour vous, que me fait las clamer, / Et tant de plours et de larmes semer».

51 *Ibid*, Complaintes amoureuses, II, vv. 57-58: «Si en ayez pitié, fresche com rose, / Voyez comment tout de plour je m'arrose,...».

52 *Ibid.*, Cent Ballades, XXXIII: «En plourant a grosses goûtes, / Très triste et plein de deuil, / Ma vraye amour dessus toutes, ...».

53 *Ibid.*, Rondeau XXV: «En plains, en plours me fault user mon temps».

54 L. Dulac, Christine de Pisan et le malheur des «vrais amans», *Mélanges Pierre Le Gentil*, Paris, 1973, pp.223-233.

55 Christine de Pisan, *op.cit.*, Rondeaux, LXI: «Source de plour, riviere de tristece, / Flun de doulour, mer d'amertume pleine / M'avironnent et noyent en grant peine / Mon pouvre cuer qui trop sent de destresce».

56 D. Poirion, *Le Poète et le prince*, *op.cit.*, p.415 sqq.

57 ほかに BnF, Ms.fr.22547, f.1 がある。

第Ⅳ章

抒情詩と涙のレトリック

第❶節　フランス抒情詩とペトラルカの修辞

1　ギヨーム・ド・マショーの〈愛の嘆き〉

アーサー王物語に起源をもった涙模様は、一四～一五世紀には抒情詩という別の側面で文学と大きな関わりをもつようになる。中世末期の抒情詩の流行により、涙模様は恋の辛さを語る表象として新たな役割を担う。一五世紀の貴公子にして詩人、シャルル・ドルレアンが「涙の雨」という比喩を使い、クリスティーヌ・ド・ピザンが「涙の泉」「涙の河」という比喩を使う背景には一四世紀から一五世紀のおよそ一世紀にわたる愛の抒情詩の系譜がある。不幸な恋を歌う抒情詩は、ギヨーム・ド・マショーの作品に始まり、クリスティーヌ・ド・ピザン、オトン・ド・グランソン、そしてアラン・シャルティエ等の詩人によって一四世紀末から一五世紀にかけて大流行をみた。一四世紀のフランス宮廷で活躍した詩人ギヨーム・ド・マショー（一三〇〇／〇五～七七年）は、そのもっとも初期の詩人である。今日では多声楽法を発展させた作曲家として知られているが、『薔薇物語』に代表される一三世紀の愛の文学と一五世紀のそれを繋ぐ作家である。

中世末期の抒情詩のジャンルには、バラッド、ロンドーのようなよく知られた詩型の他に、「嘆き」という詩型がある。この種の詩は、文字通りなにかを嘆き、訴え、場合によっては非難の口調を帯びるのだが、ただし本書で述べるような恋愛ばかりが対象なのではない。ギヨーム・ド・マショーは、「シャルル五世への訴え」「ジャン・ド・ベリーの嘆き」などを書いており、前者は国王シャルルに直接なにかを訴えているのであり、後者は百年戦争の最中、ベリー公ジャンのイングランドによる捕縛を彼に代わって嘆くものである。戦争や災厄がもたらす困難や苦痛を訴える、いわば歴史の裏面を語る嘆きの詩がある一方で、愛をテーマにした嘆きの詩は、望んでも得られない不幸な恋を嘆き、あるいは不実な恋人に誠実な愛を訴える内容をもつ。前章の末尾で紹介したクリスティーヌ・ド・ピザンの作品はそのひとつであり、これが〈愛の嘆き〉あるいは〈愛の悲しみ〉と称され流布していく韻文詩のジャンルである[1]。この抒情詩は、当初は女性が男性に訴えるものであったが、詩人たちが王侯貴族のために、彼らに代わってその気持ちを作品としたためか、やがて男性が女性に訴えるものが主流となっていく。クリスティーヌ・ド・ピザンが女性でありながら、職業作家として男性の恋心を詩に書いたのもそのためである。

　女性が男性に訴える、本来の〈愛の嘆き〉はギヨーム・ド・マショーの『真実の書』(一三六二～六五年)に現れている。独立した韻文ではないが、後の〈愛の嘆き〉の原型と言える一節が作品には挿入されている。物語は、作者自らが体験した恋の話である。ゆえにタイトルは本当にあった話という意味である。既にフランス宮廷で名声を確実なものとし、老境にあったギヨームは、地方の女領主ペロンヌと名乗る若い女性から詩作の添削を依頼され、二人のあいだに書簡の往復が始まる。やがて彼らが交換する詩は本物の贈答歌となり、心を通わせた二人に会見が実現して恋は成就する。物語は、詩人の語りと、二人の手紙、そしてロンドーなどの詩が交互に繰り返される形式で進んでいく。「嘆き」の一節は、互いが待ち望んだ会見がいよいよ実現される直前、その切掛けとなる、女性から男性への熱い思いのメッセージとして挿入されている。ペロンヌはギヨームに次のように訴えている。

「愛しいひとよ、あなたに訴えたいのです
わたしの心を蒼ざめさせる病のゆえに
というのも、おわかりください、それはあなたゆえでありますことを、
あなたおひとりを除いてどなたからも慰めは得られません。
ゆえにわたしの嘆きをお聞きになってください
そして同時にわたしがあなたに抱く
愛をお考えになってください。というのは、もしあなたが誠実で純粋な心で
わたしを愛してくださらないのなら、わたしに最期がすぐにでも訪れるでしょうから。

恋人よ、わたしに幸福なときはひとときもありません。
わたしはいつも深いメランコリーのなかにあります、
というのも、昼も夜も、わたしの想い《パンセ》は
あなたに会いたいということだけだからです。でもわたしの想いはどうにもなりません、
あなたに会い、知り合いになる方法も工夫も
手段もやり方もないのですから。
ですからわたしの想いは、すべて絶えずわたしに逆らう

過酷な敵なのです。
わたしには、恋人よ、たくさんの涙を流し、
それでわたしの顔を覆うこと以外に慰めはないのです。

わたしが泣き疲れたとき、
記憶は疲れたわたしの心に死ぬほどの打撃を与えます、
というのも、それがもたらすのは幸せでも歓びでもなく
絶えずわたしを押し潰し、わたしの勇気を奪うからです。
その後、わたしはあまりに深い溜息《スピール》から
嗚咽が起こり、息が詰まります。
そして、わたしを生かすのは欲望《デズィール》です。
でもわたしにはこんな重荷に耐える力はありません、
わたしは弱いからです。ずいぶん前からわたしは死んだようであり、
僅かな慰みももたらされる望みはないようです」[2]。

詩はもう一節続くのだが、愛の嘆きの雰囲気は充分わかるだろう。現代人にはあまりに大仰と思える心の訴えであるが、これが中世末期のラヴレターの見本といってよいかもしれない。地方の小さな領主にすぎない一八歳の若い女性

に対して、ギヨーム・ド・マショーは王室に仕える偉大な詩人であり、簡単には会うことのかなわないひとである。どうしたら会ってもらえるのか、ここには訴えを超えて絶望の気持ちが示されている。

ところで、一四世紀半ば過ぎに生まれたこの詩のなかには既に、本書のテーマのキーワードが出揃っていることに気が付くだろう。三色スミレという花が示す「想い《パンセ》」ということば、シャルル・ドルレアンが「溜息の風」と呼び、アンジュー公ルネの『愛に囚われし心の書』の写本が涙模様で形象化した溜息、そして同じ物語のなかで〈心〉に忠僕として仕えていた人物〈欲望〉、あるいは「涙の河」の水で捏ねたパンを振る舞った〈メランコリー〉という女性もそうである。「心を蒼ざめさせる」という表現は、既に心を擬人化しており、ルネの作品のなかで擬人化された主人公の〈心〉を思わせるし、苦しみながらも欲望だけに生かされているという一節も忠僕の〈欲望〉を思わせる。そして当然ながら大量の「涙」と「泣く」という表現が欠けることはない。要するに、これらが〈愛の嘆き〉の常套表現であり、これが涙模様の表象を支えているのである。

この物語より早く、ギヨーム・ド・マショーが一三四二年より前に書いたと推測される『運命の慰め』にも実は同じような嘆きの語りがある。物語は、一三世紀の『薔薇物語』にならい、アレゴリーの手法を使って愛の作法を教え、そして一四〜一五世紀の作家に大きな影響を与えたボエチウスの『哲学の慰め』の影響のもと、運命を語る四三〇〇行ほどの作品である。主人公、すなわち作者ギヨームは、密かに思いを寄せる女性に向けて愛の詩を書いたのだが、その詩が彼女の手に渡り、彼女から詩の作者を探してほしいと頼まれてしまう。自らが名乗り出る勇気はない。彼女の拒絶を恐れるからである。しかし言わないのは欺瞞である。ギヨームは大いに悩み、運命と愛のいたずらを七〇〇行にわたって長々と嘆く。ひとしきり嘆いたところに、この世の女性とは思われない美しい〈希望〉という名の女性が現れ、彼の嘆きの一つひとつに反論し、主人公は勇気を与えられる。彼女の教えに従って、彼は愛を告白する。愛の酬いを受けようとは思っていなかった主人公だが、彼は彼女から恋人として受け入れられる。彼女の不興も、周囲の眼をそらすためと知り、作者は愛にオマージュを示して詩を閉じる。愛するひとの心理と、恋の展開がいかになされるかを語る様子は、まさに『薔薇物語』を彷彿とさせる。そして、ボエチウスの作品の〈哲学〉を〈希望〉に置き換えた趣向によって運命論をからませているところが、いかにも中世末期という時代らしい。

当然ながら、この物語のなかでも作者は嘆きながら泣かねばならず、「溜息と涙に浸る」[3]。そして興味深いのは、彼の「心の病」を知った〈希望〉があれこれと教えるなかに、真の恋人たるものが持つべき武具を描写しながらアレゴリックに恋人としての美徳を語る箇所があることである。と言うのは、その描写が、アンジュー公ルネの『愛に囚われし心の書』の描いた武具の描写を思わせるからである。彼が持つべき盾は、美しい青色で、「謙虚な表情の苦痛」でつくられ、そこには一点の汚れもない。中央に赤い心臓があり、真ん中を黒い矢が貫いている。美しい銀色の五つのレイブルが付き、全体に涙が散らされている。レイブルとは英語のランベル（label もしくは lambel）に当たる紋章用語で、横棒に長方形の突起が通常三個もしくは五個下がった文様を指す。ここでは、そこに涙模様が散らされている。

「それは、謙虚な表情の苦痛を
材料にしてつくられた盾型紋章で
地は美しい青色である。
たいそう澄んで純粋で、

それを色褪せ、汚すような
いかなる汚点も付いていない。
中央に赤い心臓がひとつ
真ん中を一本の黒い矢で
貫かれている。
木製の矢じりは、これまで
ありえなかったほどのものである。
美しい銀色の五つのレイブルが付き
涙が散っているのが
たいそう奇麗で優雅である」[4]。

一四世紀半ばの詩に、ハートを貫く恋の矢のイメージが示されていることはまことに興味深いが、心の形象については次章で述べることにして、ここでは愛のテーマに注目しよう。作者は、その後、盾を彩る四色の意味を述べているが、それはこの作品より早く一三一四年に書かれたとされる『フォーヴェル物語』にヒントを得たのかもしれない。主人公フォーヴェルは人間の虚栄や欺瞞を一身に担って擬人化された馬で、その毛色が黄褐色《フォーヴ》でしかありえないことを説明するために、作者はあえて複数の色の意味を挙げ連ね、色のシンボルを説明している。楽しく暮らしている彼が「悲しみを示して黒い」はずはなく、「慈愛を示す赤」でも、「純粋を示す白」でも、「希望の緑」でも、まして「良識の青」でもなく、彼に残されるのは欺瞞を示す黄褐色しかないと、無用の色の説明に五〇行近くが費やされている。[5] ギヨーム・ド・マショーの色の説明はこれには及ばないが、盾の四色にさらに二色を加えて、六つの色によって恋の本質を説いている。すなわち、青はごまかしを憎む誠実さを、赤は誠実な愛から生まれる大胆さを、黒は恋の苦痛を、銀（白）は恋の歓びを意味すると。そして緑は新奇、つまり心変わりを、黄色は不実を示すから、これらの色を避けるように忠告する。[6] 真の恋人となるための美徳とはなにか、そして恋には歓びと苦しみとが付きものであるという恋の本質が色によって説かれている。

2　アラン・シャルティエの『つれなき美女』

ギヨーム・ド・マショーの涙のレトリックは、一四世紀末期から一五世紀初めにかけて活躍する次の世代の詩人に受け継がれていく。そのひとりが既に紹介したクリスティーヌ・ド・ピザンである。そしてサヴォイ公の顧問を務めたオトン・ド・グランソン（一三四〇後〜九七年）がいる。彼はサヴォイ公アメデ七世の死後、八歳で後継したアメデ八世の教育の任務に当たった。サヴォイ家はブルゴーニュ家と縁が深く、アメデ八世はブルゴーニュ公フィリップ・ル・アルディの娘を妻に迎えているから、この宮廷に仕えたオトン・ド・グランソンがブルゴーニュ家流の文学趣味をもったことは推測できる。彼には「涙の詩」という作品がある。彼はアメデ七世の死に対する嫌疑によって、一三九七年に決闘裁判で殺されたが、その最後を伝えているのはブルゴーニュ家に侍従として務め、涙の泉の武芸試合などを記録したオリビエ・ド・ラ・マルシュである。オトン・ド・グランソンを優れた詩人として評価し、その死を惜しんだ当時の作家は多い[7]。

涙のレトリックを受け継いだもうひとりの詩人は、ルイ・ドルレアンの取り巻きとして知られるジャン・ド・ガランシエール（一三七二〜一四一五年）という騎士である。彼はアザンクールの戦いで亡くなったが、ギヨーム・ド・マショーとシャルル・ドルレアンを繋ぐ詩型をもった作品を残したといわれる詩人である[8]。オトン・ド・グランソンもジャン・ド・ガランシエールも、騎士としての務めを果たしながら、抒情詩の詩人として活躍したひとであり、この時代の貴族階級の文学趣味が偲ばれるだろう。

そして忘れてならない詩人が、アラン・シャルティエである。シャルル七世の秘書官や外交官を務めたひとだが、本書の第I章冒頭で既に示したように『愛の嘆き』を残し、恋する人のドゥヴィーズとして格子の文様を生み出したあの人物である。そして彼の著した『つれなき美女』は、一六世紀にかけて版が重ねられたばかりか、多くの模作を生み、今日「つれなき美女詩群」と呼ばれる作品群をつくった。それは、求愛に応えてもらえない不幸な男性と、つれない女性とのかけあいで語られる一〇〇節、八〇〇行の短詩である。

詩の冒頭で、恋人をなくした作者は「最も不幸な恋人」と自らを語り、もはや歌を詠むことは止め、笑いも諦めて「涙に身を預けなければならない」と独白している。作者は「想い」に沈み「不安」にさいなまれて、騎馬で散歩に出掛けると、とある宴会の場に招かれることになる。作者は、その場に集うひとたちの中に、溜息をつきながら行ったり来たりしているひとりの男性に気が付く。彼はすっかり痩せて、色を失い、その声は震えている。黒い服を着て、ドゥヴィーズも付けず、まるで「心が囚われた」恋する男のようである[9]。作者が観察していると、男性はひとりの女性に特別の関心を示しているようであった。あちらこちらを見ているようだが、しかし「彼をもっとも歓ばす」方に彼の視線が移ると、そこで作者は「眼から放たれた矢」を認めた[10]。男性の心は〈欲望〉にそそのかされるかと思えば、一方で〈恐れ〉に押しとどめられ、心は絶えずそのような戦いに責められていた。やがて男性は小さな声で、泣きながら女性に訴え始める。しかし、つれない女性は残酷なことばで、ことごとく男性を拒絶する。

男性は貴女に仕えさせてほしいと懇願する。彼女は、そのような考えはお止めなさいとつれなく受け流す。私の苦痛の涙は貴女にあると訴えると、貴方は理解が悪いと突っぱねる。どうか私を救ってほしいとさらに畳み掛けるが、自由を犠牲にして貴方に好意をあげるわけにはいかないと女性は言う。女性はあらゆる力をもっているのだからと哀れみを乞えば、男のことばは信用ならないと受け付けない。知らない人間のような扱いをどうか止めてほしいと彼が懇願すると、それは幻想を与えないためだと冷たくあしらう。男は女性の名誉しか考えていないと訴えると、それより自分の名誉に気をつけなさいともっともらしいことを言う。私の心は貴女のものだと言えば、そんなものは要らないと言われてしまう。誠実に愛することを誓うからどうか恋人になってほしいと頼めば、他の女性を探したらよいと。理性的であれという女性の忠告に対し、理性は欲望の支配下にあり、女性の憐憫だけが男を救うことができると男性は対抗するが、その抗弁はアンジュー公ルネの『愛に囚われし心の書』を思わせる。要するにこれが〈愛の嘆き〉が語る恋の本質である。対話の最後で、男性は女性の残酷さを嘆くが、女性は、他人のために自らの評判を落としたくない男性の利己心を非難し、男は女性の好意を受け取るや、女性を騙すと、最後まで頑な態度を崩すことはない。ことごとく女性の拒絶にあった男性は哀れにもまもなく死んでしまうというのが、この作品の結末である。恋する男の自虐的ともいえるほどの女性への隷属は、女性崇拝のひとつのかたちとしてマリア信仰の影響が考えられている[11]。

3 フランス抒情詩とペトラルカ

一四世紀のギヨーム・ド・マショーの〈愛の嘆き〉から、一五世紀のアラン・シャルティエの『つれなき美女』に至るまで、涙のレトリックなくして抒情詩は愛を語ることはできなかった。このような文学背景がなければ、中世末期に涙滴の文様の流行はなかっただろう。

ところで同じようなレトリックが満載の作品がイタリアにある。ギヨーム・ド・マショーがフランスで活躍していた頃、イタリアの偉大なる詩人、フランチェスコ・ペトラルカ（一三〇四〜七四年）が、ラウラとのかなわぬ恋を歌った抒情詩『カンツォニエーレ』である。シャルル・ドルレアンの歌にみられた「涙の雨」「溜息の風」という言い回し、あるいはクリスティーヌ・ド・ピザンの「涙の泉」といった表現は、フランス抒情詩の系譜のなかで考えるよりもペトラルカの抒情詩のなかで考えるほうがはるかにしっくりとする。「涙の小川」「涙のさざ波」「涙の池」「涙の瓶」など、恋する人の涙を雨や河や湖や泉に喩えた表現はペトラルカの詩に満載で、涙を流し、泣くことに関する文学修辞の豊かさにおいて、フランス抒情詩の出る幕はない。なかでもシャルル・ドルレアンの使った涙を雨に、溜息を風に喩えるレトリックはペトラルカの抒情詩に繰り返されている[12]。

ペトラルカの『カンツォニエーレ』、文字通り抒情詩集と題されるこの作品は、一三二七年頃から一三六〇年代後半にかけて書かれたと推測されている。ラウラという名の美しい人妻に魅了された作者が、彼女に寄せる愛をめぐって歓びと苦しみ、希望と絶望のあいだで揺れる心の懊悩を三六六編の詩篇に書き連ねた作品である。涙のレトリック満載のこの作品が、フランスの抒情詩に大きな影響を与えたことは間違いないが、ただしペトラルカに多彩な比喩をつくらせた恋愛観が、トルバドゥール以来のフランス詩にあることもまた確かである。ペトラルカの生きた一四世紀のイタリアの宮廷が、トルバドゥールの詩に親しんでいたことは既に指摘されている。ヴァチカン図書館に残されているトルバドゥール詞華集はペトラルカの所蔵になるものであった[13]。つまりイタリアであれフランスであれ一四～一五世紀の抒情詩において涙と溜息が恋人たちの心の表現に欠かせないのは、一二世紀末頃に南フランスで活動したトルバドゥールの詩にさかのぼる伝統であり、その恋愛思想を受け継いだ北フランスの詩人トルヴェールの影響でもある。ちなみにトルバドゥールの詩から例を挙げるなら、ベルナット・デ・ヴェンテドルンが、「誠心誠意にして偽りなく／もっとも美しく最上のひとを　愛している／心から溜息をつき　眼からは涙を流す／あのひとを愛しすぎるから　私はそれゆえ苦しい」[14]と歌う一節を挙げれば充分であろう。

このようにしてペトラルカがそもそも一二～一三世紀のフランスの詩人の影響を受けていることから、概してフランスの中世文学者はペトラルカのフランスの詩人への影響を語らない。たとえば、これまでたびたび引用してきたダニエル・ポワリオンの主著『詩人と貴公子』は結論で次のように述べている。「既にわかっているように、われわれの宮廷詩人はペトラルカとボッカッチョを知っていた。しかし彼らの作品への関心はプレイヤード派の頃と同じようではなかった。彼らがイタリアの詩を模倣しようとしたようには思えない。眼との対話、愛の獄屋、舟のアレゴリーなどペトラルカ流のモチーフが彼らの詩にみられるとしても、これらの文学に共通する源流にトルヴェールの技巧があることを忘れてはならない」[15]。かつて深作光貞氏は「フランスの文芸史家は、ペトラルカを避けるのが、イポリット・テエヌ以来の奇妙な伝統となってしまった」と述べ、ペトラルカに関する著作が、ペトラルカの住んだヴォクリューズの文芸愛好家による学問的意味をもたないものばかりであることもひとつの理由だろうと述べたことがある[16]。

フランスの文学者がペトラルカのフランス抒情詩への影響を語りたがらないとしても、涙模様の系譜を考える本書では、ペトラルカの抒情詩を無視するわけにはいかない。クリスティーヌ・ド・ピザンが、「もしも貴女に哀れみの情があるのなら、わたしがどんなに涙に濡れているかを御覧になってください」と辛い恋心を繰り返し訴え、『百のバラッド』に「大粒の涙を流して泣きながら、あまりにも悲しく、辛くてつらくて、誰にも負けないわたしの本物の恋は」という一節があるのも、ペトラルカ流の抒情詩の世界にあるからである。『ロンドー』に現れる「涙の泉、悲しみの小川、苦痛の大河、苦みに満ちた海が私を取り囲み、そして悲しみに暮れた私の哀れな心を深い苦悩のなかに沈めていく」という一節は、ペトラルカの修辞そのものである。シャルル・ドルレアンと文学的交流をもったアンジュー公ルネが、『愛に囚われし心の書』の写本挿絵のなかで、恋人の溜息を涙滴で表わしたことも、ペトラルカに頻出する「涙の雨」「溜息の嵐」のレトリックを感じないわけにはいかない。フランス抒情詩へのペトラルカの影響がもっとも顕著に反映されているのは、このような修辞においてであり、それと呼応する涙模様の探索にはペトラルカを知らないわけにはいかない。

第❷節　ペトラルカとペトラルキスム

1　ペトラルカの涙のレトリック

涙に関連する表現を、池田廉氏による『カンツォニエーレ』の訳書を借りて整理しておこう。まずシャルル・ドルレアンも使った「涙の雨」「溜息の風」という表現は、ペトラルカにおいてははるかに激しい響きをともなって作者の絶望的な心情を語るなかに登場する。溜息の風は風というより嵐である。

「ほろ苦い涙が　顔に降りしきる、
苦渋に満ちた溜息の風　吹き荒ぶ。」（一七　1－2）

「悲しい涙の雨よ　独り居願う
……………………
溜息よ　懊悩《なやみ》や悲しみのときは素早くて
……………………
かくてわが眼のみ　胸の思いを黙《もだ》さず。」（四九　9－14）

「されど涙の雨　果てしない溜息の
おぞましき風に　今やわが小舟が
追い立てられて行くは　冬の夜の凄まじい海原、」（二三五　9－11）

「かつては溜息が　甘き微風《ラウラ》が涙が
毎夜の雨のごとく　嬉しきものであったのに」（三三二　45-46）

食事をとることも睡眠をとることもかなわず、茫々と涙を流して夜を過ごすのは、クリスティーヌ・ド・ピザンの歌の世界だが、ペトラルカのカンツォニエーレでは涙と溜息は恋人たちの糧であり、生き甲斐でさえある。たとえば、「わが胸は　ひたすら溜息のみを糧《かて》として　泣くために生まれきて　涙が生き甲斐」（一三〇　5-6）、「涙と悲哀、わが疲れた心はそれを糧とする」（三四二　2）。そして、作家として「独りわたしに残された　ペンと涙」（三一三　4）と言うように、彼には泣くことと書くことしかない残されていない。「あまたの涙とインクを注ぎ　書き認《したた》めし信仰を」（三四七　8）と述べ、涙はインクと対になる。あまりに涙を流すために「寂しい水滴《なみだ》で　眼もやつれはててしまう。」（二一六　5）

一方で「溜息が焔《ほむら》で　こぼれる涙が水晶で」（一五七　14）という美しい比喩もある。とめどない溜息は、女性のさし向ける「吐息の軍勢」（一六九　7）であり、「溢れる溜息に　辺りの大気が破られる」（二八一　4）。そして涙の泉、涙の川、涙の池、涙のさざ波など、涙の喩えはフランス抒情詩にはみられない豊かさをみせる。

「風に吹かれて　打ち寄せる涙のさざ波」（六七　1-2）

「ああ眼よ　いや眼《まなこ》にあらずして　泉よ！」（一六一　4）

「涙の川絶え間なく溢れ」（二三〇　6）
「隠す涙の　夜ごと湧き出る泉となれる！
⋯⋯⋯⋯⋯⋯⋯⋯⋯⋯⋯⋯⋯⋯
涙の瓶で　お前を濡らす」（二三四　4－7）
「溢れる胸の溜息　眼から湧き出《いず》るさざ波、
その波に草葉は濡れて　森も震える。」（二三七　23－24）
「眼に悲しみの　涙の滴降る。
二つの泉が溢れてさえも」（二四一　11－12）
「今は　わが眼の涙の池の　溢れるを望むひと。」（二四二　4）
「悲しげな眼に　いつまで嘆きの川を流すの？」（二七九　11）

恋愛思想が南フランスの詩人たちにあるとしても、涙のレトリックにおいてペトラルカのフランス抒情詩への影響は疑いえず、涙の形象化がペトラルカの修辞を抜きにして語るわけにはいかないことはもはや明らかである。このことは、一六〜一七世紀のペトラルキスム、すなわちペトラルカ文学の復興を視野に入れればさらに明確になる。涙の形象は、ペトラルキスムのもっとも典型的なエンブレムとして新たな展開をとげているからである。

2　エンブレム・ブックにおける〈愛の悲しみ〉

中世フランスのドゥヴィーズが、一六世紀以降、より洗練され、かつ複雑な含意をもった寓意表象、すなわちエンブレムの誕生の原点にあることは、本書の冒頭で述べた通りである。ルイ・ドルレアンの妃、ヴァランティーヌ・ヴィスコンティのジョウロの標章が収録され、今日に伝えられたのも、エンブレムを集成した一六世紀の書物においてであった。エンブレムの文様とその含意を説明したエンブレム・ブックは、一六世紀から一七世紀にかけて大量に刊行され、その全体像は既に明らかにされている[17]。一方で一六世紀は、ヨーロッパでペトラルカの作品が見直され、ペトラルキスムの名で広く彼の詩形や修辞が流布した時代である。そのようなエンブレム・ブックとペトラルキスムを繋いだのが、本書のテーマである〈愛の悲しみ〉の形象である。すなわち〈愛の悲しみ〉は、ペトラルキスムのなかで、熱せられた蒸留器から滴り落ちる蒸留酒という新たなかたちを与えられ、愛のエンブレムの典型をつくり出した。エンブレム研究の第一人者、マリオ・プラーツが、「当時の抒情詩のもっとも一般的な綺想のひとつの、エンブレムへの翻訳にほかならない」と述べ、「ペトラルカに由来する抒情詩の愛のテーマのもっともよく知られた形象化」と指摘するエンブレムである[18]。かたちを変えた悲しい恋の形象をみていこう。それによって中世末期のドゥヴィーズの意味がよりいっそう鮮明にみえてくるだろう。

蒸留器の文様が描かれたもっとも初期の作品に、フランスの詩人モーリス・セーヴ（一五〇〇頃〜六〇年頃）の一五四四年の詩集『デリ』がある。作者モーリス・セーヴは、リオンで活躍した詩人であり、一五四八年のフランス王アンリ二世のリオン入市に際しては、国王歓迎レセプションの組織委員長を務めた人物でもある。一五三三年に、ペトラルカが愛を捧げたラウラの墓を発見したといわれるから、彼もまた時代のペトラルキスムのなかで活動した詩人である。一五三六年に「涙のブラゾン」と題する四四行の詩を、また「溜息のブラゾン」と題する五二行の詩を書いていることも、彼のペトラルキスムを裏付ける。前者において「底の方で丸く／上の方で尖って少しひねられて」と、涙のかたちを説明しているのは[19]、管見ではほかに例がなく、涙の形象化に意識的な一六世紀の詩人らしい。さて、詩集『デリ』はエンブレム・ブックではないが、それぞれの詩節に寓意を含んだエンブレムが添えられ、そこに蒸留器の図柄が登場している（図Ⅳ－1）[20]。後のエンブレム・ブックの表現に比べれば稚拙な版画であるが、竈の上に置かれた三角形の物体が蒸留器であり、その右下から伸びる管を通って、竈の火に熱せられて蒸留された酒が器に溜まる仕組みを描いていることがわか

Ⅳ-1　蒸留器（モーリス・セーヴ『デリ』1544年）

IV-2　愛神と蒸留器（ギヨーム・ド・ラ・ペリエール『よき術策の劇場』1539年）

るだろう。図柄の周囲に〈わが涙はわが火を顕わにする〉という標語が添えられており、恋の炎で熱せられた心から涙がこぼれ落ちることを、蒸留器によって示そうとしたことがわかる[21]。

恋するひとの熱くせつない胸の内を、火にかけられた蒸留器で形象化することは、これより早く、一五三九年初版のギヨーム・ド・ラ・ペリエールのエンブレム・ブック『よき術策の劇場』に、さらに凝った形象で現れている（図IV-2）[22]。ここには、目隠しをされた愛神がふいごで竈にあるハート型の心臓に風を送っている様子が加えられている。一五五三年版に添えられた詩には、常軌を逸した恋により不幸になるもの、理性を失うものがいる、辛さに耐えられないなら気をつけよ、そうでないと涙を流すことになるという主旨の警告が記されている。

同種のエンブレムの一七世紀の例を挙げるなら、一六〇八年に刊行されたダニエル・ヘインシウスの『愛のエンブ

IV-3　愛神と蒸留器（ダニエル・ヘインシウス『愛のエンブレム集』1608年）

レム集』がある。同様に愛神が竃に火をくべている様子を描き、〈わが涙はわが火を顕わにする〉という標語を添えている（図Ⅳ-3）[23]。一六五八年のアルベール・フラマンの『愛のエンブレム』も〈わが涙はわが火から発す〉という標語とともに同種のエンブレムを載せているが、ここには愛神の姿はない（図Ⅳ-4）[24]。

それでは、雲に雨粒、あるいはジョウロとまき散らされる水滴という一五世紀の悲しい恋を代表した形象は消えてしまったのだろうか。クロード・パラダンによる一五五一年初版の『英雄的ドゥヴィーズ集』、すなわちオルレアン公妃ヴァランティーヌ・ヴィスコンティのジョウロの標章を（図序-10参照）、彼女の悲しい運命とともに伝えていた著作は、雲と雨粒の文様には別の意味を与えている（図序-4参照）。もくもくとした雲の塊りから大量の雨が降り落ちるさまを描いた図には、〈我らの魂に落ちよ〉というラテン語とフランス語の標語が付され、イエスはヨハネから洗礼を受けた後、聖霊が鳩の姿をとって下ってくるのを見たという新約聖書を引用した説明がある。宗教的なこの説明は必ずしもわかりやすいものではないが、涙を「天から落ちる命の露」と解釈し、涙を神の到来の眼に見えるしるしとする思想があったから[25]、そのような意味の表現なのかもしれない。あるいは慈雨の恵みを受けて大地が肥沃になることに聖母マリアの受胎をなぞらえることがあり、こちらの解釈も重要である[26]。と言うのは、本書の冒頭に紹介したように、この種の文様が刺繍された女性用

Ⅳ-4　蒸留器（アルベール・フラマン『愛のエンブレム』1658年）

Ⅳ-5　花に水をやる愛神（オットー・ウェニウス『愛のエンブレム集』1608年）

のリンネル製下着が、マンチェスターのウィットワース美術館に残されており[27]、女ものの下着であるなら、懐妊への期待が込められていたかもしれないからである。

ところで、クロード・パラダンが収録したヴァランティーヌ・ヴィスコンティのジョウロは、中世から一六世紀に使われた古いかたちの道具であったが、同じ著作には、今日のジョウロにより近く、水差しのかたちをした壷の差し口から花に水が注がれている図柄のドゥヴィーズがある。ここには特に愛の含意はみられないが、これは一六〇八年のオットー・ウェニウスの『愛のエンブレム集』の〈水を注がれし植物はいっそう成長す〉に示唆を与えたと理解されている（図Ⅳ-5）[28]。水差し型だが、その差し口は水を散らすようにできているジョウロを持ち、広い庭園の中で水をやっているのは愛神であり、ジョウロから散らされる水滴は、明らかに恋の涙である。標語は、辛い恋に涙を流せば流すほど、恋心はつのるという意味で、次のような文章が添えられている。

「西風が吹き、暑さとともに、次第に増える雨水の潤いが、若い草木を成長させる。

愛においてはこの愛顧は相互的であり、一方が
栄養を受け取ると、他方はただちに果実を生み出す。

愛顧によって成長する
若い草木が水を与えられると、葉は
成長し、花が咲き、果実が実る。
愛は愛顧と愛玩によって成長し、
歓喜という果実が最後に収穫される」[29]。

3　ペトラルキスムのパロディが示す涙の喩え

一五世紀の〈愛の悲しみ〉の文学テーマが、ペトラルキスムの思潮のなかでエンブレムとして新たな形象の展開をとげたことをみてきた。マリオ・プラーツは、これらの形象化は当時もっともよく知られていたと指摘したが、このことは、一六世紀末にイギリスの作家、トマス・ナッシュ（一五六七年～一六〇一年頃）が、その作品のなかに、いわばパロディとして描き込んだことにも示されている。諷刺の世界にあるものの、そのペトラルキスムと涙のレトリックは中世のドゥヴィーズそのままである。

トマス・ナッシュはエリザベス朝期の風俗を写実的に描いた作家として知られる。牧師の息子として生まれ、ケン

ブリッジ大学でバチェラーの称号を取得後、ロンドンに上京し、諷刺作家として一五八八年に『愚痴の解剖』を著したのが最初である。一五九四年に著した『不運な旅人』は、一七世紀に流行する悪漢小説《ロマン・ピカレスク》を思わせる作品である。下層階級にある召使や詐欺師が自らの生涯を語るという作品であるが、しかし『不運な旅人』の主人公ジャック・ウィルトンは悪党ではない。彼はヘンリー八世時代の宮廷の小姓あるいは従卒といった身分にあり、彼の生涯を語りながら作品は騎士道物語を諷刺している。滑稽味を出すために中世らしいレトリックを使い、そこに武芸試合の紋章や涙のレトリックが登場する。

物語は、主人公ジャックが酒をだましとろうと、ある貴族にしかける悪戯から始まる。貴公を中傷する奴がいる、なんとひどい中傷なのか、とても貴公には言えないと、ジャックにじらされた貴族は「一週間のあいだに飲んだ林檎酒を残らず涙に流して」、どうか自分がどのように評されているのか教えてくれと懇願する。両手をしぼりながらとりすがる貴族に、ジャックは気力の限りをふりしぼって聞かせる話だから、絶命しないようにと警告しながら、あなたほどの有徳の士が百姓輩の悪質な中傷にさらされているかと思うと「もう小便がみんな涙になってこみ上げてきた」と話を始める。結局、人びとの中傷を止めさせるには酒をふるまって黙らせるより方法はないと説得し、ジャックは大量の酒を得ることに成功する。ここに登場する林檎酒や小便を涙に喩えた表現は、ペトラルキスムを意識したパロディと思わざるをえない[30]。

さらに、この小説にはイギリスのペトラルキスムの先駆者、サリー伯爵ヘンリー・ハワード(一五一七年頃～四七年)という実在の人物が登場し、エンブレムの趣味が豊かに盛り込まれている。サリー伯爵はヘンリー八世に仕えた宮廷詩人で、ペトラルカのソネット形式をイギリスに導入したひとりとして知られる。物語のなかでサリー伯爵は、主人公ジャックのかつての主人として登場し、二人は偶然にも旅の途次で出会い、旅の道連れになるという設定である。伯爵はイタリア詩への熱愛から祖国を後にしたのだが、もうひとつ旅の目的があった。伯爵は、宮廷で皇太后キャサリンに仕える美しいイタリア出身の女性ジェラルディーンにぞっこん惚れ込み、フィレンツェに着いたら彼女の名誉にかけて武芸試合を開いて戦うと約束したからである。わたしのために誠実に尽くしてくれたときにはわたしは永遠に貴方のものになりましょうと約束する彼女のことばを聞いたとき「ことばよりも先に涙があふれ出て、あたかも雨が風を鎮めるように、余の思いあまったことばをせきとめてしまった」と伯爵はジャックに旅の理由を語っている。実際サリー伯爵ヘンリー・ハワードは、「恋人のジェラルディーンを讃える」という一四行詩を一篇残しており、ジェラルディーンなる女性の特定もなされている。彼女の仕えたキャサリンも、ヘンリー八世の最初の妃アラゴンのキャサリンか、第六の妃キャサリン・パーか、どちらかを指すと考えられている[31]。さてフィレンツェに到着したサリー伯爵は、フィレンツェ公の宮廷で武芸試合を開催する。以下はその場面で、サリー伯爵の軍装や馬装を詳細に語り、模様とその意味を説明する箇所の冒頭である。

「さて、わが得がたき殿にして主人、廉直・公正、命名とこしえに高きサリーの伯爵ヘンリー・ハワード卿が、当日試合の場に臨んだ装束はといえば、鎧には一面に百合と薔薇をちりばめ、垂れを蕁麻《いらくさ》や葎《むぐら》で縁どったのは、恋路をさまたげる刺毛やとげに喩えたもの。ジョウロに型どった円型の冑からは、琴線のごとく細い水がほとばしり出て、百合や薔薇をうるおすばかりか、蕁麻や葎までも繁らせて、その勢いは主君たる百合や薔薇を凌がんばかり。その意味するところは、彼の胸から溢れ出る涙は、頭上のジョウロからほとばしる人工の雨のように、（百合と薔薇とで表わした）恋人の人泣かせな美貌の誉れを育くむとともに、（蕁麻や葎に喩えた）恋人の無情をもそだてるという次第。付したる銘は、〈とどめもあえず涙溢れて〉というのであった」[32]。

先に触れた〈水を注がれし植物はいっそう成長す〉というオットー・ウェニウスの標語を敷衍したような描写である。と同時に「ジョウロに型どった円型の冑」という記述は、ヴァランティーヌ・ヴィスコンティが使ったジョウロを思い起こさせ、一五世紀のドゥヴィーズに再会したような気分にさせられる。引用のなかで使われている百合と薔薇の喩えも中世以来の文学の常套句で、ペトラルキスムのなかで好まれた比喩であったと思われる。薔薇の花をうるおす涙の雨のイメージは、同じ頃のシェイクスピアの戯曲『夏の夜の夢』に美しい台詞の例があることは、本書の序章で既に紹介した通りである。恋人との結婚を父に許してもらえず打ち沈むハーミアに、恋人のライサンダーが、どうして薔薇の花がこうも早く色あせるのかと尋ねると、きっと雨が降らないから、その雨をこの目からあらしのように降らせましょうと彼女は答えていた。

4　なぜ涙を流すのか

一二世紀のトルバドゥールから一四世紀のペトラルカまで、一四世紀のギヨーム・ド・マショーから一五世紀のシャルル・ドルレアンまで、さらに一六～一七世紀のペトラルキスムやエンブレム・ブックまで、愛をめぐるテーマが一貫して涙を流すことに表現の重心を置いてきたことをみてきた。不幸な恋を嘆くとしても、ヨーロッパの人びとはなぜこれほど泣かなければならないのだろうか。この疑問に答えてくれるのは、〈愛の悲しみ〉が、蒸留器と愛神の組み合わせによって、ペトラルキスムのなかでひとつの定型をつくったことである。と言うのは、一五世紀の文学テーマにあっては、もっぱらかなわぬ恋の苦悩を示した涙滴の文様であったが、しかしペトラルキスムの蒸留器に添えられた標語は、それとはややニュアンスを異にするように思われるからである。モーリス・セーヴの〈わが涙はわが火を顕わにす〉、アルベール・フラマンの〈わが涙はわが火から発す〉は、涙を流すことによって恋心が示されるという意味であり、オットー・ウェニウスの〈水を注がれし植物はいっそう成長す〉は、涙を流せば流すほど恋心がつのるという意味である。つまり恋する心の表象として、涙が絞り出されるという主旨の標語は、単に報われぬ恋を悲しむ涙ではないのではないように思われる。つまり涙を流す行為は、いかに愛しているかの証しとして意味をもつのではないかということである。そして、泣くことの意味を詮索しなければならないのは、キリスト教において泣くことが宗教的な行為として位置付けられているからである。

キリスト教において涙を流す行為は悲しみの表現を超えて、神への献身を示す態度であることが指摘されている[33]。磔刑のイエスを描く際に、その背景に本書でみてきたような涙滴を散らすことがある(図Ⅵ-7参照)。つまり涙模様は、世俗的な愛の苦悩を示すだけではなく、イエスの死を悼む宗教画においても使われるモチーフである。そして磔刑の場面に添えられた涙は、イエスの受難に対する憐情を示す。つまり涙を流すことは憐情の証しとしての意味をもつ。さらにキリスト教の思想において、涙を流すことはいかに痛悔の気持ちを抱き、また神への熱い献身の気持ちを抱いているかの証しである。涙を流す行為は敬虔なクリスチャンであることを示すひとつの宗教的態度であり、単に個人的な悲しみの感情の表出なのではないということである。要するにキリスト教は、涙を流す行為に魂の救済としての意味をもたせ、また悔恨の涙に浄化の機能をもたせたのである。後悔の涙は魂を浄化し、ひとを救済する。
そうであるなら、俗愛の涙にも同じようなことが考えられるのではないだろうか。涙を流すのは、恋人の心を得られない悲しみの感情表現というより、いかに恋人を愛しているかの証しとして重要なのである。恋の炎にあおられて涙を流し、涙を流せば流すほど愛がつのるという標語を絵画化した形象が、蒸留器のエンブレムである。そうであるなら涙が流れ落ちるのは強い愛情に由来するのであり、愛すれば愛するほど涙はとめどなく流れ出るのである。後悔の念であれ、憐憫の情であれ、あるいは歓喜の高揚であれ、わたしたちは高ぶる感情ゆえに涙を流す。恋人を想う気持ちの高揚が涙を流させるのであって、決して報われぬ不幸を嘆いて涙を流すわけではない。オットー・ウェニウスの『愛のエンブレム集』は、蒸留器のモチーフに〈涙が証拠だ〉というモットーを添え、次のように述べている。

「おまえは何を疑っているのか。涙が炎の証拠となるだろう、
常に、閉じこめられた火から水が滴るように。

涙が証明する
アモルは私に、涙を一滴ずつ流させる。
わがアモルは火であり、炉となる。
わが心は、激しく発する吐息であり、
両眼が蒸留器となって、水が滴る」[34]。

先に引いたダニエル・ヘインシウスの〈わが涙はわが火を顕わにする〉という標語にも、「いったい、あなたはなにを疑っているのか。涙が炎の証だ、常に水が、一滴ずつ、閉じられた火からしたたり落ちるように」と添えられていた[35]。トルバドゥールの詩人、ベルナット・デ・ヴェンテドルンの一節も「愛しすぎるから私は苦しい」と述べ、報われぬ恋の不満を訴えているのではなかった。ゆえに一四〜一五世紀の抒情詩のレトリックにおいても、涙滴のドゥヴィーズにおいても、熱い愛の証しとしての涙の意味を読み取るべきであろう。そうでなければ、かなわぬ恋を嘆くためとはいえ、これほど涙に暮れ、溜息をつくのはあまりに不自然である。

もちろん報われぬがゆえに恋心がいっそう燃えるという意味合いは否定されるものではない。愛は障害があればこそ、よりいっそう強くなるという恋愛観はフランス文学の伝統である[36]。思想家ミシェル・ド・モンテーニュは一五八八年の『エセー』第二巻において、「われわれの欲望は困難に会うと増大すること」と題したなかで、「火は寒い空気に会うとおこるように、われわれの意志も、反対に会うとかき立てられる」[37]と述べている。ダニエル・ヘインシウスやギヨーム・ド・ラ・ペリエールのエンブレム・ブックが、竈の火をおこそうと風を送っている愛神の姿を描き入れたのは、まさにモンテーニュのこのことばを示しているだろう。恋が炎で表わされ、その炎は冷たい風で勢い付くという比喩は、ヨーロッパの恋愛思想に定着する。一六世紀以降のエンブレム・ブックが描いた蒸留器は、恋の本質のより精緻な形象化であり、これを知ることによって初めて中世の涙滴文の意想を理解できるだろう。

第❸節　涙をこぼす眼と眼を散らした文様

1　涙をこぼす眼の文様

ペトラルキスムの影響下には、もうひとつ涙にかかわる興味深いモチーフがある。すなわち眼から涙滴がこぼれるさまを描いた図柄である。このモチーフは、涙滴を散らした模様のように頻繁に現れるものではないが、一五世紀のブルゴーニュ家に例がある。そして一六世紀以降にエンブレム・ブックを通してこのモチーフが服飾品に刺繍されたと思われるのが、序章で既に紹介したニューヨークのメトロポリタン美術館が所蔵する手袋である。

エリザベス朝期のイギリスで制作されたこの手袋は革製で、このような手袋はこの頃の肖像画に描かれた女性に散見されるから、その点で特に珍しいものではない。しかし雨のごとく降る涙と眼を描いた装飾モチーフは異例である。手を差し入れる部分に七センチほどの長さの装飾布が付けられており、そこに涙を流す眼と三色スミレの花が刺繍で表わされている（口絵：図序-6参照）。装飾布には切り込みが入れられ、八枚の細長いパネルが繋げられたようなかたちになっている。ひとつおきに涙を流す眼と三色スミレの花が組み合わされて描かれ、あいだのパネルには止り木に止まる鸚鵡が小粒の真珠を使って刺繍された様子が残っている。一九二八年、この手袋が美術館に寄贈されたとき、美術館はこの風変わりな模様にたいそう興味を引かれたようで、その由来を調査したようだが、わからなかった[38]。そして初めてこの手袋の涙と眼の模様をヘンリー・ピーチャムのエンブレム・ブックに照合させたのは、既に引用したジェーン・アシェルフォードの著作である[39]。一六一二年イギリスで刊行されたピーチャムの『ブリタニアのミネルヴァ』には、天に浮かぶ大きな眼から玉のような大粒の涙を三滴こぼしているエンブレムがあった。地上には湖なのか海なのか、山に囲まれて水面が広がり、そこに三隻の小舟が浮いている（図序-7参照）[40]。

アシェルフォードはこの模様の意想について踏み込んではいないが、これがペトラルカ流のレトリック「涙の湖」を文字通り絵画化したものであることはもはや言うまでもない。ピーチャムが図の下に加えた説明は必ずしも明快でないのだが、蒸留器《ランビキ》のことが引かれていて、前節に述べた蒸留器のエンブレムに連なることがわかる。そして繰り返すまでもなく、涙をこぼす眼の模様は、手袋の装飾において三色スミレと組み合わされることによって愛の寓意をいっそう強めている。一六世紀のイギリスでもこの花が恋人を想う愛のシンボルであったことは、前章にみたように、シェイクスピアの戯曲『ハムレット』でオフィーリアが「三色スミレ、ものを想えという意味」と述べていた通りである。そして鸚鵡も、中世末期に愛のシンボルとしての役目を果たしていた。この鳥の緑色の羽根は恋の季節の春を喚起させる色だったからである[41]。〈愛の嘆き〉のもっとも初期の事例として先に引用したギヨーム・ド・マショーの『真実の書』には、ギヨームとペロンヌが初めて会う場面で、彼女が緑の鸚鵡を散らしたドレスをまとって現れ、その姿にギヨームが歓喜するというエピソードがある。ギヨームは緑色の鸚鵡にペロンヌからの愛のメッセージを読み取ったからである。メトロポリタン美術館の手袋が注文され、使用された経緯はわからないが、涙と三色スミレと鸚鵡の三つが揃っているところからすれば、愛の寓意は充分に意識されていたように思う。

手袋の制作年は一六世紀末から一七世紀初めとしか推定できず、ピーチャムのエンブレム・ブックを実際にモデルに使ったかどうかもわからない。おそらく涙を流す眼の模様はピーチャム以前に既に流布していたように思う。と言うのは一五世紀に既に若干の例があるからである。一四五五年五月二四日、ブルゴーニュ公フィリップ・ル・ボンの御用達の金銀細工師が、仕事の報酬を受け取ったことを示す記録のなかに、次のようにナイフの柄の飾りに「涙を流すひとつの眼」を施したという記載がある。

「私こと、ブルゴーニュ公御用達かつ金銀細工師であるギヨーム・ヴリュタンは、行いました仕事の一部として、すなわち、……ドイツ製の二本のナイフに、ひとつには火口のかたちを、もうひとつには涙を流す眼のかたちを施したことに対しまして、……たしかに受領したことを認めます」[42]。

火口（fusil）は火打ち石から炎が飛び散っている図柄で、本書の冒頭でも触れたようにフィリップ・ル・ボンのドゥヴィーズとしてよく知られている（図I-9参照）。引用のような帳簿の類にも、彼の事績を記した年代記の類にも頻繁に登場するほか、写本の挿絵などでいくらでも確認できる。一方、涙を流す眼のモチーフについては、ブルゴーニュ家のこの記録を除いて、涙文をあれほど使ったアンジュー家でもオルレアン家でも、これを示唆する記録は、管見では見当たらない。ただし、ブルゴーニュ家の宮廷で制作された写本のなかに、それらしいモチーフを衣服につけている人物に出会うことはできる。フランス国立図書館が所蔵する一五世紀のボッカッチョ『王侯の没落』のフランス語写本一三二番第一葉には、眼から涙を流しているように見える模様を袖に表したひとりの男が描かれている（図IV-6）[43]。男はいかにも洒落た恰好で、肩を大きく張ったプールポワンに、スマートな脚衣を付け、首には金羊毛騎士団の首飾りを下げている。この人物は写本の注文者であったルイ・ド・ブリュージュ（一四二七〜九二年）の姿であると推測されている。彼の右で書見台に向かっているのがこの書物の作者ボッカッチョで、彼は執筆中である。ボッカッチョとルイ・ド・ブリュージュの後ろにいる二人は、向かって左側の男がこの著作をボッカッチョから献じられた人物、また右側の男はジョルジュ・シャトランであると推測されている。ブルゴーニュ家の事績を記した年代記の作者であり、フィリップ・ル・ボンの涙模様の帽子に深く感情移入して、公の苦悩に同情を寄せたあの作家シャトランである。図の画面にはないが、画面左半分には作品に登場する八人の男性とひとりの女性が一団となって描かれており、作者に挨拶をしているように見える。

Ⅳ-6　ボッカッチョ『王侯の没落』(BnF. Ms.fr.132, f.1)

問題のルイ・ド・ブリュージュの袖に見える模様は挿絵の小ささのため判然としないのだが、書物の内容を考えれば、そして彼がブルゴーニュ家の宮廷に仕えた人物であるのなら、涙をこぼす眼である可能性はあるだろう。ルイ・ド・ブリュージュは、代々のビールの製造と取引によって莫大な資産を受け継いだブリュージュ（ブルッヘ）の名士であり、一四四〇年代から一四七〇年代までブルゴーニュ公の宮廷に仕えた人物である。一四四五～四九年にフィリップ・ル・ボンの酌係り《エシャンソン》を務め、一四五四年には騎士に任じられ、公の顧問侍従、金羊毛騎士団の騎士として務めを果たした。フィリップ・ル・ボンの亡くなった後も、後継のシャルル・ル・テメレールに仕え、そして一四七七年に彼の亡くなった後は、娘マリー・ド・ブルゴーニュの筆頭侍従を務めた。フィリップ・ル・ボンによるブルゴーニュ家の最盛期、涙滴文が盛んに登場する武芸試合がもっとも華やかな時代にブルゴーニュ公の宮廷にいた人物である。しかも資産家の彼は、ブルッへの屋敷に図書館をつくった愛書家であった。彼の蔵書は、ルイ一二世、すなわちシャルル・ドルレアンとマリー・ド・クレーヴの子であるルイが王在位の時期に、ブロワの王宮の図書室に加えられたという[44]。

2 宗教的挿画における眼と涙、三色スミレ、オダマキ

眼からこぼれる涙の図は、宗教的な意味を込めた図像にはきわだった例が残されている。既に述べたように、涙模様は恋の表象であると同時に宗教的な表象として機能し、悲しみを表わすこの模様は聖俗兼用であった。クロード・パラダンの雲と雨の模様に聖書を引用した説明のあったのも同様の事情による。三色スミレやオダマキなど悲しみを表現する他のモチーフにもこのことは共通している。中世の文様は必ずしも聖俗分けられないのである。磔刑のイエスを描く際、その背景に涙を散らすことは後世までみられるが(図VI-7参照)、リアルな眼から大粒の涙を落とし、しかもそれを書物の一葉いっぱいに散らしている挿絵は異例である(口絵:図序-8参照)。挿絵をおさめた写本は、その注文者「ブスュの夫人」の名をとって、今日では『ブスュの夫人の時禱書』と称され、フランス国立図書館アルスナル分館にアルスナル写本一一八五番という整理番号で所蔵されている[45]。夫人が寡婦となった一四九〇年以降に制作

されたと推定されている[46]。ブスュの夫人は北フランスのドゥーエイ近郊に輩出した高名なララン家の出身で、イザベル・ド・ララン、すなわちブルゴーニュ公フィリップ・ル・ボンに仕え、騎士の鏡として誉れ高く、一四五三年に三二歳の若さで惜しまれて戦死したジャック・ド・ラランの妹に当たる女性である。ブスュの夫人という呼称は、ブスュの領主ピエール・ド・エナンに嫁いだゆえの名である。ブスュの夫人の時禱書には、三色スミレやオダマキなど悲しみの表象を含んだ挿絵が満載で、この書はいかにも涙滴文を好んだブルゴーニュ家の文化のなかで制作されたことを思わせる。

写本は三七八葉におよぶが、縦一六センチ、横一一・二センチの時禱書らしい小型本で、フランス語もしくはラテン語で祈禱の文句が掲載されている。時禱書の慣例として暦で始まり、五四葉から聖母への祈禱、五九葉から聖母の時禱、一八七葉から受難の時禱、聖人・聖女に捧げる先唱句などが続き、二九四葉から追悼祭前夜の祈り、三六九葉から聖体拝領のための祈禱、三七四葉にミゼレレの祈りなどがある。一葉の全体におよぶ大きな挿図が各所にあり、あるいは長方形の枠をつくってそこにアザミ、忘れな草、ナデシコ、三色スミレ、オダマキ、マーガレット、バラ、アヤメ、ユリの花々とイチゴの実、そして蝶、カタツムリやバッタ、ハエや虫など、小さな動植物が精密な筆致で描かれている。いかにも自然を写実する一五世紀末期の写本挿図の特徴を示している。

聖母への祈禱の始まる第五四葉には、ブスュの夫人が豪奢な金襴のドレスを着て祈禱を捧げる姿がある。そしてわたしたちにとって興味深い挿絵は、五九葉から一五七葉まで続く聖母の時禱のなかにある。すなわち第九二葉にナデシコと忘れな草が、一一四葉の全体にはカーネーションが、一二九葉には三色スミレが描かれ、一三〇葉にはオダマキ、ナデシコ、忘れな草、三色スミレのすべてが揃っている。すなわち本書でみてきた恋のシンボルである花がすべて聖

Ⅳ-7　涙と血のしずく（BnF. Ms.Ars.1185, f.187）

母の花として登場しているのである。

　そして問題の涙をこぼす眼の散らされたページが登場するのは、一八七葉から二〇七葉までのイエス受難の時禱のなかである。捕縛されたイエスが中央の枠内に描かれた周囲に、涙のしずくとともに赤い血がそこかしこに垂れている一八七葉の挿図は、涙を流す眼に劣らぬ不気味な迫力をもつ（図Ⅳ-7）。枠の下には赤と青と薄青色の三色スミレが一輪、そして右脇にはペリカンが自らの胸を突いて血を我が子にかける図がある。言うまでもなく、ペリカンのこの図柄は動物誌に拠っており、子に自らの血を注ぐペリカンは、ひとの救済のために血を流したイエスを示すシンボルとしてよく知られている。そして一九六葉が、本書の冒頭に示したような涙を流す眼を散らした頁である（口絵：図序-8参照）。中央にイエスの磔刑、そしてその道具となった三本の釘と鎚が描かれている通り、受難を示す頁であり、ここにも三色スミレが描かれている。二〇五葉には、三色スミレのほかにオダマキ、忘れな草が散り、これらの花々は聖母を象徴している。追悼祭前夜の祈りの始まる二九四葉には、黒く塗られた頁に「死を想え」Cogita mori と記した白い銘帯が複数と四つの髑髏が浮かんでいる。うち二つの髑髏は脛骨を歯にくわえている。三色スミレと忘れな草が同様に描きこまれ、銘帯は忘れな草にからんでいる。死を忘れるなというメッセージである。

そして最後の圧巻が写本末尾に、三七三葉裏の三人の娘と一人の息子に看取られて亡くなるブスュの夫人の挿図と相対した右頁、すなわち三七四葉に描かれた文様である（口絵：図Ⅳ-8）。ここにはハート型の赤い花びらのように見えるかたちの上に、金色のスミレの花が重ねられている。眼もしくは涙と対になって形象化されるハート型がここでは三色スミレと組み合わされている。ハートもまた聖俗兼用の文様である。

3　眼を散らした模様

ところで前節に引用したトマス・ナッシュの『不運な旅人』には、もうひとつ興味深い描写がある。と言うのは一四世紀末から一五世紀のイタリアで制作された写本挿絵に、眼を散らした模様の衣服が描かれることがあり、これを彷彿とさせる文章がこの作品にあるからである。すなわち、涙のしずくを散らしたモチーフや、眼からこぼれる涙滴を描いたモチーフとともに、さらに眼を並べたモチーフがあり、これもまた悲しみの表象として同じ文脈で読まれる文様ではないと思われる。

先に引用した武芸試合を語る文章の後には、サリー伯爵の馬装と盾の模様の説明が続き、さらに伯爵に従って試合に参加する八人の騎士の鎧兜や盾の説明が続いている。マリオ・プラーツはそれらのいくつかを、複数のエンブレム・

ブックに照合させ、典拠を示しているが[47]、以下に引用する「五番目の失恋の騎士」の馬衣の文様には特に注釈を施していない。しかし、失恋の騎士の乗る馬に、次のように「黄褐色の眼で飾られた」馬衣がかけられているのは、本論にとって重要である。

「五番目は失恋の騎士で、冑にはただ糸杉と柳の枝輪をかぶせただけ、鎧の上からまとった婚姻神《ハイメン》の晴着も、すすけた黄色に染めて、染みや汚れで色褪せるにまかせている。銘は、〈ありし日の栄華いまいずこ〉。乗馬は、その視線を浴びればなんでも黄色に変わってしまうという黄疸病みのような橙色がかった黄褐色の眼でかざり、格言は〈嫉む者は飢えたり〉」[48]。

サリー伯爵に続く「二番目の騎士」は「黒ずくめの騎士」であり、三番目の騎士は「梟の騎士」、四人目は〈思い悩むは行く末のこと〉という銘を持ち、それに続くのがこの失恋の騎士である。六番目は「嵐の騎士」、七番目は〈主命なれば屈辱にも甘んず〉という銘を持ち、八番目は〈悲しみのなごりは消えず〉、九番目は「稚児の騎士」である。それぞれ豊かな描写が繰り広げられ、格言もひとつに限らないが、「稚児の騎士」を除けばほかの騎士はそれぞれ不運を嘆く標章を持ち、五番目の騎士だけが特別に不幸なのではない。

二番目の騎士は黒装束であるから、ブルゴーニュ公フィリップ・ル・ボンの黒衣を思い出すまでもなく、悲しみに沈む騎士であることは想像できるだろう。三番目の騎士が梟の標章を持つことについては、この鳥が不幸を呼ぶ鳥であることを説明しなければならない。中世の梟のイメージを知るには、一三世紀の英語詩『梟とナイチンゲール』という一八〇〇行足らずの論争詩を読めばよいだろう[49]。作品のなかでナイチンゲールの美しい歌声に対照させられるのが梟の鳴き声であり、それは苦痛を訴えて泣く声である。ナイチンゲールが自らの美声を誇らしく語りながら、梟の鳴き声を貶すその表現は、梟に対する当時の人びとのイメージを示している。たとえば、ナイチンゲールは梟に対して次のように言う。「お前は、冬中、哀れっぽい歌を歌っているけれど、その歌声は雪の中で鳴いているめんどりの歌声そっくり。めんどりの歌といったら、哀れっぽいだけさ。冬の間はひどく悲しそうに歌い、夏には黙りこくっているね。わたしたちと一緒に喜び合えないのは、さもしい妬みのせいだよ。それに幸福が里にやってくると、妬んでいらいらするのさ。お前の態度といったら、質の悪い人間そっくり。人様の幸福は気に入らず、人様の楽しみをみると、不平不満たらたらで、顔をしかめるのさ」。天上の歓びを知るために教会で聖歌を歌い、歌声によって教会の教えが伝えられるのだというナイチンゲールの主張に対し、梟は「天国に行きつくまでには、長いこと悔悟の涙を流し、罪業救済を神に願うことを充分に悟らせねばならないのだ。天にまします主の許へ赴こうとするものは、歌うよりも泣くように心構えるべきだというのがわたしの忠告」であると反論する。さらにナイチンゲールの言うことには「お前の調べは悲嘆で、わたしのは歓喜の歌さ。お前はこの世にお去らばするかのように号泣し、両眼が張り裂けん許り金切声を上げていればいい」。梟の鳴き声は、悲しい号泣なのである。ところでオルレアン家ゆかりの時禱書に、梟と涙滴を組み合わせた図がある（図Ⅳ-9）。ルイ・ドルレアンとヴァランティーヌの娘、すなわちシャルル・ドルレアンの妹に当たるマルグリッ

Ⅳ-9　梟と涙（BnF. Ms.lat.1156B, f.13）

ト・ドルレアンの用いた時禱書である。梟は悔悟の涙を示し、ゆえに涙滴と梟が組み合されているのだろう。

話を眼のモチーフに戻そう。眼を散らした文様は次のような写本挿絵に登場する。ひとつは、アーサー王物語のひとつ『聖杯の探索』を含み、美しい挿絵をともなっているために古くから知られた写本、フランス国立図書館蔵のフランス語写本三四三番である[50]。写本はヴァランティーヌ・ヴィスコンティが育った宮廷で、すなわちミラノあるいはパヴィアで、おそらくベルナボ・ヴィスコンティのために、一三八〇〜八五年につくらせたことがわかっている。写本は未完成の状態で、おそらくベルナボの一三八五年の死によって中断されたと推測されている。ベルナボの死によってヴァランティーヌの父ジャン・ガレアッツが所有、一五世紀にはミラノ公ガレアッツォ・マリア・スフォルツァが所蔵していたことは、写本の表紙にある彼の署名から明らかである[51]。つまり、ジョウロのドゥヴィーズを使ったオルレアン公妃ヴァランティーヌの実家、ヴィスコンティ家の宮廷で制作され、その後は一四五〇年からミラノを支配したスフォルツァ家の初代ミラノ公に相続された写本である。今日、フランスで保存されているのは、ルイ一二世、すなわちシャルル・ドルレアンとマリー・ド・クレーヴの息子で、ヴァランティーヌにとって孫である彼が、一四九八年にシャルル八世の後を継いで王位につき、翌年、いわゆる第二次イタリア戦争のなかでミラノを支配、ルイ一二世が自らのブロワ城に運ばせたからである。

さて写本には第一葉裏から挿絵が始まり、眼を散らした服の人物は至るところに登場し、特定の人物に眼の模様が限られているわけではない。第一葉裏の挿絵は主人公ガラアドの騎士叙任式の場面で、リヨネルとボオールの二人の騎士が拍車をつけてやっているが、この二人が黄色の眼を整然と並べた青い服を着ている。第三葉には円卓を囲むアーサー王の騎士たちを描いた大きな挿絵が入っており、手前左に後向きになっている騎士の薄黄色の服に眼の模様が散っている（図Ⅳ-10）。第六一葉裏から『散文ランスロ』が始まり、第八六葉裏には冠を被った王シャステル・ド・レスペールが、彼の薄黄色の服の全体に眼を散らしている。第一〇六葉からは『アーサー王の死』が始まり、この頁にはランスロに頼みごとをする女性の姿を描いた挿絵がある。女性はウィンチェスターの武芸試合で、自分の袖を兜に付けて闘ってくれるよう、つまり女性のために闘ってくれるようにランスロに頼んでいる[52]。ランスロの服装には、左半分は紫の地に十字の模様が散り、右半分は黄色の地に眼が散っている。右脚には赤、左脚には黒のショースをはき、一四世紀後半の洒落た服装を示している。

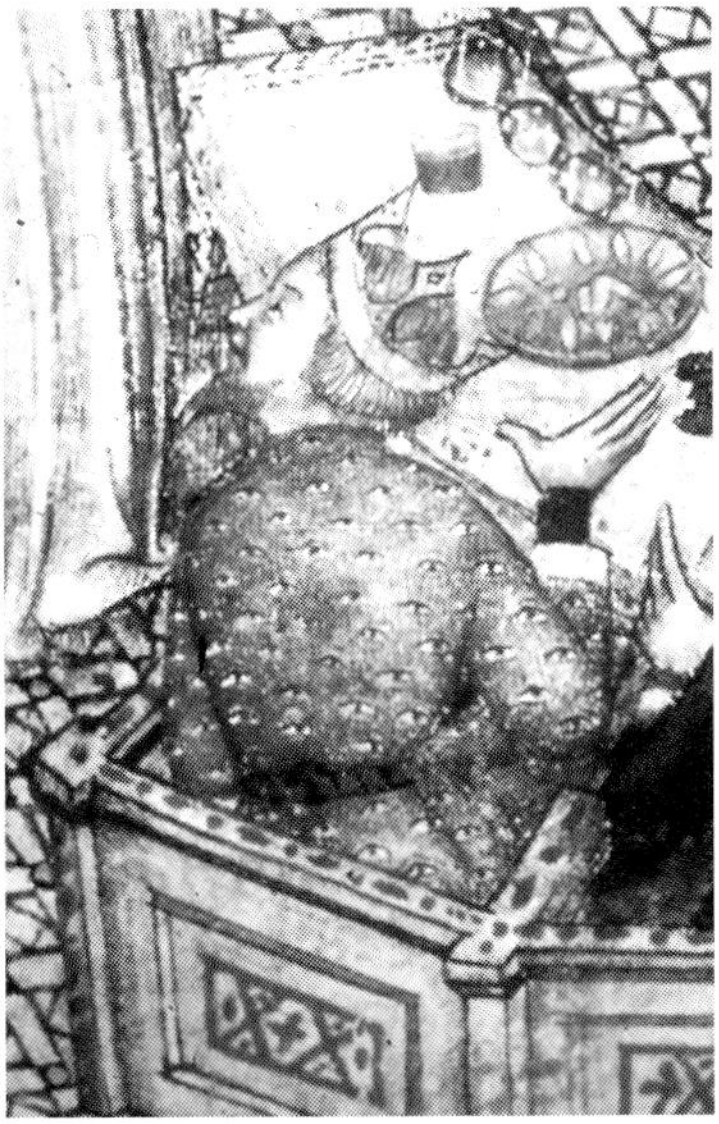

Ⅳ-10　アーサー王の騎士（BnF. Ms.fr. 343, f.3）

挿絵のなかには緑色の衣服に眼を散らした女性の例が第四三葉にあるものの、これを除けばいずれも黄色という色と結び付いていることは、トマス・ナッシュの描写に奇妙に一致する。同じくイタリアで制作され、眼の文様が頻出するもうひとつの写本、フランス国立図書館蔵新収フランス語写本五二四三番でも、事情は同じである。一三七〇〜八〇年頃に、同様にベルナボ・ヴィスコンティの注文によりミラノで制作されたと推測されるこの写本は、同じくアーサー王系の物語で『ギロン・ル・クルトワ』を含んでいる。第三葉から八葉まで冠を付けたアーサー王と数人の騎士を表わした挿絵が繰り返し出てくるが、アーサー王は常に眼を散らした服で登場し、その服の色は常に薄い黄褐色である（図Ⅳ-11）[53]。ただし、三四三番写本よりもこち

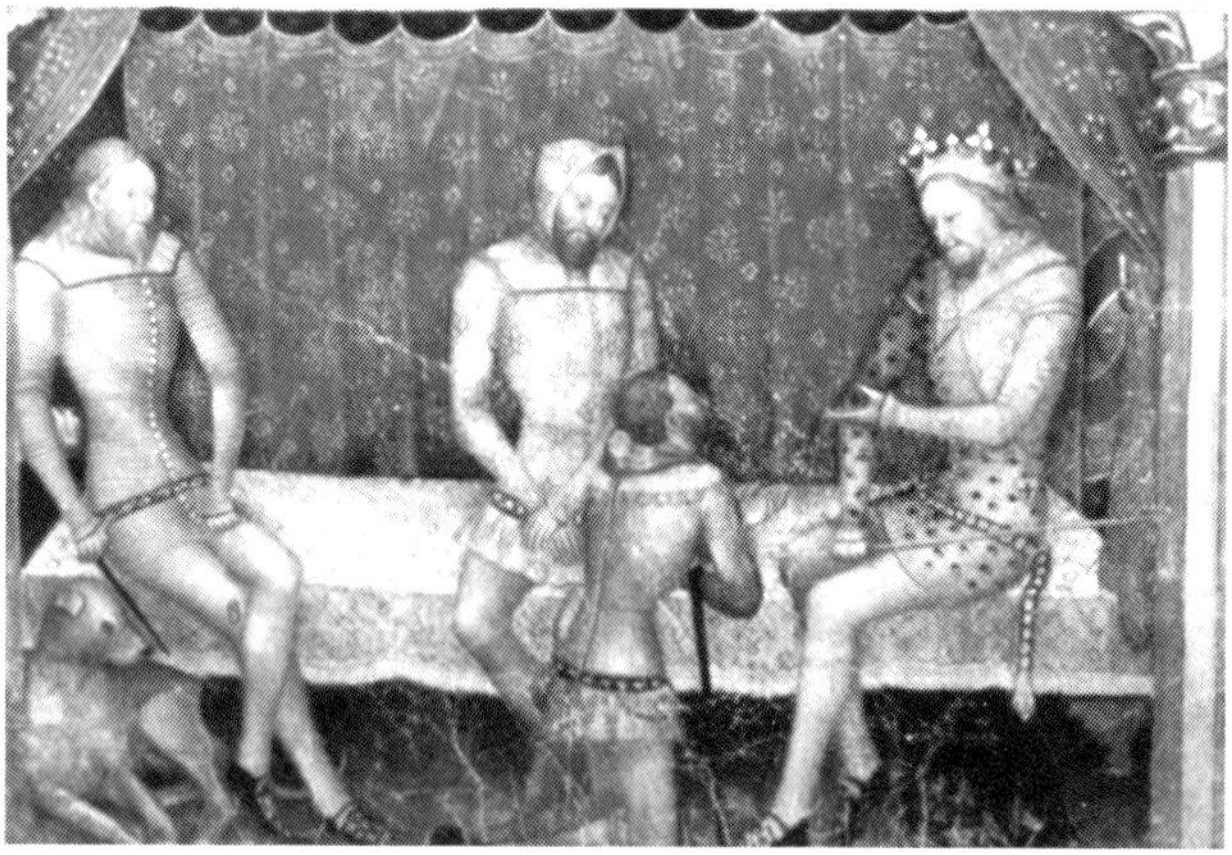

Ⅳ-11　眼を散らした黄色の服のアーサー王（右端）
（BnF. Ms.n.a.fr.5243, f.6）

らの写本成立のほうが早いから、この写本の眼の文様が三四三番写本に踏襲されたのかもしれない。豊かな挿絵の描写は、時代の風俗を教えてくれる第一級の史料として評価が高い。同様の眼の文様の例は、さらに同じ頃にイタリアで制作されたラテン語写本『ミサ典書』にもみえる（口絵：図Ⅳ-12）。

なぜ黄色が付き物なのだろうか。トマス・ナッシュの文章のなかで眼の模様を馬衣に表わした人物は失恋の騎士であり、その鎧もまた黄色であった。黄色あるいは黄褐色は一五世紀のフランスでも一六世紀のイギリスでも悲しみのシンボルとしてもっともよく知られた色である。黄褐色を示すフランス語のタンニン色は、恋の悲しみや憂鬱な心情を表わす色として、中世末期にクローズアップされた色であることは、筆者が既に指摘した通りである[54]。黄褐色は、恋の歓びを表わす緑色と対になって失恋の悲しみを表わす色として、シャルル・ドルレアンの詩《ロンドー》にも使われる表現である[55]。アシェルフォードは一六世紀のイギリスで黒（black）と黄色（yellow）が恋人の悲しみを表わす色であることを、ことばの比喩のみならず絵画の例を引いて述べている[56]。悲しみのシンボルである色と結び付くのであるなら、眼を散らした模様に悲しい恋の含意のある可能性がある。

眼を描いている挿絵の例をもうひとつ付け加えるなら、ペトラルカのフランス語訳本『トリオンフィ』の、一五世紀の写本挿絵である。「死の勝利」に添えられた大きな挿絵には黒い骸骨が黄金の輿におさまり、輿の上には女神が高らかにラッパを吹いて行列の最前列にいる（図Ⅳ-13）。後に続く軍人が手にする軍旗には十数個の眼が描かれている。死の悲しみを表わそうというのだろうか。

Ⅳ-13　死の勝利（BnF. Ms.fr.223, f.160v.）

　ピントゥリッキョ（一四五四〜一五一三年）がヴァチカン宮ボルジアの間に描いたアルゴスは、脚も腕も眼で覆われている。ギリシャ神話のこの百眼の巨人を思わせる眼の文様がいかにして生まれたかを知るには、眼のモチーフに関する文学・絵画上のいっそうの分析が必要である[57]。文様が生まれた背景には、眼を擬人化する文学の手法があったように思われ、これについては次章で述べることにする。眼と心がそれぞれ擬人化され、いわゆる「心と眼の論争」と言われる修辞、すなわち美しいひとを視たがために恋に落ち、恋煩いに苦しむ心がその責任を眼に負わせて詰《な》じるというレトリックもまたペトラルカになじみであった。このような擬人化は一五世紀フランスの抒情詩でも同様で、先に紹介したアンジュー公ルネの作品のなかで心が擬人化されていたのも同じことである。そしてこのような「心と眼の分離」の観念は一二世紀以来のトルヴァドゥールの詩にも、北フランスの宮廷風騎士道文学のなかにも、いくらでも見出せる。泣くことを「心から水が眼に上ってきた」という言い回しがあるのも同じ観念を示しており、この表現は後のエンブレム・ブックの蒸留器の形象化を思わせる[58]。中世が視るという行為にこだわったことが並大抵ではないことは本章でも次章でも述べることだが、おそらくそのようなこだわりが眼の擬人化、さらに眼の文様へと展開させることに貢献したに違いない。

改めてペトラルカとペトラルキスムを視野に入れて涙模様を考えるとき、そのルーツがフランスにあるとしても、一四〜一五世紀に涙と眼の文様が流行したことにはペトラルカ文学の貢献がある。一六世紀のペトラルキスムを視野に入れると、一五世紀ドゥヴィーズの文様がそのままその世界に当てはまるからである。少なくともイタリア文化の影響の下で広まったのが涙と眼の文様である。マリー・ド・クレーヴが自らのジョウロの標章を表わした写本はボッカッチョの『フィローストラト』で、アンジュー公ルネの家令を務めたルイ・ド・ボーヴォがフランス語訳したものであった。ルネはプロヴァンス領も治め、生活の各方面にイタリア趣味をもったことはよく知られている[59]。晩年にジョウロの標章を使ったヴァランティーヌは、北イタリアを勢力下に置いた最強の時代のヴィスコンティ家の出身である。ペトラルカが亡くなって数年後にヴァランティーヌは生を受け、二人はすれちがったが、ヴィスコンティ家はペトラルカをミラノに客として迎えた時期があった。ヴァランティーヌが育ったパヴィア城には見事な図書室があり、眼の模様を含んだ先の写本『聖杯の探索』はそこの一冊であったようにみえる。教養ある宮廷で成長した彼女は文学を愛し、オルレアン家に嫁いだ後もその蔵書から豊かな文学的素養が知られている[60]。ヴァランティーヌがジョウロをドゥヴィーズとしたきっかけは、夫の死に接した悲しみにあったが、その背景にはマリー・ド・クレーヴの場合と同じような文学的環境があったということになる。涙と眼の文様はイタリアとフランスの交流のなかで育まれたのであり、一四世紀末から着実に一六世紀のペトラルキスムに向かってエンブレムができあがりつつあった。

注

1 La complainte amoureuse（愛の嘆き）、la tristesse amoureuse（愛の悲しみ）、amoureux malheureux（不幸な恋人）などと呼ばれる。

2 Guillaume de Machaut, *Le Livre du Voir Dit*, Lettres Gothiques, 1999, vv.1356-83.

3 Guillaume de Machaut, *Œuvres*, éd. E. Hoepffner, 3 vols, SATF, Paris, 1911, t.II, *Remède de Fortune*, v.1489: «De soupirs en larmes noiez».

4 *Ibid.*, vv.1863-75: «C'est un escu dont la matiere / Est de souffrir a humble chiere, / Et le champ est de fin asur. / Mais il est si monde et si pur / Qu'il n'i a d'autre couleur tache / Qui le descouleure ne tache. / Un cuer de gueules a enmi, / Feru d'une flesche par mi / De sable; mais onques ne fu / Tel fer qu'elle a, qu'il est de fu, / A cinq labiaus de fin argent; Et trop y affert bel et gent / Ce qu'il est tous semés de larmes».

5 Gervais du Bus, *Le Roman de Fauvel*, éd. A. Långfors, SATF, 1914-19, vv.181-226.

6 *Remède de Fortune, op.cit.*, vv.1892-1910: «Te diray la signefiance: / Saches de vray qu'en tout endroit / Ou on descript armes a droit / La couleur de pers est clamée / Asur, s'elle est a droit nommée, / Le rouge gueules, le noir sable / Et le blanc argent; .../ Saches que le pers signifie / Loyauté qui het tricherie, / Et le rouge amoureuse ardure / Naissant d'amour loial et pure; / Le noir te moustre en sa couleur / Signefiance de douleur, / Blanc joie, vert nouvelleté, / Et le jaune, c'est fausseté».

7 Daniel Chaubet, Le duel Othon de Grandson – Gérard d'Estavayer du 7 août 1397, *Othon de Grandson, chevalier et poète*, Jean-François Kosta-Théfaine, Paradigme, Orléans, pp.11-42.

8 ジャン・ド・グランシエール Jean de Garancières の作品は、BnF. Ms. fr.19139 に所収。

9 Alain Chartier, *Le Cycle de la Belle Dame sans Mercy*, éd. David F. Hult et Joan E. McRae, Honoré Champion, Paris, 2003, La Belle Dame sans Mercy, vv.102-104: «Le noir portait et sans devise, / Et trop bien homme ressembloit / Qui n'a pas son cueur en francise».

10 *Ibid.*: «J'aperçus la flèche qui partait de ses yeux».

11 D. Poirion, *La Littérature française, le Moyen Age II, 1300-1480*, Arthaud, Paris, 1971.

12 本書では以下の訳書、および訳者による解説に拠る。ペトラルカ『カンツォニエーレ―俗事詩片』池田廉訳、名古屋大学出版会、一九九二年。F. Petrarca, Canzoniere, edizione commentata a cura di Marco Santagata, Mondadori, Milano, 1996 ; Cf. *Concordanze del Canzoniere di Francesco Petrarca*, a cura dell'Ufficio Lessicografico, Firenze, 1971.

13 Ch.-A. Gidel, *Les Troubadours et Pétrarque*, Angers, 1857, pp.70, 87.

14 瀬戸直彦編著『トルバドゥール詞華集』大学書林、二〇〇三年、五五－五七頁。

15 D. Poirion, *Le Poète et le prince, op.cit.*, p.618.

16 深作光貞「ペトラルカのラウラ」『イタリア学会誌』3号、一九五四年、四八－六六頁。

17 前掲『エンブレムの表象学』、前掲『エンブレム文献資料集』、前掲『東京芸術大学所蔵エンブレム本に関する美術史的研究』を参照。

18 前掲『綺想主義研究』一四六頁。

19 Maurice Scève, *Œuvres poétiques complètes*, éd. B. Guégan, Genève, 1967, p.282: Blason de la larme. ブラゾン Blason とは本来は紋章解説という意味だが、一六世紀には説明とか描写とかの意味で、短詩のタイトルとして使われるようになった。

20 Maurice Scève, *Délie* (1544), The Scolar Press, Yorkshire, 1972, p.95, CCXIIII(邦訳、モーリス・セーヴ『デリ―至高の徳の対象』加藤美雄訳、青山社、一九九〇年、一五四頁).

21 標語は «Mes pleurs mon feu décèlent»。ちなみに、フランスで使用されていた蒸留器が国立民族学博物館に所蔵されている。

22 Guillaume de la Perrière, *Théâtre des bons engins*, Paris, 1539, XXLIX

23 ダニエル・ヘインシウス『愛のエンブレム集』伊藤博明訳、ありな書房、二〇〇九年、一四九頁。

24 標語は «De mon feu viennent mes larmes». Albert Flamen, *Devises et emblesmes d'amour moralisez*, Paris, 1658; Cf. A. Flamen, *Devises et emblesmes d'amour moralisez*, Bibliothèque Interuniversitaire de Lille, Aux Amateurs de Livres, 1989, p.134.

25 G. Hasenohr, Lacrimœ pondera vocis habent, Typologie des larmes dans la littérature de spiritualité française des XIIIe-XVe siécles, *Le Moyen Français*, t.37, 1997, pp.45-63.

26 ダニエル・アラス『なにも見ていない―名画をめぐる六つの冒険』宮下志朗訳、白水社、二〇〇二年、二八頁。

27 J. Ashelford, *op.cit.*, pp.90-107.

28 標語は«Plantae Rigatae Magis Crescvnt». Otto Vænius, *Amorum Emblemata*, Antverpiæ, 1608, p.78-79.

29 前掲『愛のエンブレム集』六一頁。

30 Thomas Nashe, *The Unfortunate Traveller*, ed. Ronald B. McKerrow, *The Works of Thomas Nashe*, London, 1910, t.II, p.213: «I thinke on my cnscience, wepte out all the syder that he had dronke in a week before:»; «... haue wepte all my vrine vpwarde.»(邦訳、トマス・ナッシュ『不運な旅人』小野協一訳、現代思想社、一九七〇年、一八-一九頁).

31 同上、トマス・ナッシュ『不運な旅人』五二-五六頁、一六五-一六六頁、注。

32 Thomas Nashe, *op.cit.*, pp.271-272: «The right honorable and euer renowmed Lord *Henrie Howard*, earle of Surrie, my singular good Lord and master, entered the lists after this order. His armour was all intermixed with lillyes and roses, and the bases thereof bordered with nettles and weeds, signifieng stings, crosses, and ouergrowing incumberances in his loue; his helmet round proportioned lyke a gardners water-pot, from which seemed to issue forth small thrids of water, like citterne strings, that not onely did moisten the lyllyes and roses, but did fructifie as well the nettles and weeds, and made them ouergrow theyr liege Lords. Whereby he did import thus much, that the teares that issued from his braines, as those artficiall distillations issued from the well counterfeit water-pot on his head, watered and gaue lyfe as well to his mistres disdaine (resembled to nettles and weeds) as increase of glorie to her care-causing beauty (comprehended vnder the lillies and roses). The simbole thereto annexed was this, *Ex lachrimis lachrimae*». 前掲訳書、九〇頁。訳文は一部筆者が改訳。

33 Geneviève Hasenohr, Lacrimæ pondera vocis habent, Typologie des larmes dans la littérature de spiritualité français des XIIIe-XVe siècles, *op.cit.*; Piroska Nazy-Zombory, Les larmes aussi ont une histoire, *L'Histoire*, no.218, 1998, pp.68-71.

34 前掲、オットー・ウェニウス『愛のエンブレム集』一一六頁。Otto Vænius, *op.cit.*, pp.186-187.

35 前掲、ダニエル・ヘインシウス『愛のエンブレム集』一四九頁。Daniel Heinsius, *op.cit.*, III.

36 横山昭正『視線のロマネスク』渓水社、二〇〇九年、一六九-一七六頁。

37 モンテーニュ『エセー(四)』、岩波文庫、原二郎訳、一九八八年、二二一頁。

38 F. Morris, A Gift of Early English Gloves, *Bulletin of the Metropolitan Museum of Art*, New York, Vol.24, 1929, pp.46-50.

39 J. Ashelford, *op.cit.*, p.105, pl.73 & 74.

40 Henry Peacham, *Minerva Britanna*, London,1612, p.142.

41 前掲、シシル『色彩の紋章』三六－三八頁。

42 Cte de Laborde, *Les Ducs de Bourgogne*, *op.cit.*, t.II, no.4022: «Je, Guillaume Vlueten, Varlet de chambre et orfèvre de MS le duc de Bourgogne, Confesse avoir eu et receu—pour les parties de son mestier par lui faites,—assavoir (...)—pour avoir garny deux couteaulx d'Alemaigne, don l'une des garniture est à façon de fusilz, et l'autre à façon d'ung oeil larmoyant,—...».

43 人物の同定については、次を参照。*Manuscrits enluminés des anciens Pays-Bas méridionaux, I Manuscrits de Louis de Bruges*, Bibliothèque nationale de France, 2009, pp.111-113.

44 *Ibid.*, p.11. なおルイ・ド・ブリュージュの館は、美術館 Museé Gruuthuse として公開されている。

45 *Livre d'Heures de Madame de Boussu*, Bibliothèque nationale de France, Ms.Ars.1185.

46 H. Martin, Les «Heures de Boussu» et leurs bordures symboliques, *Gazette des beaux-arts*, t.III, 1910, pp.115-137.

47 前掲『綺想主義研究』三四五頁。

48 Thomas Nashe, *op.cit.*, p.274: «The fift was the forsaken knight, whose helmet was crowned with nothing but cipresse and willow garlandes: ouer his armour he had *Himens* nuptiall robe, died in a duskie yelowe, and all to be defaced and discoloured with spots and staines. The enigma, *Nos quoque florimus*, as who should say, we haue bin in fashion: his sted was adorned with orenge tawnie eies, such as those haue that haue the yellow iaundies, that make all things yellow they looke vppon, with this briefe, *Qui inuident egent*, those that enuy are hungry»（前掲訳書、九三頁。訳文は一部筆者が改訳）.

49 『中世英詩「梟とナイチンゲール」「三世代の問答」』関本栄一訳註、松柏社、一九八六年。以下の引用は、一四－一五、二七、三一頁。なお一五世紀末のブリュッセルで制作された《キリストの奇蹟の祭壇画》には、燕に襲われている梟の姿が描き込まれており、当時の動物誌に従って梟は異端や邪教を象徴し、鷲に襲われている白鳥とともに邪悪なもの対する正義の勝利を示すと解釈されている。この祭壇画の左翼には、フィリップ・ル・ボン、シャルル・ル・テメレール、ハプスブルク家のマクシミリアン、フィリップ・ル・ボの歴代のブルゴーニュ公とクレーヴ家のアドルフ、息子のフィリップ等の肖像が描き込まれた〈カナの婚礼〉図があることについて、以下の論文を参照。平岡洋子「メルボルンのヴィクトリア国立美術館像《キリストの奇蹟の祭壇画》—図像解釈と制作年代」『美術史』第一五五冊、二〇〇三年、一〇五－一二四頁。またクラーナハの一五〇二～〇三年頃の作品《ヨハネス・クスピニアン博士とその妻アンナの肖像》（スイス、ヴィンタートゥール、オスカー・ラインハルト・コレクション）には、夫の肖像画に燕を襲う梟が、妻の肖像画に白鳥を襲う鷲が描き込まれている。妻は手に薄い桃色のカーネーションの花を持っているから、結婚にかかわる肖像であろう。梟が小鳥仲間からいつも追いたてられ嫌われていることは、上記の『梟とナイチンゲール』にもあり、上記の祭壇画でも梟が燕にいじめられているが、肖像画では梟が燕を襲い逆転している。

50　*La Queste del Saint Graal*, BnF, Ms.fr.343; Cf. *Dix siècles d'enluminure italienne (VIe-XVIe siècles)*, B.N., Paris, 1984; M. Patoureau et M.-Th. Gousset, *Lancelot du Lac et la quête du Graal*, Anthèse, Arcueil, 2002.

51　P. Paris, *Les Manuscrits français de la Bibliothèque du roi*, t.II, 1838, Paris, Ms. fr.343 の項目。

52　*Manuscrits enluminés d'origine italienne, 3 XIVe siècle, I Lombardie-Ligurie*, Bibliothèque nationale de France, 2005, pp.66-71.

53　*Ibid.*, pp.60-65; J. Le Goff, *Un Moyen Âge en images*, Éditions Hazan, Paris, 2000, fig.171.

54　前掲『色彩の紋章』解説Ⅱ、一四三頁以下。前掲『色で読む中世ヨーロッパ』一九五－一九七頁。

55　Charles d'Orléans, *Poésies*, *op.cit.*, t.II, Rondeaux VI, XXXIX, CCCIV.

56　J. Ashelford, *op.cit.*, p.103.

57　M. Bensimon, The significance of eye imagery in the Renaissance from Bosch to Montaigne, *Yale French Studies*, 47, 1972, pp.266-290.

58　*Aliscans*, éd. Claude Régnier, Champion, Paris, 1990, t.I, v.2198, 2385: «L'eve del cuer li est as elz montee».

59　F. Piponnier, *Costume et vie sociale*, *op.cit.*, p.182sqq.; F. Robin, *op.cit*, Paris, 1985, p.229sqq..

60　E. Collas, *Valentine de Milan*, *op.cit.*, p.35sqq., p.121sqq..

第V章

心と眼の形象化

第❶節　〈心と眼の論争〉

1　心と眼の分離

涙模様はアーサー王物語に起源をもち、抒情詩のレトリックと結びついて展開したことをみてきた。この文様はさらにもうひとつの文学テーマを背景にしている。すなわち〈心と眼の論争〉というテーマである。心と眼がそれぞれ擬人化され、両者が恋の苦痛の責任がどちらにあるのかを論争するというテーマである。心が報われぬ恋によって苦痛を味わうのは、眼が彼女の美しい姿を見てしまったからであると、心が眼を非難するところから始まる論争は、ヨーロッパの人びとの考える恋愛メカニズムの根幹を示している。したがってこのテーマを視野に入れることによって、涙の文様が中世末期になぜこれほどの流行をみたのかがさらによくわかるはずである。〈心と眼の論争〉のテーマもまた、一二世紀の南フランスのトルバドゥールの作品にさかのぼることができる。フランスでもイタリアでもその伝統を受け継いだ文学作品は、心と眼の論争に進展しないまでも「心と眼の分離」と呼ばれる観念を顕著に示している。まず一五世紀に至るまでさまざまなかたちで作品に現れたその概要をみておこう。

最初に引用したいのは、一二世紀後半、三人のトルバドゥールが論争をする「ガウセルム・ファイディット殿とユック殿とサヴァリック殿による討論詩」である[1]。恋人にとってなにが愛情のしるしとして勝るのかを論争する短詩であり、論点は眼差しの問題に集中する。サヴァリック殿は、「愛情のこもった眼差しを投げること」、「やさしく手を握ってやること」、そして「微笑みながら足を踏むこと」のいずれが、愛情のしるしとして勝るのかと問題を提起する。これに答えてガウセルム殿は、美しい魅力的な眼で眺められたひとこそ最大の贈り物を得ていると主張する。それに対してユック殿は、眼はそのひとばかりか他のひとも見ているし、眼は数多くの求愛者を裏切ってきたと反論する。そして愛情は心から出てくるものだとするユック殿の主張に、ガウセルム殿は、「眼は心の使者」であり「心が眼を遣わしている」と反論している。心と眼がそれぞれ擬人化されて論争する趣向にはなっていないものの、心と眼の分離の観念はここに明瞭に示されている。「心の眼」という言い方は単純な比喩ではなく、眼は心に通じているという意味である。

北フランスの詩人トルヴェールを代表する一二世紀のクレチャン・ド・トロワは、物語『クリジェス』に眼と心にかかわる表現のヴァリエーションを多々示している。物語の冒頭、ソルダモールがアレクサンドルを見初めて恋に落ちる経緯は、ソルダモールが心にアレクサンドルからの矢を受けて傷つき、アレクサンドルを見つめずにはいられなくなるという表現で語られている。彼女は自らの心の苦痛の原因を眼にあるとし、これを非難する。一方のアレクサンドルも心は愛の矢に傷つき、にもかかわらず傷つくことのない眼には、自らの苦痛の責任があると、同様の考えを示している[2]。二人の恋の誕生はこのように、心に受けた苦痛の責任を眼に転嫁することによって語られる。同じクレチャン・ド・トロワの『イヴァン』には、美しい寡婦ローディーヌに心打たれた騎士イヴァンを語りながら、眼による一撃は槍の一撃より鋭いと述べるところがある[3]。そして一三世紀に、ギヨーム・ド・ロリスの『薔薇物語』が恋の経緯にこのような観念を織り込んだのは、恋愛のなにかを語る作品としては当然であろう。主人公が薔薇のつぼみ

V-1　視線の矢を放つ（オットー・ウェニウス『愛のエンブレム集』1608年）

に恋したとき、後をつけてきた愛神の射た矢は、主人公の眼を貫いている。恋の矢が心臓ではなく眼を射るのは、言うまでもなく眼が美しい相手を見たことによって恋の始まったことを示すためである。弓矢を携えて、愛神に従う若者が〈優しい視線〉という名をもっていることも同じことである。そして眼と心の関係がことさらに説明されるのは、愛神の説教においてである。意中のひとが遠くにあって会えない苦痛を、恋人たるものは「どうして心だけを行かせてしまったのだろう」と嘆き、心に眼を付き添わせることのできないことを悲しむだろうと愛神は主人公に教えている[4]。ここには次節に述べる心身分離の観念、すなわちひとを愛するとき、心は肉体を離れ、愛するひとのもとに留まるとするトルバドゥール以来の観念が示されている。このような展開のなかで、一四世紀のギヨーム・ド・マショーの『愛の慰め』が、赤いハートに黒い矢の突き刺さった、前章に述べた今日的な形象を記録しているのは異例である。後に、一七世紀のエンブレム・ブックは、女性の眼から視線の矢が次々と発せられ、男の胸に突き刺さる様子を描いている（図Ⅴ-1）。オットー・ウェニウスの『愛のエンブレム集』は、〈愛は涙のように、眼から生まれ、胸に落ちる〉という標語に続けて次のように言う。

「息子よ、おまえはウェヌスの武器も弓も必要としない。
見よ、われわれの少女は両眼から武器をもたらす。
彼女は途切れることなく打ち続け、傷の上に傷を負わせる。
ああ、なんと多くの、美しい光がわが刑罰となることか。

美しい両眼による傷
アモルは弓と矢をもって平然としている。
わが女主人は自ら視線によって武装し、
わが心に鋭い矢を刺して、
それはおまえの矢よりも鋭い」[5]。

このようなレトリックのなかで語られる眼は、美しい女性を視て動揺する男性の眼でもあり、また優しい視線を投げかける女性の眼でもあるが、いずれにしろ恋の誕生に眼の担う役割の大きさが語られているのであり、それがヨーロッパの伝統として受け継がれてきた。

さて一五世紀に心と眼の論争というテーマとして展開したとき、このテーマの流行を証言しているのはシャルル・ドルレアンである。たとえば「眼と心のあいだに論争があることはよく知っている。一方は恋をしたいと言い、もう一方はそんなことは望まないと言う」、あるいは「私の心は私の眼と闘っているが、彼らが和解することは決してない。眼がなにかを知らせてくると、いつも苦痛が増すと心は言う。どう考えたらよいのか私にはわからない。どちらが間違っているのだろうか」[6]など、彼の詩にいくらでも証言を拾うことができる。

一方イタリアでは、一四世紀のペトラルカの作品にもこのテーマはあった。たとえば『カンツォニエーレ』八四章は、「眼よ泣くがいい、心を追って泣くがいい、きさまの失敗のために　死ぬほど耐えた心の後を」という書き出しで、心と眼の論争が繰り広げられている[7]。

涙をめぐるレトリックと同様に、〈心と眼の論争〉、あるいは恋愛のメカニズムにおける心と眼の分離の観念もトルバドゥールからペトラルカへ、そしてクレチャン・ド・トロワ等の北フランスの詩人からシャルル・ドルレアンへと続く中世ヨーロッパ文学の伝統である。あるいはむしろ「心と眼の分離」の観念こそが涙のレトリックを産み、増殖させていったといえるのかもしれない。抒情詩の世界と重ね合わされた涙の文様の本質をとらえるには、〈心と眼の論争〉のテーマを見過ごすわけにはいかない。

2　ミショー・タイユヴァン『心と眼の論争』

〈心と眼の論争〉を一〇三節から成る八音綴八二四行の詩に展開させたのは、ブルゴーニュ公フィリップ・ル・ボンに仕えたミショー・タイユヴァンという詩人である。[8] 一四四四年頃に書かれたとされるこの詩には、当時の武芸試合に現れる涙滴文を彷彿とさせる〈心〉と〈眼〉の一騎討ちの情景があることも重要である。ブルゴーニュ公領では、一四四三年に「シャルルマーニュの樹」と冠された武芸試合が開かれ、挑戦者を募る道具として涙滴文の盾が準備されていた。武芸試合で涙滴文が登場する最初の例である。その後一四四九～五〇年には「涙の泉の」と冠された武芸試合が開催され、同じように涙滴文の盾や衣服が登場していたことは既に詳述した通りである。つまり、ブルゴーニュ家における涙滴文の流行の直中でミショー・タイユヴァンの作品『心と眼の論争』は書かれたのであり、しかも作品のなかには実際の武芸試合を思わせる〈心〉と〈眼〉の一騎討ちの情景がある。

ミショー・タイユヴァンは一三九〇～九五年頃に生まれ、一四二六年頃から一四四八年までブルゴーニュ公フィリップ・ル・ボンに仕えた後、一四五八年頃に亡くなったらしいことが、給金支払いの文書等によってわかっている。「従者」varlet de chambre、あるいは「笑劇演者」joueur de farces という肩書きで記されているから、公フィリップの身辺で宮廷での遊興の任務を負っていたことがうかがわれるが、記録は「騎士見習《エキュイエ》い」、「宮廷楽人《メネストレル》」といった職種の間に彼をはさんで記しているから、その身分は決して高くはない。とはいえ給金の支給が頻繁な時期があり、公に重用されたようでもある。[9] 記録からは詩人として公フィリップに認知されていたようにはみえないが、少なくとも一四編の長短の詩を残しており、それらを含む写本も今日に三四冊残されているから、文学上の貢献は決して小さくはない。ボエチウスの運命論の系譜にある『運命の統治』、公フィリップの事績を語った『金羊毛騎士団の夢』など作品のジャンルの幅も広い。自身の人生を抒情的に綴った『過ぎし方』は「ミショーが過ぎし方」の名で、同時代の作品に少なからぬ反響の跡を残しており、これを冠した作品の流行さえ促している。シャルル・ドルレアンの詩に、このことばが擬人化されて登場するのもミショーの詩に由来するという[10]。

『心と眼の論争』の梗概は単純である。五月の初め、詩人は鹿狩りの途中で若者の一団に出会い、ひとりの美しい女性に心奪われる。やがて狩りの仲間からはぐれ、森の中で過ごした一夜の夢の中に〈心〉と〈眼〉が現れ、論争は始まる。お前が彼女を見たがゆえに私は死ぬほど辛い一撃を受けたと、〈心〉は〈眼〉を詰る。なぜ「口が求愛し、耳が彼女の約束を聞く」まで待たせてくれなかったのかと、〈心〉は〈眼〉を糾弾するが、〈眼〉は責任を認めない。ふたりはヴィーナスの息子〈愛神〉に仕える厩吏〈燃える欲望〉に調停を求めるも成立せず、〈愛神〉の立ち合いのもと論争は決闘へともちこまれる。激しい闘いに〈憐憫〉が割って入り、〈愛神〉に願って闘いを止めさせる。二人はヴィーナスのもとに連れて行かれ、〈眼〉は、彼女を視たのはそもそも〈心〉が望んだからだと反論する。二人の和解を望んだヴィーナスは、この論争をすべての恋人たちに知らせようと記録させ、説得ある判定をくだしたものには報償を出そうと提案する、というところで詩人は夢から覚めるという話である。

〈心〉と〈眼〉の一騎討ちの場面は当時の武芸試合を思わせるばかりか、〈愛神〉の伝令使を務める〈視線〉によって闘技場に呼び出された〈心〉は、次のように涙で覆われた馬に跨がっている。

「心は眼と闘うためにやってきた
涙で覆われた軍馬に乗って
喪でつくられた馬具で装備して。

六つの溜息が彼の紋章で、
陣羽織に描かれていた
嘆きの声で刺繍がなされ
そして闘いの剣は
悲しみに浸されていた」[11]。

もちろん、徹底した擬人化の手法とともに、宝石や花々を用いた空想的な情景・人物描写が特徴のこの詩において、文中の「涙」は、「喪」「溜息」「嘆きの声」「悲しみ」などとともに、ことばの比喩にすぎない。とはいえ試合に臨む騎士が馬衣に涙滴を散らして登場する当時の武芸試合を想像することは飛躍ではないだろう。むしろ現実の情景からこのような描写が生まれたと考えるほうが自然であるかもしれない。既に述べてきたようにこの頃、涙滴文のドゥヴィーズが大流行していたのだから。

そして「六つの溜息」という紋章の描写は、アンジュー公ルネが、やがて一四五七年に書くことになる『愛に囚われし心の書』の主人公〈心〉の紋章を思い起こさせ、さらに興味深い。ルネの作品のなかで主人公の〈心〉が所持するのは、忘れな草の花が三つ「苦しい溜息で縁取りされている」盾であった。そしてこのテクストに添えられた挿絵のひとつは、溜息をまさに涙滴で形象化し、描き込んでいた（図Ⅲ-3参照）。すなわち盾の中央に三つの青い忘れな草の花を配置し、盾の輪郭をたどるように涙のしずくが縦に行列をつくった図柄である。大貴族でありながら文学者として名高いアンジュー公ルネに比べれば、ミショーは遊興の任務を負った無名と言ってもよい存在であるが、ミショーの表現がルネにはるかに先駆けていることは注目に値する。

つまり涙滴文の流行に対するブルゴーニュ家の貢献が、ミショーの作品の存在によって明確になる。アンジュー公ルネとシャルル・ドルレアンの文学上の影響関係、あるいはマリ・ド・クレーヴを介したオルレアン家とアンジュー家の文学交流については既に述べたように少なからず知られているが、涙滴文の流行を促したブルゴーニュ家の文学上の貢献は必ずしもはっきりしたものではなかった。もちろん、ブルゴーニュ公を叔父にもち、その宮廷で育てられたマリー・ド・クレーヴが、ブルゴーニュとオルレアンとアンジューの三家を繋ぐ要になったことは確かである。とはいえ、公フィリップ・ル・ボンが文芸の愛好家であったものの、ルネやシャルル・ドルレアンのように作品を残さなかったがゆえに、ブルゴーニュ家の文学上の貢献は必ずしもはっきりしなかった。ミショー・タイユヴァンは、その空隙を埋めてくれる詩人である。

ミショー・タイユヴァンは『心と眼の論争』を書いた一四四四年に、アンジュー家を訪れているが[12]、この年はアンジュー公ルネの娘マルグリットとイギリス王ヘンリー六世の婚約が整ったときであった。何度も繰り返すけれど、雲から落ちる美しい雨粒を袖に表わした男の姿があったデボンシャー家のタピスリーの連作の一枚〈熊狩り〉は、このマルグリットの結婚に際しイギリスに渡ったものだった。アンジュー家の宮廷でもこの頃に涙滴文は流行していた。一四四六年（あるいは一四四八年）のソミュールの武芸試合、一四四九年のタラスコンの武芸試合、いずれにあっても涙滴やジョウロの標章が登場していたことも既に述べた通りである。涙滴文はブルゴーニュ家が先か、アンジュー家が先か、影響関係の詳細はわからないが、両家の文学交流のなかにミショーの存在がある。ミショー・タイユヴァンはブルゴーニュ家の涙滴文の文学的根拠とも言える詩人であり、またブルゴーニュ家とアンジュー家の文学交流を証す詩人でもある。

〈悲しみの恋人〉あるいは〈愛の嘆き〉と称され、一四世紀末から流行した抒情詩の世界が涙模様の流行を促したことを理解するには、以上に述べたような「心と眼の分離」の観念の存在を知っておかねばならない。眼によって引き起こされた心の苦痛が、その復讐として涙を流させるという理屈を生むからである。この理屈を述べる前に、見るという行為、すなわち視覚という感覚が中世にいかに重視されたかについて確認しておこう。

3　視覚の優位

心と眼の論争のテーマでもっとも興味を引かれるのは、恋愛が見ることによって始まるという前提である。一眼惚れということばあるから、生活の経験から誰でも理解はできるけれど、ここには長い文学上の歴史がある。心と眼の分離の観念はそもそもアラビア文学からの影響が大きく、また視覚を愛の誕生にもっとも重要な感覚とみる観念はプラトンにまでさかのぼるとする見方がある。恋人を追って心が身体を去るという観念もプラトンが示唆しており、心と眼の論争の可能性が既に示されているという。ただし眼を罪深いものとして断罪する観念は旧約聖書を生んだヘブライ文化によるところが大きいとされる。古代ギリシャやローマ、アラビア、ヘブライ、さまざまな文化の交差のなかで心と眼の論争は準備されてきた[13]。

中世の恋愛思想が視覚という感覚にいかに優位を与えたかについて改めて確認しておこう。いわゆる宮廷風恋愛の指南書である司祭アンドレによる『恋愛法典』が、その冒頭で恋愛を定義して「愛とは美しい異性を見て、それを極端に想い詰めることから生れる一種の生得的な苦しみである」としたのはもはや引くまでもない[14]。「眼の一撃は槍の一撃にまさる」と騎士の恋を述べたのはクレチャン・ド・トロワの『イヴァン』であり、薔薇の蕾に恋をした主人公が愛の神に射たれた矢を心臓ではなく眼に受けることは『薔薇物語』のエピソードであることは先に触れた通りである。リシャール・ド・フルニヴァルの『愛の動物誌』は、視覚が五感のなかでもっとも高貴な感覚であると繰り返しているばかりか、死肉をあさるカラスが先ず眼を突つくのも眼による誘惑を暗示すると奇妙な説明をしている[15]。シャルル・ドルレアンも「恋の使いの眼差しよ、おまえによって哀れな心は囚われた」と言う[16]。恋愛における視覚の優位を説く作品の記述は枚挙に遑《いとま》はないが、以下に『黒色という名の女と黄褐色という名の女の論争』という作品を引いておこう。シャルル・ドルレアンを囲む詩のサークルで生まれたと推測されるうえに、恋愛をめぐってどちらがより不幸かを論争する千行足らずのこの詩が問うのは、徹底して視覚の問題だからである[17]。

黄褐色という名の女性は、愛するひとが遠くにあり、会うことも声を聞くこともかなわず、しかも彼が生きているかどうかさえわからないと自らの不幸を嘆く。一方、黒色という名の女性は、心を寄せたひとの姿を毎日見ることはできるものの、それ以上のことを彼からなにひとつ得られないという悩みを抱えている。はたして二人のどちらがより不幸なのかという論争である。二人は自分こそがより不幸であると主張するが、論争は決着せず、それぞれが推薦する二人の女性に審判を仰ぐことになる。すなわち、黄褐色の女性はマリー・ド・クレーヴを、黒色の女性はマルグリット・ド・ロアンを指名する。審判者として引合いに出されたこの二人の女性がシャルル・ドルレアンの妻と弟の夫人であることが、作者をシャルル・ドルレアン、あるいはその周辺のひとであると推測する理由である。

愛するひとの姿を見ることができないという悩みと、いつでも姿を見ることはできるけれど愛を得られないという悩み、どちらがより不幸かというこの論争のなかで興味深い台詞は、黒色の女性が黄褐色の女性に次のように言うところにある。

「わたしがあの人を想うほど、あなたは
恋人のことを想ってはいないでしょう、
というのも眼が働いていないところで
心がそんなに想うということはないのですから」[18]。

つまり見ることのできないひとを想う心より、見ることのできるひとを想う心のほうがその想いはより強く、したがって、それにもかかわらず報われない心はより辛いという理屈である。より不幸であると主張する黒色の女性は、彼の姿に「眼はいつも歓んでいるけれど、心はいつも泣いている」と言い、「わたしの心はいつも涙で濡れている」と繰り返す[19]。その表現はミショーの詩において涙滴文で武装した〈心〉の姿を思い浮かばせるだろう。ちなみに二人の女性の代名詞となっている黒色と黄褐《タンニン》色は、いずれも悲しみのシンボルとして一五世紀によく使われた色で、二人がこの色のドレスを着ているがゆえの命名である。黄褐色のドレスの裏地はスミレ色、その帯は黒であり、一方の黒いドレスの裏地も同じくスミレ色、帯は黄褐色である。黒と黄褐色とスミレ色という三色は、中世末期にいずれもきわだって喪と悲しみを表象する色であった[20]。

視覚を他の感覚の上位に置く観念は、必ずしも恋愛思想を語る際に限られるのではない。当時の百科事典の類にも顕著である。一三世紀イングランドの修道士バルトロマエウス・アングリクスの『事物の属性について』は一五世紀にかけてフランス語訳もなされ、広く読まれた百科全書と言うべき書であるが、折に触れて視覚がもっとも高貴な感覚であることを繰り返している。第三巻一七章「視覚について」では、「視力あるいは視覚は、その他の感覚よりも精妙で活発である。イシドルスが主張しているように、視覚（visus）という名は活発（vivacitas）に由来する。またその他の感覚より優れており、それゆえに位置に従えば、その他のものの上位にある」とし、第五巻二章「頭の属性について」では「眼はもっとも高貴であるがゆえにもっとも高いところにある」と述べている[21]。

視覚に優位が置かれ重視されれば、それゆえに見ることを断罪する意識もまた強いことになる。キリスト教の倫理において見る行為が危険視されることは、宮廷風恋愛の思想においてそれが尊重されることと裏腹の関係にある。女性教育の書が軽卒に見ることを戒しめるのはこのためであり、自らを誇示する贅沢な衣裳が淫乱の罪と結び付けられ断罪されるのも同じことである。一四世紀末、娘の教育書として書かれた『ラ・トゥール・ランドリーの騎士の書』は、禁断の木の実を食べ、ひとが天国を追われたのもすべてイヴが見たがゆえの誤ちと断じる[22]。つまり木の実が美味しそうに見えたというのが原罪の発端なのである。道徳書が女性は前方に視線を落として歩くよう諭すのも[23]、軽卒に見てしまうことを防ぎ、悪しき恋に落ち入らぬよう用心させるためである。キリスト教の倫理の世界では眼は罪深いのであり、旧約聖書に基づくこの観念は、恋愛の発端となる眼を断罪し、罰として涙を流させるという理屈を生み出したように思われる。

ところで、眼あるいは視覚にまつわる中世のこのような観念を、小説のモチーフとして使った近代フランスの作家がいる。中世以来のヨーロッパの愛の伝統を素地として『恋愛論』を著わしたスタンダールである。彼の小説『パルムの僧院』は、北イタリアのパルム大公の宮廷を舞台に、主人公ファブリスと周辺の貴族たちのさまざまな愛のかたちを交錯させた恋愛小説である。小説の末尾にペトラルカの旧邸への言及があり、さらにファブリスが愛するクレリアにその思慕を伝えてハンカチにペトラルカのソネットをしるすエピソード、そしてもはや結ばれる希望のない二人が、想いを断ち切れず、ペトラルカのソネットを通して密やかに心の内を知らせるエピソードがあり、ゆえに作品がペトラルカの影響のなかで成立し、眼と視線の織り成す物語であることは既に横山昭正氏によって詳細に分析されている[24]。ペトラルカ流の愛のモチーフを用いたこの小説は、中世の恋愛思想における眼の役割をあますところなく使っているようにみえるが、ここではペトラルカに取材されたと思われる眼にまつわるレトリックに注目してみよう。

殺人の罪で要塞に囚われたファブリスに毒殺の危機が迫るとき、彼を助け出さんと、獄吏のコンチ将軍の娘クレリアは、父を裏切る。その償いとして父の勧める有力貴族との結婚を決めたとき、彼女は彼との恋を諦めて「わたしの眼はけっしてあのひとを見ませぬ」と聖母に誓う。しかしやがて宮廷の夜会で、人妻となったクレリアは、今や補佐司教として黒服をまとったファブリスと眼を合わせてしまう。そのときある夫人によって歌われているのはチマローザの「なんというやさしい眼！」、そして二人の眼がぱったりと出会ったとき、「わたしの眼は二度ともうあなたを見ない」と、涙を流してファブリスは苦痛をこらえる。そして彼は「あのひとを見る歓びになぜ抵抗する」のかと自問し、「あのひとのひと目で恍惚とする」と素直な気持ちを吐露する。ペトラルカのソネットを通して二人が会話を交わすのはこのときである。ファブリスが自らの今の不幸を訴えたソネットに答えて、クレリアが返したソネットは「いな、わが心かわるを見たもうことあらじ、われに愛を教えたまいし麗わしの眼よ」。心変わりを疑ったファブリスに、クレリアはあなたを忘れたことはないと答えている。麗しの眼とはペトラルカにおいてはラウラの眼であり、ここでは愛するファブリスの眼であり、またクレリアの眼でもあるかもしれない。物語の最後では、クレリアは密かにファブリスを邸に迎え、彼女は男の子をもうける。二人の逢引は続くが、ファブリスを決して見ないという聖母との約束に従って、彼女が彼を迎えるのは常に夜であり、部屋に灯をつけることも決してなかった。「眼の幸福」を拒否したのである[25]。

見る行為の主体を「わたしの眼」とするレトリックは、ペトラルカや中世の抒情詩の眼の擬人化に通じる修辞であることは言うまでもない。『パルムの僧院』はヨーロッパの恋愛思想が視覚に認める意味を敷衍したような小説である。中世の恋愛思想における視覚の重視とは、まさにスタンダールが作品に語ったようなことなのである。

4　「心から眼に水が上る」という表現

『黒色という名の女と黄褐色という名の女の論争』もミショーの『心と眼の論争』も、「心は涙に濡れている」と表現していたが、これは単なる比喩なのではない。涙は心に生じるのであり、次いで涙は眼に送られ、ゆえに涙は眼からこぼれ落ちると中世のひとは考えていた。『カンツォニエーレ』五五章が、「なれば　千々の涙をあちこちにふり撒いて　悲しみよ　火花や餌を抱えた心臓から　眼への通い路抜けて　滴り落ちるがいい」と歌う通りである[26]。実は中世のフランス語にこれを直截に示す表現がある。そして涙が心から眼に送られることには当時の科学的思想の裏付けがあった。

涙が流れるという意味で、中世フランス語は「心から眼に水が上る」[27]と表現することがある。一二世紀以来、悲しみの感情を示す際に少なからず使われてきた言い方で、たとえば武勲詩『アリスカン』には、男女の別れのシーンなど三カ所にこの表現が登場する[28]。ペトラルカの上の表現はこれを詩的な文脈に移し変えたようなものである。そして心から眼に涙が送られるというこの観念が、実は当時の医学に根拠をもっていたことが、師ティメオと弟子のプラシドの対話というかたちで書かれた一三世紀の百科事典『プラシドとティメオの対話』に示されていることが既に指摘されている[29]。ティメオによれば、ひとの身体の分泌物は、汗であれ、尿であれ、精液であれ、唾液であれ、すべてが血液に由来し、同じように涙も血液に由来するという。以下の説明は、ひとの身体の諸器官を述べるところで、精液が心臓に由来する「純粋血」から生じると述べた後に、血の循環を紅海にたとえて語るところである。

「と言うのも……紅海と同じように、ひとの血は、上ったり下ったりさまざまな方向へ分かれている血管を行ったり来たりするからである。脳の血は鼻に下り、あるときは心臓の血が眼に上り、肺の血は口へと行く。眼に上る血は、あるときは悲しみによって、あるときは歓びによって、またあるときは哀れみによって、さまざまな理由で涙になる」[30]。

中世の医学によれば、涙とは心臓に由来する血液であり、感情の高揚によって眼からこぼれ落ちるものである。そして悲しみや歓びの感情が存在し、なにかを考えたり想ったりする場所が胸に位置することにも著作は触れている。心臓に感情の中枢があるとする観念は、五感の上に「共通感覚」があり、それが心臓であるとするアリストテレス『霊魂論』にさかのぼり、中世にトマス・アクィナスによって愛の源が心臓であると理論化されたことによると考えられている[31]。心臓に感情の中枢があるとする中世人の認識は既によく知られていることだが、以下にティメオの説明を引用しておこう。ひとの身体をミクロコスモスとして解説するなかで、頭は天と火、二つの眼は太陽と月、そして胸は空気に対応すると述べるところに次のような一文がある。

「ひとの胸は空気を表している、と言うのも空気の中に風や雲や明かりや暗闇があるように、まったく同様、ひとの胸の中に想いや思考や歓びや悲しみがあるからだ」[32]。

ひとを想うのは心臓であり、ゆえに〈心〉が身体を離れて恋人を追うという文学レトリックが生まれ、既に触れたように恋の想い出に聖遺物箱に心臓が納められて恋人に送られるというエピソードが生まれる。ペトラルカが『カンツォニエーレ』二二三章で「魂から眼に送られるは涙」と語り、フランス語の表現が「心から眼に水が上る」と言うのは、ひとの身体をいかに考えていたかという当時の医学の知識に裏付けられている。心臓と涙のこのような関係を知るならば、一六世紀のペトラルキスムのなかで生まれた蒸溜器のエンブレムもいっそうよく理解できるはずである。愛神のふいごでかきたてられた炉の炎と、炉にかけられた蒸溜器の管から一滴一滴としたたるしずくという愛のエンブレムは、心臓と涙のからくりを見事に解いた表象であると言わざるをえない（図Ⅳ-2、Ⅳ-3参照）。そしてここまでみてくれば、ハート型という心の形象化が生じるのは自然であろう。

第❷節　心の形象化

1　心身の分離

これまでたびたび引用してきたアンジュー公ルネによる寓意物語『愛に囚われし心の書』は、主人公〈心〉が、〈慈悲〉という名の女性を求めて旅に出るという話である。

Ⅴ-2　心臓が旅に出る（オーストリア国立図書館 Codex Vind.2597, f.1）

このような物語の設定が、眼と対立する心の擬人化によって生まれた話であることはもはや言うまでもない。そして、心が身体を離れ、女性を求めて旅に出るということの物語が、心が恋人を追って身体を去るというトルバドゥール以来の修辞を敷衍したものであることがわかれば、一見して奇妙な寓意物語のすべてが理解できるだろう。ウィーンの国立図書館が所蔵する『愛に囚われし心の書』の写本挿絵には、その第一葉に赤いハート型の大きな心臓が男の胸から取り出されている場面が描かれている（図Ⅴ-2）。その後、挿絵のなかで〈心〉は鎧兜に身を包んだ騎士となり、すっかり擬人化されるけれど、心にかたちを与えることは、愛するひとを追い、心をなくしてしまうトルバドゥールの詩にまことに適っている。トルバドゥールにとって、心奪われた恋人は文字通り心を奪われ、「わたしは心をなくし、貴女はそれを二つ持っている」[33]。身体から浮遊し、愛するひとのうちに留まる心という心身分離の観念は、一二世紀の南フランスのトルバドゥールの作品から、一五世紀イタリア、フランスの抒情詩に至るまで受け継がれていく。

心身の分離の観念については既にイタリア中世文学の領域で浦一章氏によって詳細に検証されている。浦氏は、心理的な心と臓器としての心臓とのあいだの関係を論じ、ハート型の形象化の問題に踏み込んだ興味深い解釈を示している。イタリア文学に心身の分離がどのように示されているのか氏の著作を道しるべとしてみておこう。心身分離の観念は中世イタリアの文学により顕著に現れている。

ダンテの『新生』は、一二九二～九三年に執筆されたとされる自伝風の恋愛体験記である。ダンテはベアトリーチェを愛している。しかしその愛をカムフラージュするために、別のある女性を愛しているように装っている。その女性がフィレンツェから去り、また自身にもフィレンツェから旅立たなければならない用件ができる。ベアトリーチェから遠く離れねばならない事態に、彼は「たいそう憂鬱で、心に感じる苦悩を溜息ではきだすこともできぬほど」である。その「溜息の道」の旅の途中、愛神が詩人の前に現れ、女性の不在が長く続くから別の婦人をカムフラージュにするよう忠告するのだが、それが次のように心臓の移動によって語られている。「私は汝があの人に預けておいた、汝の心臓をここに持ってきている。これをかつての彼女がそうであったように、汝の防御となるべき婦人のところへ持って行く」と[34]。

ボッカッチョ（一三一三～七五年）の作品『フィローストラト』は、既に触れたようにトロイアの王子トロイオロとクリセイダの恋を語る物語だが、彼らの恋の心理もまた心臓の移動によって語られている。愛神の放った矢に傷ついたトロイオロは、眠りも食欲も奪われて蒼白く、溜息をついて悲嘆に暮れている。クリセイダの従兄パンダロの仲介で、彼の想いは彼女に伝えられ、二人は心を確かめ合うことができる。しかしクリセイダは、トロイアとギリシャの捕虜交換の協定によってギリシャ方に寝返った父のもとに行かなければならない。その知らせを聞いて悲しんだクリセイダはトロイオロを想い、「彼女の肉体はそこに在るが、その魂は別のところにあって、トロイオロを、どこに居るとも知らず探し求めて」いる（第四部八二節）。別れの前にトロイオロと語るクリセイダは彼の腕の中で気を失うが、やがて感覚を取り戻す。「そして、彷徨っていた、彼女の魂は、浮遊していた所から、彼女の心臓に戻って来た」（第四部一二四節）。クリセイダは十日後には必ず戻ってくると言って出発する。ギリシャに着いたクリセイダは、大喜びの父親に迎えられたが、彼女は「こうした惨めな状態にあっても、ひたすら、トロイオロに、自分の心を、止め置いた」（第五部一四節）。一方、心休まらぬトロイオロは、彼女との想い出の場所を訪れ、彼女に心奪われたときを次のように言う。「ここからなのだ、僕の肉体の魂よ、そなたが立ち去ったのは。そなたが、ここへ戻ってくるのは、果して、いつのことだろう」（第五部五九節）。一日千秋の思いでトロイオロは彼女を待つが、しかし十日を過ぎても彼女は戻らなかった。絶望した彼は「自分の眼を、辛い涙の泉」とし、涙は「実に二十倍の量になったり、二重になって、ほとばしり流れた」（第七部一七節）。トロイオロはクリセイダの裏切りを疑い、猪が鼻で彼女のからだから心臓を抜き出している夢をみる。夢の中でクリセイダはそれを嫌がる様子もなく、すなわち夢はクリセイダの心変わりを暗示している[35]。夢は現実となる。ギリシャ方から奪ったディオメデの衣服に、トロイオロが別れ際にクリセイダに渡したブローチがあり、彼は彼女がディオメデのものになったことを信じる。トロイオロは戦場に赴き、殺される。

ボッカッチョの作品『デカメロン』（図序-9参照）の第四日九話として知られている「心臓を喰う話」も同じ観念から

V–3　ボッカッチョ『デカメロン』第四日一話（オーストリア国立図書館 Ms. 2561, f.151v.）

生まれた話である。心臓喰いのテーマはボッカッチョのこの挿話をはじめとし、少なからぬヴァリエーションをもって中世ヨーロッパに流布した話であるが、心臓が情感の中枢であり、かつ身体から離れて浮遊する心のイメージから生まれたテーマであることは言うまでもない。妻の不貞を知った夫は、妻の恋人を殺し、彼の心臓を勝手で調理させて食卓に出す。食べ終えた妻が料理の内容を知って、恋人の後を追うという話である。愛しいひとの心臓を食べるはめになった妻は皮肉にも彼の心と一体化する。デカメロンにはもうひとつ心臓にまつわる話がある。第四日一話にあるギズモンダとグイスカルドの恋である（図V-3）。ギズモンダはサレルノの貴族タンクレーディの娘で、若い寡婦である。父親は娘の情熱を鎮めるべく、グイスカルドの首を絞めさせ、心臓を抜かせて美しい金杯の中に入れ娘に届けさせる。ギズモンダは、金杯に涙を注ぎ、その中に毒薬を入れて飲み干し、死の到来を待つ。愛しいひとの死に接して涙を流すのは当然だが、心臓に涙を注ぎ、それを飲み干して後を追わねばならないのは、心臓と涙の親和性を文化としてもつ中世だからである。

一四世紀末から一五世紀のフランスのユマニストは例外なくイタリアの文化に傾倒し、特にボッカッチョの作品への関心は深かったと言われる[36]。ボッカッチョの著作『王侯の没落』は貴族にとっての慰めの書であり、ロンドンに幽閉されたシャルル・ドルレアンがブロワ宮の図書館から持ってこさせたのは、この書物であったと伝えられている。

その写本をロンドンで紛失したようで、シャルル・ドルレアンは帰国後にもう一冊つくらせている。心身分離の観念は、もちろんトルバドゥールの作品に明らかであるが、涙模様の流布と同じようにイタリアの文化に負うところが大きい。

埋葬の際に心臓を別に葬ったという当時の慣習は、心身分離の観念から生まれたものであり、また同時にこの観念を育てることにもなっただろう。既に触れたように、戦争や旅の途次の遠隔地で死亡することが多かった中世には、遺体は心臓と内臓が取り除かれ、その地で腐敗防止の処置がなされた。内臓はその地に埋められ、遺骸は一族の縁りの地へ運ばれ、そして心臓は小箱に納められて郷里へと運ばれることが通例であった[37]。本書の冒頭にアンジュー公ルネのドゥヴィーズのひとつ、若芽を出した切り株を紹介した際、それが描かれていたのがアンジェのフランシスコ派修道院にあるサン・ベルナルダンの礼拝堂であったことを述べたが、この礼拝堂にはサン・ベルナルダンの心臓が埋葬されていた。イタリアのシエナ出身のサン・ベルナルダンはルネの聴罪司祭を務め、一四四五年に亡くなった後、五年後の一四五〇年にルネの努力によって列聖された。ルネは修道院附属の礼拝堂を彼に捧げて建造し、ここに彼の心臓を埋葬したと伝えられている[38]。文学作品のなかには、恋の貴重な思い出として、心臓が聖遺物箱に納められ、恋人の手もとに保存されるというエピソードもある[39]。フランソワ・ヴィヨンが『形見の歌』に、「俺は自分の心臓を小箱に入れて女に残そう。心臓は蒼白く、哀れにも死んで、ぞっとするよう」という一節を書いたのも[40]、同じことである。

2　ハート型の誕生

浦一章氏は、心が肉体に対して着脱可能な一個の独立したもののように取り扱われるのは、心が肉化して心臓となる、少なくとも心理的な第一歩であると述べている。そして心の代わりに心臓を置いても意味が成り立つばかりか、詩句の喚起するイメージを大切にするなら、赤いハート型の小道具を用いながら展開される演劇の場面として詩のメッセージを視覚化せざるをえないのではないかと、ハートの形象化をとらえている[41]。本書としてはこれに反論するものではないが、心と対になる眼や涙の、これまで述べてきたような形象化のなかで、同じようにハートの形象も理解されるのではないかと考える。では心はいつハート型という形象を得たのだろうか。いわゆるハートのかたちがどのように中世末期に顕著になっていくのか整理しておきたい。

文学作品のなかでハート型をもっとも早く暗示しているのが、おそらく前章に引用した、一三四二年以前に書かれたとされるギヨーム・ド・マショーの『運命の慰め』の一節である。ハート型の形象を思わせる記載は、〈希望〉が主人公の持つべき盾に託して、恋人たるもののあるべき姿を教えるくだりにあった。青い地の盾の中央に赤い心臓が置かれ、中央を黒い矢で貫かれ、盾の上部には涙の散らされたレイプルが付いていた。

一方、描かれたものとしてもっとも早い例は、管見では一五世紀初頭のものである。ルーヴル美術館が所蔵する、一四〇〇～一〇年頃に制作されたタピスリー《心を贈る》に描かれた小さな赤いハートは、もっとも早い例のひとつである。犬と戯れる女性の前に、シャプロンを被り、短いプールポワンに毛皮のマントを打ちかけた男性が右手の親指と人差し指にきれいなハートを持っている（図V-4）[42]。そして同じ頃のもうひとつが、クリスティーヌ・ド・ピザンの写本『オテアの書簡』に描かれたヴィーナスに捧げられるハートの形象化である。雲の上に座すヴィーナスに、彼女への忠誠を示して赤いハートを捧げる男女の図は、一六世紀にかけて展開する《ヴィーナスの子どもたち》の図像テーマのほとんど最初の例であると言われる[43]。恋の情熱を、心臓を捧げるというメタファーで語るクリスティーヌのテクストの図像化である。フランス国立図書館蔵本は一四〇六〜〇八年に、大英図書館蔵本（**図Ⅴ-5**）は、それよりやや遅れて書かれたとされるが、いずれにおいても右から二人目の男性がハートを背後に隠し、ヴィーナスへ心を差し出すことを拒否している。ギヨーム・ド・マショーの作品にも既に登場したヴィーナスとともにあり、ハートの形象はヴィーナスとともに生まれた、と言うのは当然と言えば当然である。上述したボッカッチョの『デカメロン』四日第一話と四日第九話の挿画に描かれるハートについては、もっとも早い例が同様に一四一〇年代のものである。図序-10に示したヴァチカン図書館蔵の写本は一四一四〜一九年に、ブルゴーニュ公ジャン・サン・

Ⅴ-4　タピスリー《心を贈る》（ルーヴル美術館）

V–5　クリスティーヌ・ド・ピザン『オテアの書簡』
（大英図書館 Ms.Harley 4431, f.100）

プールのために制作されたものであると言われる。

アンジュー公ルネの作品に登場するハートは一五世紀も後半のものである。フランス国立図書館が所蔵する『愛に囚われし心の書』の写本挿絵には、主人公〈心〉のシンボルとしてのハートの他にも、恋するひとの心を示すハート型が満載である。物語の終盤、愛の神の住まう館に到着した主人公は、そこでヴィーナスと対面する。ヴィーナスの休む部屋には七枚のタピスリーがかかり、そこには愛にまつわる擬人化人物がハートと組み合わされて次々と描かれている[44]。たとえば四番目のタピスリーには、〈愛想の良さ〉と〈雅な物腰〉を表わす女性が二人、森のはずれに網を張ってふらふらと浮遊するハートを捕えようとしている（図V-6）。六番目のタピスリーには、〈不安《スシ》〉と〈哀悼〉という名の二人の男が、金盞花《スシ》とオダマキでつくられている小さな箱にハートを閉じ込めている。七番目のタピスリーが示しているのは（図V-7）、〈気晴らし《ボン・トン》のロジエ〉という男で、表情が示しているように彼は、快楽を勧めるエピキュリアンである。彼がハートを入れようとしている樽には、テクストによればウエハースが入っている。お菓子の材料であるウエハース（oublie）は、音の類似から忘却（oubli）という意味をかけられており、ロジェは愛の努めを忘れ、それより快楽に身をゆだねるよう説いているのである。「ウエハースを食べる」というフランス語の言い方は「忘れる」という意味で使われ、愛の文脈では恋人としての献身をなおざりにするという意味であることは、物語の中盤で、〈欲望〉が決して愛の努めを忘れないようにと〈心〉を諭す文章で、この表現が使われている通りである[45]。

V-6　ハートを捕える〈愛想の良さ〉と〈優雅な物腰〉
(BnF. Ms.fr.24399, f.122)

V-7　ハートを閉じ込める〈気晴らしのロジェ〉
(BnF. Ms.fr.24399, f.124)

V-8　心臓を磔にする〈恐れ〉と〈痛悔〉（ベルギー王立図書館 Ms.10308, f.65）

そして「心を捧げる」という言語と図像の表現は、アンジュー公ルネの作品においても俗愛の表現にとどまらず、宗教的な表現としても使われている。すなわち神に仕える献身の気持ちが同じハート型によって示される。真っ赤なハートは受難のイエスの心臓でもあり[46]、アンジュー公ルネの作品『虚しい快楽の難行』が描くのはその一例である。作品はボエチウスの『哲学の慰め』にヒントを得て制作され、神への愛に燃える〈魂〉Ame と地上の虚栄に翻弄される〈心〉Cuer の対話でなる。ルネの作品のなかでは一五世紀にもっとも流布したとされる作品である。ベルギー王立図書館所蔵の写本一〇三〇八番は、一四五七年頃にブルゴーニュ家で、公フィリップ・ル・ボンの妃、イサベラ・ド・ポルチュガルの意向で制作されたと推測されているものである[47]。〈魂〉は、心を神に捧げようと、大きな心臓を抱いている。涙を流しながら心臓に寄り添う彼女を、神の〈恐れ〉と〈痛悔〉という二人の女性が勇気付ける。〈魂〉は心臓を二人の女性に託す。二人は大切に心臓を預かると、心臓を十字架にはりつけて受難を受けさせる（図V-8）。それを見た〈魂〉は驚愕するが、〈恐れ〉は、神が大いなる恩寵を与え賜うことを保証し、〈魂〉は快楽への欲望の消滅したことを感謝する。それぞれの場面で、真っ赤に膨れ上がった心臓が印象的に描かれている。

一五世紀にいかにハート型が好まれたかは、世紀後半にハート型の書物がつくられたことも示している。フランス

V-9　ハート型の本（BnF. Ms. Rothschild 2973）

国立図書館には、ハート型を二つ抱き合わせた形状の写本が存在する（図V-9）[48]。愛の歌《シャンソン》の集成で、一五編のイタリア語詩と、三二編のフランス詩が収められている。音符と歌詞に、恋人たちの姿を添えた美しい装飾写本である。四二葉裏に始まる二一番目のフランス語シャンソンは、次のように始まる。

「わたしの口は微笑み　わたしの想い《パンセ》は涙を流す、
わたしの眼は歓び　わたしの心は時を呪う」[49]。

愛の歓びと悲しみを歌うシャンソンにとって、「眼が歓び、心は苦痛に涙を流す」という歌詞はもはや常套句なのである。『黒色という名の女と黄褐色という名の女の論争』のなかで、彼の姿を日々見ることができても、彼からなにひとつ得られないと恋の苦痛を語る黒色の女性にも、同じことばがあった。ハート型の写本をつくらせたのは、ジャン・ド・モンシュニュという貴族で、一四七〇～九〇年代にルイ一一世の庇護のもとアジャンやヴィヴィエの司教を歴任、サヴォイ公の宮廷の顧問を務めたひとである。彼の仕えたサヴォイ公の宮廷はブルゴーニュ家の支配下にあり、また既に述べたように、ルイ一一世は、王太子時代に父王シャルル七世と不和の生じた際、ブルゴーニュ公家に身を寄せていた。作品はブルゴーニュ家の文化的環境のなかで生まれたものであることに間違いない。一四七〇年前後には、ブルゴーニュ家の政治的支配の及んだ地域にハート型が流行したとみる向きもある[50]。二つのハートを抱き合わせたかたちの書物は珍しいとはいえ、いわゆるハート型をした書物は、フランス国立図書館にラテン語の時禱書の一冊として所蔵されている[51]。ロンドンのナショナル・ギャラリーには、ハート型の書を手にした若い男性のポートレートが残されており、一五世紀後半にフランドルの画家によって描かれ、男性はルイ一一世かもしれないと推測されている[52]。オダマキや三色スミレや涙滴で飾った聖書をつくらせ、ブルゴーニュ公家の文化に親しんだルイであれば、ハート型の本をもったとしても不思議はない。この作品を模写したと思われる肖像画が『バーリントン誌』に掲載されているが、開かれた書物は、まさにハートのかたちをしている[53]。人物の背景、つまりハート型の書物の上部に当たる画面には、教会の礼拝堂でミサをあげる司祭の姿が遠くにあるから、男性の手にする書物は時禱書であるかもしれない。ハート型は神への献身を示しているように思われるが、ただし若い男性の肖像であるなら、俗愛を重ね合わせている可能性もある。

一五〇〇年前後に制作されたと推測される書物に、苺をハートに見立てたかわいい挿絵がある（口絵：図V-10）。三色スミレに囲まれた庭園で、ひとりの男性が大きなマーガレットの花に赤い苺のハートを捧げている。マーガレットも苺も、一五世紀後半から写本の挿絵に頻繁に登場する月並みな装飾であるが、愛する女性の名前にかけてマーガレットが選ばれ、熱い心を苺のハートに託して表現した演出は巧みである。しかも女性にいつも想いをいたしていることを示すために三色スミレを配置する念の入れようである。書物をつくらせたのは、リオン在住のブルジョアであり、フランス王室にも仕えたピエール・サラなる男性で、彼がこの書を献じた女性は、やがて結婚することになるマルグリット・ブイウーなる女性であることがわかっている。書物のあらゆる頁には、コンパスを二つ組み合わせてつくったMというイニシャルが描かれている。コンパスは恋人のシンボルであった[54]。

注

1 前掲『トルバドゥール詞華集』二四六－二五三頁。瀬戸直彦「愛にかんする三つの命題—中世フランスのジュー・パルティについて」*Etudes Françaises*（早稲田大学文学部フランス文学論集）、t.1、一九九四年、一－二二頁。

2 *Cligès*, éd. A. Micha, CFMA, Paris, 1978, vv.464-515; Guy Paoli, La relation Œil-Cœur, rcherches sur la mystique amoureuse de Chrétien de Troyes dans *Cligès, Le «cuer» au Moyen Age (Réalité et Senefiance), Senefiance*, no.30, 1991, CUERMA, pp.233-244.

3 Chrestien de Troyes, *Yvain*, ed. T.B.W. Reid, Manchester U.P., Manchester, 1974, v.1368sqq..

4 『薔薇物語』篠田勝英訳、平凡社、一九九六年、四六頁、五九頁以下、および六八－六九頁。

5 前掲『愛のエンブレム集』九七頁。Otto Vœnius, *op.cit.*, pp.150-151.

6 Charles d'Orléans, *Ballades et Rondeaux*, *op.cit.*, p.528: «Ie congnois assez telz debas / Que l'ueil et le cueur ont entre eulx. / L'un dit: «Nous serons amoureux», / L'autre dit: «Je ne le vueil pas»; *Ibid.*, p.350: «Mon cuer se combat a mon eueil, / Jamais ne lestreuve d'acort; / Le cuer dit que l'oeil fait rapport / Que touzjours lui acroist son dueil./ La verité savoir j'en veil: / Que semble il qui en ait le tort? / Mon cuer [etc.]». 佐々木茂美『シャルル・ドオルレアン研究』カルチャー出版、一九七八年、一九一－一九三頁を参照。

7 前掲『カンツォニエーレ—俗事詩片』一五二頁。«Occhi, piangete: accompagnate il core / che di vostro fallir morte sostene», *Canzoniere*, ed. M. Santagata, Arnoldo Mondadori, Milano, 1996, p.425.

8 R. Deschaux, *Un Poète bourguignon du XVe siècle, MICHAULT TAILLEVENT*, Droz, Genève, 1975, pp.192-226.

9 Robert Deschaux, *op.cit.*, pp.22-38.

10 前掲『シャルル・ドオルレアン研究』六五七−六七〇頁。

11 R. Deschaux, *op.cit.*, vv.457-464: «Le cuer vint pour combatre l'ueil / Sur ung destrier couvert de lermes / Armé de harnais fait de dueil; / Six souspirs estoient ses armes, / Painturez sur sa cotte d'armes / De gemissements dyapree / Et l'espee a faire ses armes / Estoit en tristesse tempree».

12 R. Deschaux, *op.cit.*, p.37.

13 Ruth H. Cline, Heart and Eyes, *Romance Philology*, vol.XXV, no.3, February 1972, pp.263-297.

14 アンドレーアース・カペルラーヌス『宮廷風恋愛について―ヨーロッパ中世の恋愛指南書』瀬谷幸男訳、南雲堂、一九九三年、一一頁。

15 Richard de Fournival, *Le Bestiaire d'amour*, éd. C. Hippeau, Slatkine Rep., Genéve, 1969, p.12.

16 Charles d'Orléans, *Ballades et Rondeaux*, *op.cit.*, p.476.

17 Le Débat de deux Demoiselles, l'une nommée la Noire et l'autre la Tannée, Anatole de Montaiglon, *Recueil de poésies françaises des XVe et XVIe siècles*, t.V, P. Jannet, Paris, 1856, pp.264-304.

18 *Ibid.*, p.274: «De vostre ami ne vous souvient / Aussi souvent qu'à moi du mien / Car la chose où l'ueil n'advient, / Le cueur n'y pense guères bien».

19 *Ibid.*, p.293, p.273.

20 前掲『色で読む中世ヨーロッパ』一八二−一八八頁。

21 多井一雄訳「事物の属性について」上智大学中世思想研究所『中世思想原典集成13　盛期スコラ学』平凡社、一九九三年、二八九頁。*Le Livre des propriétés des choses, une encyclopédie au XIVe siècle*, mise en français moderne par B. Ribémont, Stock, Paris, 1999, p.125.

22 *Le Livre du Chevalier de la Tour Landry*, éd. A. de Montaiglon, P. Jannet, Paris, 1854, chap. LXXVII.

23 *Le Ménagier de Paris*, ed. G. E. Brereton & J. M. Ferrier, Oxford, 1981, p.11.

24 前掲『視線のロマネスク―スタンダール・メリメ・フロベール』。

25 スタンダール『スタンダール全集2　パルムの僧院』生島遼一訳、人文書院、一九七〇年、四二八頁、四五五−四五九頁、四八四頁。

26 前掲『カンツォニエーレ—俗事詩片』九七頁。«Per lagrime ch'i' spargo a mille a mille, / conven che 'l duol per gli occhi si distille / dal cor, ch'à seco le faville et l'ésca: », *Canzoniere, op.cit.*, p.292.

27 «l'eve del cuer li est as elz montee».

28 *Aliscans*, éd. Cl. Régnier, Champion, Paris, 1990, t.I, v.2198, 2385, 2475.

29 M. Moulis, «Sang du cœur qui monte as yeulx fait larmes» Un cœur centre de transmutation, *Le «cuer» au Moyen Age, op.cit.*, pp.225-232.

30 *Dialogue de Placides et Timéo*, éd. Cl. Thomasset, Droz, Paris/Genéve, 1980, p.104.

31 J.-P. Jourdan, Allégories et symboles de l'âme et de l'amour du beau, *Le Moyen Age*, no.3-4, 2001, p.470.

32 *Dialogue de Placides et Timéo, op.cit.*, p.94.

33 A. Jeanroy, *La Poésie lyrique des Troubadours*, Henri Didier, Paris, 1934, t.II, p.120.

34 ダンテ「新生」野上素一訳、『世界古典文学全集　ダンテ』筑摩書房、一九六四年、三三五－三七九頁。浦一章『ダンテ研究I』東信堂、一九九四年、一〇二頁以下。

35 前掲『フィローストラト』二三一、二五五、二八六、三一一、三四八、三五二頁。

36 F. Simone, La présence de Boccace dans la culture française du XVe siècle, *The Journal of Medieval and Renaissance Studies*, vo.1, 1971, pp.17-32.

37 前掲『描かれた身体』二六六頁。

38 Chr. de Mérindol, Le vitrail, une source de l'héraldique médiévale, *op.cit.*, pp.120-121.

39 前掲『シャルル・ドオルレアン研究』九八頁および一五二－一五三頁の注。新倉俊一『ヨーロッパ中世人の世界』ちくま学芸文庫、一九九八年、二七六頁。

40 フランソワ・ヴィヨン『形見の歌』十、筑摩文学大系『中世文学集I』一九六二年。Villon, *Œuvres poétiques*, Garnier-Flammarion, 1965.

41 前掲『ダンテ研究I』九五頁。

42 *Paris 1400, Les arts sous Charles VI*, RMN/Fayard, Paris, 2004, no.136.

43 グウェンドリン・トロッテン『ウェヌスの子どもたち―ルネサンスにおける美術と占星術』伊藤博明・星野徹訳、ありな書房、二〇〇七年、六一－七〇頁。

44 *Le Livre du cœur d'amours éspris, op.cit.*, pp.455-459.

45 *Ibid.*, p.279, v.1104.

46 Chr. Raynaud, La mise en scène du cœur dans les livres religieux de la fin du Moyen Age, *Le "cuer" au Moyen Age, op.cit.*, pp.313-343.

47 Frédéric Lyna, *Le Mortifiement de vaine plaisance*, Bruxelles, 1926.

48 BnF., Ms.Roth. 2973; Cf. F. Avril et N. Reynaud, *Les Manuscrits à peintures en France, 1440-1520*, Paris, no.119.

49 E. Picot, *Catalogue des livres de la Bibliothèque de M. le Baron James de Rothschild*, t.IV, 1912: «Ma bouche rit et ma pensée pleure; / Mon oeul s'esjoye et mon cuer mauldit l'eure …».

50 J. Porcher et E. Droz, Le Chansonnier de Jean de Montchenu, *Les Trésors des bibliothèques de France*, t.V, 1935, pp.100-110.

51 Ms.lat,10536.

52 J. Porcher et E. Droz, *op.cit.*, p.109.

53 W. H. James Weale, The Early painters of the Netherlands as illustrated by the Bruges Exhibition of 1902, *Burlington Magazine*, t.I, p.209.

54 P. Porter, *Courtly Love in Medieval Manuscripts*, The British Library, 2003, pp.10-11.

終章

文様のその後

1　眼とハート

眼のモチーフはヨーロッパの歴史のなかに独特の系譜をつくった。涙のしずくを散らした模様は現代人にはいかにもロマンチックな趣を漂わせ、涙のしずくをともなった眼のモチーフにもある種の趣きを感じることができようが、一方で片方の眼を整然と並べたモチーフには不気味さが漂う。それは身体に備わるべき器官でありながら、身体を離れて独立して立ち現れる奇妙さによるのだろう。ゆえに二〇世紀の芸術思潮、シュルレアリスムが好むモチーフともなるのだが、それまでの歴史のなかにも眼のモチーフを少なからず拾うことができる。

一六〇三年にローマで刊行されたチェーザレ・リーパの『イコノロジーア』（初版は一五九三年）は、一七世紀の図像表現に大きな影響を与えたエンブレム・ブックのひとつである。この書のなかには、眼と、それに加えて耳のかたちを散らした衣服をまとって描かれている人物が二人いる。ひとりは〈嫉妬〉という名の女性であり、もうひとりは〈統治法〉という名の女性である（**図VI-1**）[1]。〈嫉妬〉が眼と耳で飾った衣服を着ていることはわかりやすい。嫉妬心は、虚言や外見であおられるからである。一方、〈統治法〉を示す眼と耳も基本的には同じ意味をもつのだろうが、こちらは、アンテナを張り巡らして情報をとり、それによって確固とした統治を行うという意味である。

〈統治法〉の表現は、エリザベス女王のいわゆる《虹のポートレート》と呼ばれる肖像画に影響を与えたと言われる（**図VI-2**）。女王は右手でカーブを描く虹を握り、彼女の衣裳には眼と耳のかたちが描き込まれている。女王が虹を手にしているのは、彼女の標語「太陽なしには虹もなし」に拠るとされ、これは彼女の神的な権利を強調していると言われる。衣裳のあいだからのぞく左袖には、天球儀と、とぐろを巻く大きな蛇が描かれ、蛇の口には小さなハート型のものがくわえられ、ぶら下がっている。天球儀と蛇は賢明という美徳を示し、そのような美質による熟慮あるいは助言をハートが示していると解釈されている。[2]

時代は下って一八世紀には、神の眼を表わす啓蒙時代のよく知られた眼のモチーフがある。一七八九年に始まるフランス革命期には、共和制のシンボルとしてフリジア帽や月桂樹、雄鶏、束桿（斧を巻いて縛った棒の束）などがあったが、それとともに光を発する眼のモチーフがあった。革命のシンボルともなったこの眼のモチーフは、友愛の結社、フリー

VI-1　〈統治法〉（チェーザレ・リーパ『イコノロジーア』1603 年）

VI-2　エリザベス女王（ソールズベリィ、ハットフィールド・ハウス）

メイソンのシンボルにさかのぼると推測されている。フリーメイソンは中世の石工の同業組合に起源があるといわれるものの、その詳細はわかっていないが、一八世紀の会員らはフランス革命の遂行に大きく寄与し、自由・平等・博愛の精神を広める役を果たしたことが知られている。彼らは結社のシンボルとしてコンパスや定規、ソロモンの神殿の柱やヤコブの梯子などを使い、それらを照らすように上部に光を発する眼を描き込んだ。眼はすべてを支配する神の眼である[3]。一七八九年に発布された人権宣言の上部には、このようにして光線を放つ神の眼が描かれている。この神の眼は、アメリカ合衆国の国璽となって今日に残り、ドル紙幣に描かれている通りである。

そして同じ一八世紀末には、中世の眼のモチーフにさかのぼることができそうなロマンチックな眼のポートレートの流行がある。すなわち自らの左あるいは右の片方の眼をミニアチュールとして描き、真珠やラインストーンをあしらった七宝の小さな装飾品に表わして恋人に贈るという男女間のいわば交際儀礼である。一九世紀初頭にかけてその流行のきっかけをつくったのは、放蕩と多額の負債とによってきわめて悪名高かったイギリスの王太子ジョージ（一七六二〜一八三〇年）、後にジョージ四世となるひとである[4]。女性とのスキャンダルの絶えない王太子であったが、彼が「最愛の妻」と呼び、密かに結婚をしたのは、既に二度、結婚し、二度とも夫と死別していた六歳年長のフィッツハーバート夫人であった。二人の出会いは一七八三年の春と言われ、正式な結婚を望んだ夫人は王太子の執拗な求愛をかわしていた。翌年の冬、旅に出ようとした夫人の居宅に、王太子の側近が現れ、王太子が短刀で自らを斬りつけて自殺を図ったと告げられる。彼らの懇請に負けて、王太子のもとへ赴くと、彼は血にまみれ、顔面は蒼白であった。王太子は二二歳、フィッツハーバート夫人は二八歳であった。妻となる約束をしてくれなければ自分はもう生きていけないという王太子の訴えに、その場では約束を与えた夫人だが、彼女はイギリスを離れ、人目を避けてヨーロッパを

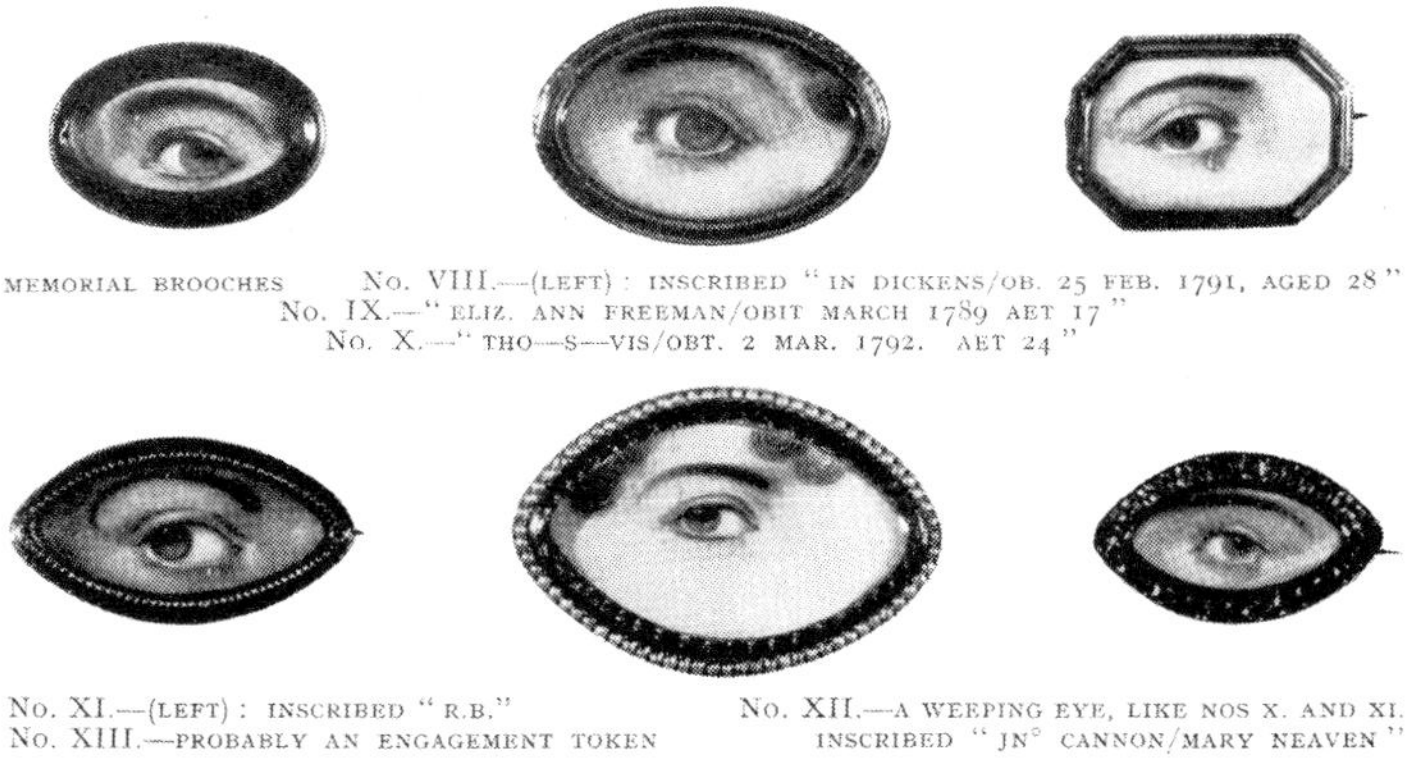

VI-3　アイ・ポートレート（ボストン美術館）

移動した。王太子の使いは何通もの手紙を携えて彼女の後を追い、そのなかの一通である一七八五年一一月三日付けの情熱的な恋文に添えられたのが、眼のミニアチュールである。手紙は「私の愛する妻」と呼びかけ、「貴女がお忘れにならぬよう眼を贈ります。貴女の心を打ちますように」と書いている。彼女もまた自らの眼のポートレートを彼に贈り、眼のポートレートの交換は宮廷で話題となった。翌月の一二月一五日、二人は結婚した。夫人はカトリック教徒であり、彼らの結婚をローマ・カトリック教会は正当と認めたが、イギリス国教会は無効とした。二人の関係は一七九二年頃まで続くが、まもなく王太子はドイツのブラウンシュヴァイク公の娘、キャロラインと結婚する。キャロラインは決して王太子に愛されることはなく、不幸な妃であったと伝えられている。

アイ・ポートレートは、男女の愛の交換の道具と言うよりむしろ、故人の思い出としてブローチにはめ込まれるものが多かったようである[5]。そしてその際には小さな涙の粒が添えられることがあった。図VI-3は、いずれもボストン美術館のコレクションのポートレートだが、下段中央をのぞいて、いずれも故人の名前が記され、亡くなった日付が記されているものもある。そして上段右端と下段左端の眼には二粒の涙が付けられている

VI-4　化粧箱またはボンボン入れ
（個人蔵）

のがわかるだろうか。下段左端のポートレートには故人の名が《R.B.》としか銘記されていないが、上段右端については、一七九二年三月二日に二四歳の若さでなくなったトマス・プルヴィスという名の男性のものであることが銘記からわかっている。[6] 涙を流しながら若くして世を去ることを嘆き、どうか忘れないでほしいと訴えているように見えるだろう。

ハートと組み合わされた眼のミニアチュールも残されている。化粧箱あるいはボンボン入れを飾っていたと思われる七宝焼きには右の眼が描かれ、その下に炎をあげ、リボンで結ばれたハートがあり、上部には〈燃える心で願いを込めて〉という標語が記されている（図VI-4）[7]。制作の時代は特定されていないが、本書が述べてきたエンブレム・ブックの一頁を見るようではないか。

ところで炎をあげて燃えるハートは、熱い恋心を表わすのに誠《まこと》に適った形象であるが、このモチーフは一七世紀の宗教的図像のなかにあり、その形象の起源はアウグスティヌスの『告白』の一節に求めることができる。[8] 前章に紹介したアンジュー公ルネの作品が、神への献身を赤いハートで示したように、ハートの形象は近世以降に一方で宗教的図像としての歴史を歩んでいる。先述のチェーザレ・リーパの『イコノロジーア』は、宗教的図像に大きな影響を与えた寓意図像集だが、一六〇三年のイタリア語版は、カトリック信仰を表わした擬人化人物が、右手に火のともされた蠟燭の付いたハートを手に掲げている図を掲載している。リーパの説明にはアウグスティヌスへの言及があり、ゆえにこれは五世紀の教父アウグスティヌスの『告白』の一文「あなたは私の心を、慈愛である愛の矢で貫かれました」に典拠があると考えられている。アウグスティヌスの文章からリーパによる蠟燭付きのハートが生まれ、リーパの著作が広く参照されたがゆえに一七世紀に、燃えるハートが宗教画に広まったというのである。ついでながら、これを論じた木村三郎氏は、一五八〇年代にアントワープで活躍した銅版画家、ヴィーリクスの一連の版画《幼子イエスが清める人の心》を、煉獄にいるひとの魂の浄罪というテーマで読み解いているが[9]、一連の版画には、画面を覆う大きなハートが魂の形象として繰り返されている。そのなかには、イエスが射る矢を複数受けたハートから愛神が逃げ出すさまを描き、世俗の愛への思いが心から消えることを示したものがある。連作はイエズス会士によって魂の浄化が実現されることを訴えたものである。先にオットー・ウェニウスの『愛のエンブレム集』にみたように、俗愛を示すハートと矢のモチーフがある一方で（図V-1参照）、同じモチーフが俗愛からの解放を示す図像表現にも使われたということである。アンジュー公ルネが魂の形象として使ったハートの後の姿であり、聖俗兼用のハートの一方の姿である。

2　涙とハート

一方、しずくの模様はもっぱら死と結び付き、葬儀やモニュメントにおいて物故者への哀悼の表明として近代社会まで生き残った。

フランスの中央を東西に流れるロワール河の河畔には一六世紀の城館が点在していることで知られている。そのな

VI-5　フランス、シュノンソー城、アンリ3世妃ルイーズ・ド・ロレーヌの寝室

VI-6　フランス、シュノンソー城、アンリ3世妃ルイーズ・ド・ロレーヌの寝室の天井板

かのひとつ、シュノンソー城には、涙模様で飾られた部屋がある。一五八九年にフランス王、アンリ三世を亡くした妃ルイーズ・ド・ロレーヌ（一五五三〜一六〇一年）が、「白い王妃」と呼ばれて祈りの晩年を過ごした寝室である。喪に服す王妃にふさわしく、壁面も天井も黒く設えられた部屋には、さまざまな喪章が描かれている（図VI-5）。壁面で水滴を散らしているのは豊穣の角《コルヌ・ダボンダンス》である。ところどころに、ツルハシとシャベルが組み合わされて描かれている。墓掘りの道具である。二人のイニシャル、すなわちアンリのHとルイーズを示すギリシャ語のλの組み合わされた文字がそこかしこにあり、それを囲むようにキリストの荊冠と羽根飾りがある。そして天井のパネルにはそれらを囲んで涙の滴

が行列をつくっている（図VI-6）。

一五八九年のアンリ三世の死は、本書の舞台となったフランス・ヴァロア王家が断絶するときである。兄のフランソワ二世、次兄シャルル九世の後を継いだアンリ三世だが、子どもはなく、また弟も既になかった。したがって、彼にもっとも近い血族の最年長の男子、すなわちブルボン家の当主アンリが、アンリ四世としてフランス革命に至るブルボン王朝を開くことになるが、王位継承者アンリは新教を率いる主導者であったから、既に激しい争乱を招いていた。時代は旧教と新教のあいだの宗教戦争のただなかである。新教の陣営を率いるブルボン家のアンリに対し、旧教側の急進的な主導者としてはギーズ公アンリがいた。国王アンリ三世は、母カトリーヌ・ド・メディシスに従って、両者の対立を利用して王権の安泰をはかっていたが、ギーズ公が神聖同盟《ラ・リーグ》を結成するにおよび、王の権勢を凌ぐその勢いに危機感を募らせ、一五八八年一二月二三日にブロワ宮に招いてギーズ公を謀殺した。しかしアンリ三世は翌年八月一日、狂信的な旧教徒の兇刃に倒れた。妃ルイーズが夫の死を知ったのも、上述のシュノンソー城においてであり、亡くなるまでの一一年間を、姑のカトリーヌ・ド・メディシスから譲られたこの城から彼女が出ることはなかったと伝えられる。

人望のなかったアンリ三世に引き換え、ギーズ公は人びとから絶大な人気を得ていた。ギーズ公とともに彼の弟、ランス大司教であったルイ・ド・ロレーヌも翌日には殺されると、カトリック教徒を率いてきた二人は殉教者として版画や文書にまつられることになった[10]。図VI-7は、そのひとつであり、横たわるふたりの亡骸の背景には、黒地に無数の白い涙滴が散らされている。磔刑のイエスの足下には髑髏が、横に延びた十字架の上にサイコロの目が見え、これらは、生命より不確かなものはないと伝えるメメント・モリの道具である。大量の白い涙は、イエスの死に想い

VI-7　ギーズ公兄弟の死を悼む（フランス国立図書館版画室）

をいたす憐憫の涙であると同時に、カトリックのために戦ったギーズ公兄弟の死を悼む涙である。涙模様は、以後、一九世紀に至るまで死を思い、死者を偲ぶ心の表現として使われていく。

パリのシテ島にある裁判所にはコンシェルジュリーと呼ばれ、一八世紀末のフランス革命期に牢獄として使われたところがある。一七九三年にルイ一六世妃マリー・アントワネットが処刑前の二ヶ月あまりを過ごしたのはこの場所である。革命の動乱期の後、ナポレオン帝政へと政権が変わり、やがて一八一四年にブルボン王家の帰還によって王政の復古した後、彼女の過ごした部屋は追悼のモニュメントとして整えられ、そのとき黒い壁面に白い涙が散らされることになった。今日では修復されて鮮明にしずくの散る様子を見ることができる（図VI-8）。

死と結びついた涙滴の模様は、一八世紀に先述のフリーメイソンの儀式のなかで使われている例がある。この結社において「親方」位階の昇位儀礼を行う志願者は、ヒラム伝説にならって暗殺を体験しなければならない。旧約聖書「列王紀」「歴代誌」に登場するツロのヒラムは、フリーメイソンの世界ではエルサレム神殿を建設した腕利きの親方であると考えられている。ヒラムは、彼の技を盗もうとした三人の悪党を拒絶し、殺されて埋められてしまう。ソロモンが探させると、アカシアが目印となってヒラムの遺体が発見されるというのがヒラム伝説である。ヒラムの遺体発掘を再現する儀礼において、親方志願者は、床に敷かれた敷物に横たえられて列席者らの剣を受ける。敷物には、ヒラ

VI-8　マリー・アントワネットの記念碑
（パリ、コンシェルジュリー）

VI-9　フリーメイソンの親方「位階」の昇位儀礼

UN CRIEUR DES MORTS AU DIX-SEPTIÈME SIÈCLE.

Dessin de F. Hoffbauer, d'après un tableau du temps.

VI-10　17世紀の死亡通告人

ムの涙を示すという涙滴が散らされている（図VI-9）。一方で親方の前掛けには、ヒラムの復讐を示すモチーフが描かれており、その中に整然と行列をつくる一五個の銀の涙滴がある。これもヒラムの喪のしるしである[11]。

死と結びついた涙滴の模様は葬儀のモチーフともなり、葬儀人のいわばユニフォームにも表わされることになった。一九世紀のパリには、ひとの死を触れ回る死亡通告人がおり、彼は白地に黒い涙滴を散らし、それに髑髏を描いた衣服をまとったと伝えられている[12]。一九世紀末に『私生活史』と題して23巻の風俗史をものしたアルフレッド・フランクランも、パリの呼び売りの歴史を語りながら、涙滴を付けた一七世紀の死亡通告人の図を載せている（図VI-10）[13]。食料品や日用品を売る行商の呼び声は、一三世紀の古くからパリの街にひびいていた。品物ばかりか、煙突掃除の呼びかけ、あるいは迷子や死亡を触れ回る業者もいた。死亡通告人は葬儀人を兼ね、物故者の名を知らせるとともに葬儀の日程と会場を伝える。ちりんちりんと鐘を鳴らしながら死者への祈りを誘う声が夜の街にひびくのは、さぞかし不安をかきたてるものだっただろう。

生活のなかで使われた涙滴のモチーフとは別に、創作の世界に現れた涙滴には、一九世紀末から二〇世紀に次のような例がある。二〇一〇年、国立西洋美術館において、この美術館の基礎をなす松方コレクションの蒐集家として知られるイギリスの画家、フランク・ブラングィン（一八六七〜一九五六年）の展覧会があった。展示された彼の作品のなかに、涙のしずくとハートを組み合わせた次のようなデザインがあった。それは家具の取手を取り付ける金属性の装飾板であるらしく、取手の付いている金属板いっぱいにハート型を描き、その上に水滴を並べたものである（図Ⅵ-11）。ハートとの組み合わせは、〈心と眼の論争〉など、眼や涙と組み合わされて中世に登場する心の擬人化や形象化を思わせ、本書の筆者としては見過ごせないデザインである。ブラングィンがいかにしてこのような装飾を生み出したのかわからないが、子どもの頃に置かれた環境、すなわち父と周辺のアーチストの活動のなかで学んだのかもしれない。父、ウィリアム・カーティス・ブラングィンは、ベルギーのブルッヘのゴシック・リバイバルの美術家とともに活動し、建築・墓石・説教壇・家具の設計デザインを手がけたひとだからである。しかも刺繍工房を開いていたらしく、このことは刺繍の図案モデルとして使われていた近世のエンブレム・ブックの知識をもっていたことを想像させる。ドゥヴィーズが一六世紀以降エンブレムとして展開していく際に、大量に刊行されたエンブレム・ブックは、刺繍のパターン・ブックとして使われ、エンブレム・ブックが掲載する図案に照合される現存の刺繍例もあることは序章で触れた。ブラングィン自身はウイリアム・モリスを師としたが、中世復古の芸術機運のなかで創作したブラングィンが、中世の文様

Ⅵ-11　フランク・ブラングィン、涙とハートの装飾板（ロンドン、ヴィクトリア・アンド・アルバート美術館）

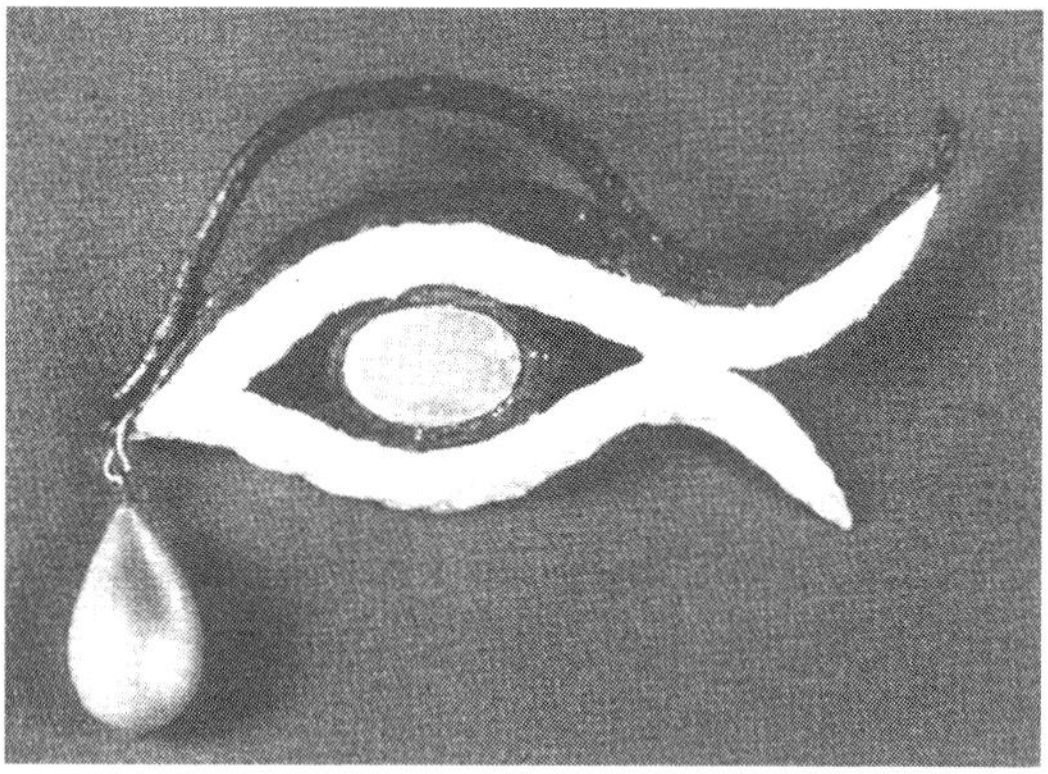

VI-12　ジャン・コクトー作のブローチ

VI-13　ジェラール・ティテュス＝カルメル《カパラソン１》
1987年（ふくやま美術館）

に親しみ、涙とハートのデザインが生まれたと想像することは難しくはないだろう。

一九二八年頃に詩人として脚本家として文学と舞台芸術に活躍したフランスのジャン・コクトーがデザインをしたという装飾品に、ひとつの眼にひと粒の真珠の涙をぶら下げたものがある（図VI-12）。シュルレアリスムを代表する画家サルヴァトール・ダリと共同で奇抜なデザインの衣裳をつくったイタリア出身の女性デザイナー、エルザ・スキャパレッリのために制作されたものである。コクトーがここに述べるような涙模様の文化を知っていたのかどうか知る術はないが、そして涙を流す眼のモチーフは、できてしまえば月並みにも感じられるが、誰しもが思いつくデザインだろうか。

最後に、死と喪の表象である涙滴のモチーフをテーマとして一連の作品をつくった現代作家を紹介して本書を終わりとしよう。フランスの版画家、ジェラール・ティテュス=カルメル（一九四二年〜）は、一九八〇年代に《カパラソン》と題した水彩による一連の作品を創作している。水滴のかたちや散らしの密度にばらつきはあるが、いずれも水滴が横向きに流れているのが特徴である（図VI-13）。作品の題名のカパラソン（caparaçon）とは、まさに中世の騎馬試合で頻出した馬の背を覆う馬衣のことである。ゆえに作品の上部で丸く切り抜かれているのは、ここが馬の首が当たる部分だからである。作者の発想の詳細はわからないが、創作のためのノートによれば、このモチーフが涙滴であり、喪と悲嘆を表現した作品であることは間違いない[14]。シュノンソー城の涙の寝室から、マリー・アントワネットの涙のモニュメント、あるいは一九世紀まで残った葬儀人の涙滴の衣服まで、涙のモチーフは死を悼む心の表現として歴史のなかに定着し、死と喪のシンボルとして機能してきた。この系譜にティテュス=カルメルの水彩画も位置している。

涙滴の模様は愛と死に結びついた悲しみの表現として中世から長い歴史を歩んできた。今日では芸術創作にその痕跡を認めるに過ぎなくなったが、生きている限り愛と死の悲しみに直面せざるをえないわたしたちである以上、これからもこのモチーフは生きながらえるだろう。

注

1　Chesare Ripa, *Iconologia*, Rome, 1603 (Georg Olms Verlag, 2003), pp.181-182: Gelosia, pp.426-428: Ragione di stato.

2　J. Arnold, *Queen Elizabeth's Wardrobe Unlock'd*, Maney, Leeds, 1988, p.81. ピーター・M・デイリー『英国のエンブレムと物質文化』伊藤博明訳・編、埼玉大学教養学部・文化科学研究科、二〇一〇年、三〇頁。

3　リュク・ヌフォンテーヌ『フリーメーソン』吉村正和訳、創元社、一九九六年。

4　H. Grootenboer, Treasuring the Gaze: Eye Miniature Portraits and the Intimacy of Vision, *The Art Bulletin*, vol.LXXXVIII, no.3, 2006, pp.496-507. 古賀秀男『キャロライン王妃事件―〝虐げられたイギリス王妃〟の生涯をとらえ直す』人文書院、二〇〇六年、二七―三五頁。

5 M. Martin, The Small Collector, Eye Portraits, *The Connoisseur*, July 1925, pp.140-145; Id., Miniatures, Eye Portraits, *The Connoisseur*, June 1931, pp.369-377.

6 H. Grootenboer, *op.cit.*, p.503; Mary Martin, Miniatures, Eye Portraits, *op.cit.*, p.375.

7 «Le Cœur brulant de vœux». Mary Martin, Miniatures, *op.cit.*, no.VII.

8 木村三郎『ニコラ・プッサンとイエズス会図像の研究』中央公論美術出版、二〇〇六年、二七六―二八五頁。

9 同書、二八六―三〇五頁。

10 D. El Kenz, L'assassinat du duc de Guise, *L'Histoire*, no.225, 1998, pp.60-64.

11 ピエール＝イヴ・ボルペール『「啓蒙の世紀」のフリーメイソン』深沢克己編、山川出版社、二〇〇九年、四三頁。前掲『フリーメーソン』一五―一三頁、三七頁、一〇八頁。深沢克己「啓蒙期フリーメイソンの儀礼と位階―石工伝統から騎士団伝説へ」東洋大学『白山史学』四八号、二〇一二年、二七―六一頁。

12 Maxime Du Camp, *Paris, ses organs, ses fonctions et sa vie jusqu'en 1870*, Rondeau, Paris, 1993, p.651.

13 A. Franklin, *La Vie privée d'autrefois, L'annonce et la réclame, les cris de Paris*, Paris, 1887, p.105.

14 *Gérard Titus-Carmel / Eclats et Caparaçons*, 1980/1982, Galerie Maeght, Paris, pp.29-30.

あとがき

今わたしたちは、これまでになくメランコリックな時代に生きています。夢をもって迎えたはずの二一世紀は、二〇〇一年九月一一日のアメリカの同時多発テロによって、早くも困難な行く末を思い知らされました。世界のグローバリゼーションは明るい未来を期待させましたが、その後の経済と金融の混乱は、ただならぬ様相をみせています。加えて競争社会に生まれ変わったわたしたちの国は、成果主義の風潮のなかでこころを病むものを増加させています。そして追い打ちをかけるように襲ってきたのが、昨年三月一一日の東日本大震災でした。わたしたちは、自然の災害ばかりか困難な社会状況のなかで膨大な量の涙が流される時代に生きています。中世ヨーロッパに生きているなら、あらゆる災難を運命女神のもたらした災厄として諦め、涙模様に深い悲しみの気持ちを託して甘受するかもしれません。しかし、運命女神に責任を負わせてすますわけにはいかない複雑な現代社会にわたしたちが生きていることは、このたびの原発事故が物語る通りです。そして、いかに自然の猛威であろうと、情報技術に象徴されるこの文明社会で二万人に及ぶひとの命が失われ、あるいは行方が知れないという事実には腑に落ちないものがあります。高度の技術文明の一方に手つかずの領域があり、科学技術の進展の不均衡には驚かされますが、しかしそれを選択しているのはわたしたち自身です。

多くの問題を抱えることになったこの一大事に、人生に訪れる災難を運命として甘んじ、悲しみの感情を涙模様に託した中世人のこころを語ることには躊躇を覚えます。しかし悲しみというきわめて個人的な感情に注目することがなければ、わたしたちは災禍を避けるべく方策を考えようとはしないのではないでしょうか。わたしたちは快適と快楽を追究して止みませんが、不幸に見舞われたときに受けるこころの傷にむしろ関心を向けるべきです。メランコリックな時代であればこそ、悲しみの感情に向き合って涙の意味を考えてみる必要があります。その際、過去の人びとが災厄と悲惨に接し、どのような心理に陥り、どのように行動したのかを知ることは、大きな意味をもつはずです。中世の疫病の流行が人びとにもたらした心理・感情の変化を絵画表現に読み取ろうとしたミラード・ミースの一九五一年の著作『ペスト後のイタリア絵画』（中森義宗訳）は、少なくとも災厄によって受ける心的トラウマという現代にも通じる問題を投げかけたという意味で重要でした。

そして、言語学者のロラン・バルトが「誰が涙の歴史を語るだろうか」と問題提起し、その後の集団心理や喜怒哀楽といった感情の歴史研究の進展とともに、今や涙は歴史学のテーマとなりました。アンヌ・ヴァンサン＝ビュフォーの一九八六年の著作『涙の歴史』（持田明子訳）はそのひとつであり、二〇〇〇年のピロスカ・ナジ＝ゾンボリの『中世における涙の恵み』*Le Don des larmes au Moyen Age* も同様です。後者は、五世紀から一三世紀の教会人の記録を通して、涙を流す行為は悲しみや苦悩の表現である以上に、良きキリスト者としての熱い敬神の気持ちの表現であり、それによって自らが純化され、救済され、そのようなちからを授けられたことを神へ謝恩する気持ちの表現でさえもあったと述べています。宗教的態度として泣くことに意味を見出した中世では、修道士や聖者や法王はもちろん、父も母も子も、国王も騎士も、恋人たちも、皆がよく泣いたのだとピロスカ・ナジ＝ゾンボリは言います。

本書は、涙を流す行為を論じるとはいえ、涙模様という形象をとりあげ、特に俗愛のシンボルとしての涙滴の表象を追いました。涙滴文はアーサー王物語に騎士の紋章として現れたのが始まりで、アーサー王の騎士たちを騎士道の手本とした中世貴族が、これをまねて武芸試合を催し、これによってこの文様は広がりをみせます。さらに抒情詩のテーマ〈恋の悲しみ〉と重なり、それゆえに一六世紀以降のエンブレムの世界へと形象は受け継がれていきます。幾重にも文学と重なり合う涙模様は、ヨーロッパの恋愛思想、すなわちこころが身体を離れて恋人のうちに留まるという、いわゆる心身分離の観念に裏打ちされ、そうであればこそ息の長い展開をみせ、ここからハート型のマークが今日に残されました。倫理のレヴェルから感情のレヴェルへと、悲しみの表象が押し上げられた、まさにそのときに涙模様は登場し、ここで中世人は現代人の感性に近付きました。中世フランスという異国に現れた些細な涙模様の詮索ですが、〈心と眼の論争〉にみられたように心臓を情動の中枢器官と考える文化をわたしたちも共有しています。わたしたちも愛するひとにこころを捧げますし、こころは心臓にあり、心臓の鼓動が生きている証しであると考えてきたのです。そのような思想の原点としてヨーロッパ中世の文化は、わたしたちにとって決して異文化なのではありません。なによりもわたしたちは好んでハートのマークを使うではありませんか。

涙模様の調査を始めたのは、一九九七〜九八年に在外研究としてパリの社会科学高等研究院に籍を置いていたときでした。このとき写本挿絵に通じていた国立科学研究所のペリーヌ・マヌ氏には、調査の困難な写本に関し情報をいただき随分と助けられました。また国際基督教大学上級准教授の伊藤亜紀氏には、いつもながらお世話になり、イタリア語のテクストについて、またハートの図像についてご教示をいただきました。

本書の出版にあたっては、東信堂の下田勝司社長、ならびに二宮義隆氏にたいへんお世話になりました。震災によって物質的にも精神的にも、また経済的にも難題を抱えたこの時期に、やや感傷的でもある涙模様を論じた本書の出版に対し、すぐに役に立つわけではない無駄な書物があってもよいという有り難いご判断をいただきました。本書で示した図版の多くは、写本に挿まれたもともと小さな挿画であり、しかもそこに描かれた人物の服装の小さな模様を問題にするのですから、図の提示には苦慮しましたが、できるだけ目で確かめられるように掲載にはきめ細かな配慮をいただきました。十数年追いかけてきた涙のテーマが本書のようなかたちとなり、出版をかなえられたことに深く感謝いたします。

二〇一二年三月

徳井淑子

フランス王家関係系図（太字は本書で特に重要な人物）

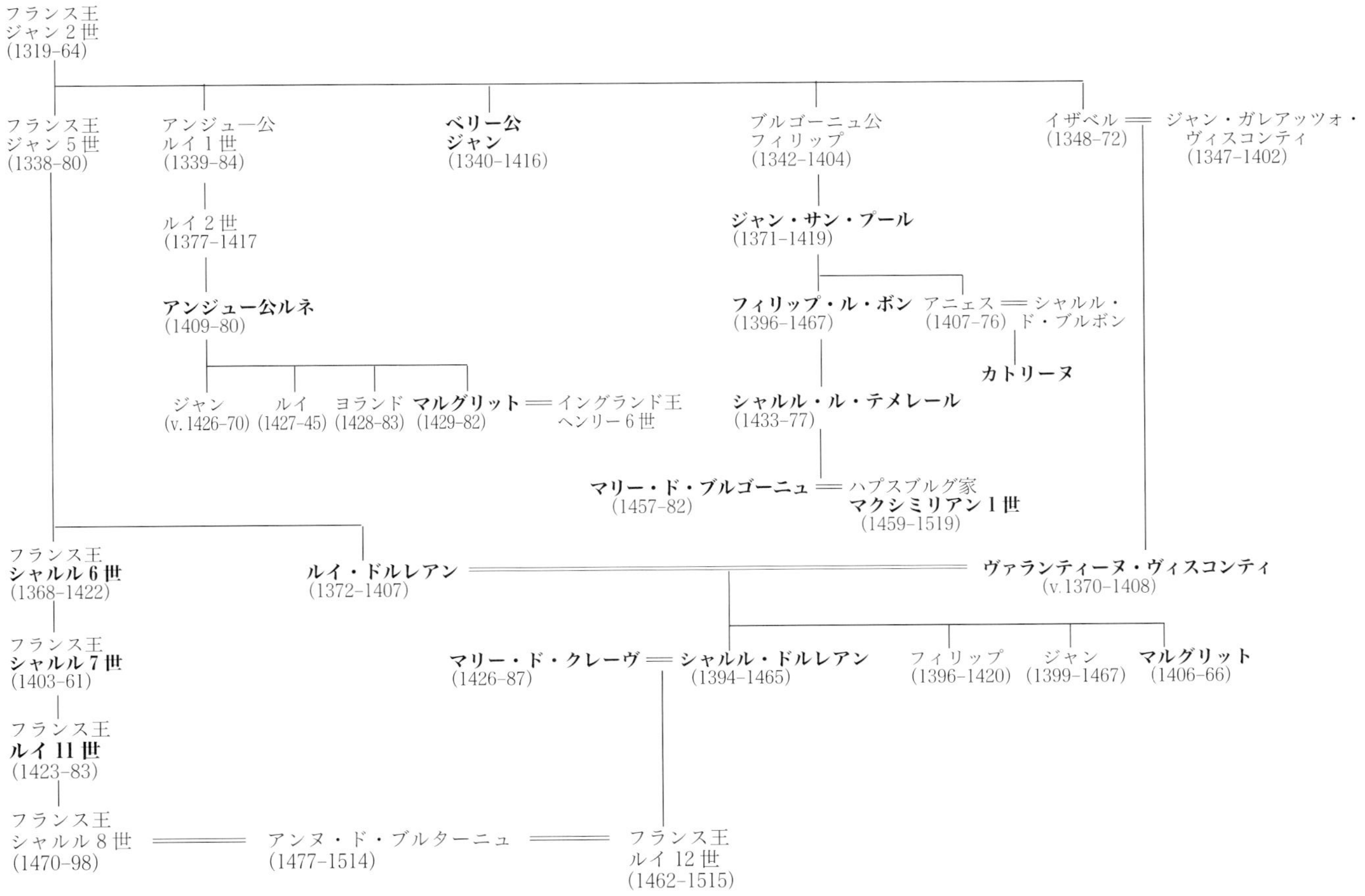
フランス王
ジャン２世
(1319–64)
フランス王
ジャン５世
(1338–80)
アンジュー公
ルイ１世
(1339–84)
ベリー公
ジャン
(1340–1416)
ブルゴーニュ公
フィリップ
(1342–1404)
イザベル
(1348–72)
ジャン・ガレアッツォ・
ヴィスコンティ
(1347–1402)
ルイ２世
(1377–1417
ジャン・サン・プール
(1371–1419)
アンジュー公ルネ
(1409–80)
フィリップ・ル・ボン
(1396–1467)
アニェス
(1407–76)
シャルル・
ド・ブルボン
カトリーヌ
ジャン
(v. 1426–70)
ルイ
(1427–45)
ヨランド
(1428–83)
マルグリット
(1429–82)
イングランド王
ヘンリー６世
シャルル・ル・テメレール
(1433–77)
マリー・ド・ブルゴーニュ
(1457–82)
ハプスブルグ家
マクシミリアン１世
(1459–1519)
フランス王
シャルル６世
(1368–1422)
ルイ・ドルレアン
(1372–1407)
ヴァランティーヌ・ヴィスコンティ
(v.1370–1408)
フランス王
シャルル７世
(1403–61)
マリー・ド・クレーヴ
(1426–87)
シャルル・ドルレアン
(1394–1465)
フィリップ
(1396–1420)
ジャン
(1399–1467)
マルグリット
(1406–66)
フランス王
ルイ11世
(1423–83)
フランス王
シャルル８世
(1470–98)
アンヌ・ド・ブルターニュ
(1477–1514)
フランス王
ルイ12世
(1462–1515)

一図像解釈と制作年代」『美術史』第155冊、2003年、105-124頁。

福本直之「ブルゴーニュ公秘笈雑考補遺」創価大学『一般教育論集』第36号、2012年、23-27頁。

深沢克己「啓蒙期フリーメイソンの儀礼と位階一石工伝統から騎士団伝説へ」東洋大学『白山史学』48号、2012年、27-61頁。

ふくやま美術館所蔵品目録、1991年。

『フランク・ブラグィン』展カタログ、国立西洋美術館、2010年。

堀越宏一・甚野尚志（編）『中世ヨーロッパを生きる』東京大学出版会、2004年。

ボルペール（ピエール＝イヴ）『「啓蒙の世紀」のフリーメイソン』深沢克己編、山川出版社、2009年。

ミシュレ『フランス史 II』大野一道、立川孝一監修、藤原書店、2010年。

ムッツァレッリ（マリア・ジュゼッピーナ）『フランス宮廷のイタリア女性―「文化人」クリスティーヌ・ド・ピザン』伊藤亜紀訳、知泉書館、2010年。

[服飾・装飾史]

Arnold (Janet), *Queen Elizabeth's Wardrobe Unlock'd*, Maney, Leeds, 1988.
Ashelford (Jane), *Dress in the Age of Elizabeth I*, Holmes & Meier, New York, 1988.
Beaune (Colette), Costume et pouvoir en France à la fin du Moyen Age: Les devises royales vers 1400, *Revue des Sciences Humaines*, t.LV, no.183, 1981, pp.125-146.
Enlart (Camille), *Manuel d'archéologie*, t.III, Costume, A. Picard, Paris, 1916.
Piponnier (Françoise), *Costume et vie sociale, la cour d'Anjou, XIVe-XVe siècle*, Mouton, Paris/La Haye, 1970.
Piponnier (F.) et Mane (P.), *Se vêtir au Moyen Age*, Adam Biro, Paris, 1995.
Quicherat (Jules), *Histoire du costume en France*, Paris, 1875.
Gay (Victor), *Glossaire archéologique du Moyen Age et de la Renaissance*, A. & J. Picard, Paris, 1887 (Kraus Rep., 1974).
『ヨーロッパ・ジュエリーの400年』展カタログ、東京都庭園美術館、2003年。
徳井淑子『服飾の中世』勁草書房、1995年。
――――『図説ヨーロッパ服飾史』河出書房新社、2010年。
―――― フィリップ善良公の“涙の文様の黒い帽子”―中世末期のモード・文学・感性」お茶の水女子大学『人文科学紀要』第50巻、1997年、331-343頁。
――――「『動物誌』と装飾文様―シャルル・ドルレアンの衣裳の《泉に姿を映す虎》」『フランス語フランス文学研究 PLUME』第5号、2001年、42-47頁。
ホワイト（パルマー）『スキャパレッリ』久保木康夫編、PARCO出版、1994年。

Paris (Paulin), *Les Manuscrits français de la Bibliothèque du roi*, t.II, Paris, 1838.

Picot (Emile), Note sur une tapisserie à figures symboliques conservée au Musée des Antiquités de Rouen, *Bulletin de la Société de l'Histoire de Normandie*, t.11, 1911.

_______, *Catalogue des livres de la Bibliothèque de M. le Baron James de Rothschild*, 5vols, Paris, 1884-1920.

Porter (Pamela), *Courtly Love in Medieval Manuscripts*, The British Library, 2003.

Robin (Françoise), *La Cour d'Anjou-Provence*, Picard, Paris, 1985.

Splendeur de l'enluminure, le roi René et les livres, Ville d'Angers / Actes Sud, Angers, 2009.

Stahl (Harvey), Le bestiaire de Douai, *Revue de l'Art*, 1970, no.8, pp.6-16.

Sterling (C.), *La Peinture médiévale à Paris 1300-1500*, Bibliothèques des Arts, Paris, 1987.

Sur la terre comme au ciel, Jardins d'Occident à la fin du Moyen Age, Réunion des Musées Nationaux, 2002.

Teppe (Julien), Les petits mystères de "chantepleure", *Vie et langage*, 1968, no.197, pp.494-495.

Thomas (Antoine), Les manuscrits français et provençaux des ducs de Milan au château de Pavie, *Romania*, XL, 1911, pp.571-609.

Valéry (M.-F.) et Le Toquin (A.), *Jardin du Moyen Age*, La Renaissance du Livre, Tournai, 2002.

Weale (W. H. James), The Early Painters of the Netherlands as illustrated by the Bruges Exhibition of 1902, *Burlington Magazine*, t.I, pp.202-217.

アラス(ダニエル)『なにも見ていない—名画をめぐる六つの冒険』宮下志朗訳、白水社、2002年。

オーラー（ノルベルト）『中世の死—生と死の境界から死後の世界まで』一條麻美子訳、法政大学出版局、2005年。

木島俊介『ヨーロッパ中世の四季』中央公論社、1983年。

木村三郎『ニコラ・プッサンとイエズス会図像の研究』中央公論美術出版、2007年。

小池寿子『描かれた身体』青土社、2002年。

古賀秀男『キャロライン王妃事件—"虐げられたイギリス王妃"の生涯をとらえ直す』人文書院、2006年。

徳井淑子『色で読む中世ヨーロッパ』講談社、2006年。

殿原民部「両侯暗殺実記（上）」『流域』65、2009年、22-25頁。

——— 「両侯暗殺実記（下）」『流域』66、2010年、24-30頁。

トロッテン（グウェンドリン）『ウェヌスの子どもたち—ルネサンスにおける美術と占星術』伊藤博明・星野徹訳、ありな書房、2007年、

新倉俊一『ヨーロッパ中世人の世界』ちくま学芸文庫、1998年。

ヌフォンテーヌ（リュク）『フリーメーソン』吉村正和訳、創元社、1996年。

平岡洋子「メルボルンのヴィクトリア国立美術館像《キリストの奇蹟の祭壇画》

Gérard Titus-Carmel / Eclats et Caparaçons, 1980/1982, Galerie Maeght, Paris.

Gousset (Marie-Thérèse), Le jardin d'Emilie, *Revue de la Bibliothèque nationale*, no.2, 1986.

Grief and Gender, 700-1700, ed. Jennifer C. Vaught, Palgrave Macmillan, New York, 2003.

Grootenboer (Hanneke), Treasuring the Gaze: Eye Miniature Portraits and the Intimacy of Vision, *The Art Bulletin*, vol.LXXXVIII, no.3, 2006, pp.496-507.

Hasenohr (Geneviève), Lacrimœ pondera vocis habent, Typologie des larmes dans la littérature de spiritualité française des XIIIe-XVe siècles, *Le Moyen Français*, t.37, 1997, pp.45-63.

Hagopian (Anne Van Buren), Un jardin d'amour de Philippe de Bon au parc de Hesden, le rôle de Van Eyck dans une commande ducale, *La Revue du Louvre*, 1985, pp.185-192.

Havard (Henry), *Dictionnaire de l'ameublement et de la décoration*, Paris, 1887-1890.

Høystad (Ole M.), A History of the Heart, Reaktion Books, London, 2007.

Jal (Auguste), *Dictionnaire critique de biographie et d'histoire*, Henri Plon, Paris, 1872 (Slatkine Rep., 1970).

Jourdan (Jean-Pierre), Le langage amoureux dans le combat de chevalerie à la fin du Moyen Age (France, Bourgogne, Anjou), *Le Moyen Age*, 1993, no.1, pp. 83-106.

________________, Le thème du Pas et de l'Emprise, *Ethnologie française*, t.XXII, 1992, pp.172-184.

________________, Allégories et symboles de l'âme et de l'amour du beau, *Le Moyen Age*, no.3-4, 2001.

The Heart, ed.James Peto, Yale U. P., New Haven, 2007.

Lecocq (Georges), *Etude historique sur Marie de Clèves*, Saint-Quentin, 1875.

Lecoy de La Marche, *Le Roi René*, Paris, 1875 (Slatkine Rip., 1969).

Le Goff (Jacques), *Un Moyen Age en images*, Éditions Hazan, Paris, 2000.

Leroquais (Victor), *Un Livre d'heures de Jean sans Peur*, Paris, 1939.

Lyna (Frédéric), *Le Mortifiement de vaine plaisance*, Bruxelles, 1926.

Mc Culloch (F.), Le tigre au miroir. La vie d'une image de Pline à Pierre Gringore, *Revue des Sciences Humaines*, t.XXXIII, no.130, 1968, pp.149-160.

Martin (Henry), Les « Heures de Boussu » et leurs bordures symboliques, *Gazette des beaux-arts*, t.III, 1910, pp.115-137.

Martin (Mary), The Small Collector, Eye Portraits, *The Connoisseur*, July 1925, pp.140-145.

_____________, Miniatures, Eye Portraits, *The Connoisseur*, June 1931, pp.369-377.

Mercier (Fernand), La valeur symbolique de l'œillet dans la peinture du Moyen Age, *La Revue de l'art ancien et moderne*, t.71, 1937, pp.233-236.

Morris (Frances), A Gift of Early English Gloves, *Bulletin of the Metropolitan Museum of Art*, New York, Vol.24, 1929, pp.46-50.

Nazy-Zombory (Piroska), *Le Don des larmes, un instrument spirituel en quête d'institution (Occident. Ve-XIIe siècle)*, Paris, 1998.

Avril (F.) et Reynaud (N.), *Les Manuscrits à peintures en France, 1440-1520*, Flammarion, Paris, 1995.

Barber (Richard), *Bestiary*, Boydell Press, Woodbridge, 1993.

Barber (R.) & Baker (J.), Tournaments, Boydell Press, Woodbridge, 1989.

Bensimon (Marc), The significance of eye imagery in the Renaissance from Bosch to Montaigne, *Yale French Studies*, 47, 1972, pp.266-290.

Bestiari medievali, A cura di Luigina Morini, Einaudi, Torino, 1996.

Bianciotto (Gabriel) Le pas d'armes de Saumur (1446) et la vie chevalereque à la cour de René d'Anjou, *Le Roi René, Actes du colloque international, Avignon 1981* (Annales Univ. d'Avignon, no.spécial 1-2,1986, pp.1-15).

Bibliothèque nationale de France, *Manuscrits enluminés d'origine italienne, 3 XIVe siècle, I Lombardie-Ligurie*, 2005.

__________________________, *Manuscrits enluminés des anciens Pays-Bas méridionaux, I Manuscrits de Louis de Bruges*, 2009.

Bon (Philippe), Notes sur le symbole de l'ours au Moyen Age: les ours du duc de Berry, *Cahiers d'archéologie et d'histoire du Berry*, no.99-100, 1989, pp.49-52.

Bozzolo (C.) et Loyau(H.), *La Cour amoureuse dite de Charles VI*, t.1, Léopard d'or, Paris, 1982.

Brault, (Gerard J.) *Early blazon*, Oxford U.P., 1972.

Chéruel (Adolphe), *Histoire de Rouen*, 2vols, Paris, 1843-1844.

Cline (Ruth H.), Heart and Eyes, *Romance Philology,* vol.XXV, no.3, February 1972.

Crying in the Middle Ages, Tears of History, ed. E. Gertsman, Routledge, New York / London, 2012.

Le « cuer » au Moyen Age (Réalité et Senefiance), Senefiance, no.30, 1991, CUERMA.

Collas (Emile), *Valentine de Milan, duchesse d'Orléans*, Plon, Paris, 1911.

Chefs-d'œuvre de la tapisserie du XIVe au XVIe siècle, Editions des Musées Nationaux, Paris, 1973.

Coulet (Noël), Jardin et jardiniers du roi René à Aix, *Annales du Midi*, CII, 1990, 275-286.

Delisle (Léopold), *Le Cabinet des manuscrits de la Bibliothèque nationale*, 3vols, Paris, 1868-1881.

Digby (G. Wingfield), *The Devonshire Hunting Tapestries*, London, 1971.

Dix siècles d'enluminure italienne (VIe-XVIe siècles), Bibliothèque Nationale, Paris, 1984.

Du Camp (Maxime), *Paris, ses organs, ses fonctions et sa vie jusqu'en 1870*, Rondeau, Paris, 1993.

Dupré (M. A.), Renseignements historiques sur les arts, tirés des Archives de Blois, *Revue des Sociétés Savantes*, 5em série, t. III, 1872.

El Kenz (David), L'assassinat du duc de Guise, *L'Histoire*, no.225, 1998, pp.60-64.

Fleurs et Jardins dans l'art flamand, Musée des Beaux-Arts, Gand, Editions de la Connaissance, Bruxelles, 1960.

Franklin (Alfred), *La Vie privée d'autrefois, L'annonce et la réclame, les cris de Paris*, Paris, 1887（アティーナ・プレス、2011年）.

cellui-ci, Académie royale de Belgique, *Bulletin de la classe des lettres*, 5e série, t.XLII, 1956, pp.300-323.

Vaivre (Jean-Bernard de), Troisième note sur le sceau du comté de Charolais au temps de Jean Sans Peur, *Archivum Heraldicum*, XCVI, 1982.

__________________, A propos des devises de Charles VI, *Bulletin monumental*, t. 141, 1983, pp. 92-95.

Wagner (Anthony R.), The Swan Badge and the Swan Knight, *Archaeologia*, vol.XCVII, 1959, pp.127-138.

伊藤博明『綺想の表象学―エンブレムへの招待』ありな書房、2007年。

―――『エンブレム文献資料集』ありな書房、1999年。

『東京芸術大学所蔵エンブレム本に関する美術史的研究』平成2～4年度科学研究費補助金一般研究（A）研究成果報告書（研究代表者 辻茂）、1993年。

デイリー（ピーター・M）『英国のエンブレムと物質文化―シェイクスピアと象徴的視覚性』伊藤博明訳・編、埼玉大学教養学部・文化科学研究科、2010年。

徳井淑子「涙の文様の周辺―15世紀フランスのモード、ドゥヴィーズ、シンボル」『日仏美術学会報』第18号、1998年、35-54頁。

―――「涙のドゥヴィーズの文学背景―〈心と眼の論争〉」お茶の水女子大学『人文科学研究』第3巻、2006年、29-40頁。

―――「ペトラルキスムと涙のドゥヴィーズ」お茶の水女子大学『人文科学研究』第6巻、2009年、67-80頁。

森護『ヨーロッパの紋章』三省堂、1979年。

プラーツ（マリオ）『綺想主義研究―バロックのエンブレム類典』伊藤博明訳、ありな書房、1998年。

______________『官能の庭』若桑・森田・白崎・伊藤・上村訳、ありな書房、1993年。

吉澤京子「16世紀イタリアの標章集―ゴンザーガ家関係の標章を中心として（1）」跡見学園女子大学短期大学部紀要、第34集、1998年、59-70頁。

―――「16世紀イタリアの標章集―ゴンザーガ家関係の標章を中心として（2）」同上紀要、第35集、1999年、114-127頁。

―――「16世紀イタリアの標章集―ゴンザーガ家関係の標章を中心として（3）」同上紀要、第37集、2001年、118-1132頁。

―――「パラッツォ・デル・テの「標章の間」について（1）」同上紀要、第39集、2003年、70-79頁。

―――「ピットーニの『著名人標章集』と16世紀装飾版画―象徴に対する装飾の優位性」同上紀要、第40集、2004年、50-63頁。

[歴史、美術史]

L'Arbre, Cahiers du Léopard d'or, no.2, 1993.

Chalon-sur-Saône 1449-1450, *Moyen Age*, t.81, 1975, pp.97-128.

____________, Le temps des Ancolies, *Romania*, t.95, 1974, pp.235-255.

Poirion (Daniel), *Le Poète et le prince*, P. U. F., Paris, 1965 (Slatkine Rip., 1978).

____________, *La Littérature françise, Le Moyen Age II, 1300-1480*, Arthaud, Paris, 1971.

Rychner (Jean), *La Littérature et les mœurs chevaleresques à la cour de Bourgogne*, Neufchatel, 1950.

安部薫『シェイクスピアの花』八坂書房、1979年。

ヴァルテール（フィリップ）「雁と熊─想像世界での系譜と宇宙創成神話」渡邉浩司訳、『北海道立北方民俗博物館研究紀要』第18号、2009年、9-28頁。

浦一章『ダンテ研究 I ─Vita Nuova, 構造と引用』東信堂、1994年。

岡田真知夫「《心臓を食べる話》─『イニョール短詩』の場合」東京都立大学『人文学報』no.139、1980年、1-23頁。

近藤恒一『ペトラルカ研究』新版、知泉書館、2010年。

佐々木茂美『シャルル・ドオルレアン研究』カルチャー出版、1978年。

瀬戸直彦「愛にかんする三つの命題─中世フランスのジュー・パルティについて」*Etudes Française*（早稲田大学文学部フランス文学論集）、t.1、1994年、1-22頁。

地村彰之「チョーサーの『公爵夫人の書』における死と生─ “herte”（=heart）を通して」『中世ヨーロッパにおける死と生』渓水社、2006年、109-140頁。

深作光貞「ペトラルカのラウラ」『イタリア学会誌』3号、1954年、48-66頁。

ホプキンズ（アンドレア）『中世を生きる女性たち』森本英夫監修、浅香佳子・小原平・傳田久仁子・熊谷知実訳、原書房、2002年。

横山昭正『視線のロマネスク─スタンダール・メリメ・フロベール』渓水社、2009年。

[紋章、ドゥヴィーズ、エンブレム]

Chatelain (Jean-Marc), *Livres d'emblèmes et de devises*, Klincksieck, Paris, 1993.

Jourdan (Jean-Pierre), La lettre et l'étoffe: étude sur les lettres dans le dispositif vestimentaire à la fin du Moyen Age, *Médiévales*, 29, 1995, pp.23-46.

Mérindol (Christien de), Le vitrail, une source de l'héraldique médiévale: l'exemple de la seconde maison d'Anjou, *Actes de 4e colloque international d'héraldique*, Bruxelles, 1985.

____________, *Le Roi René et la seconde maison d'Anjou, Emblèmatique, art et histoire*, Paris, 1987.

Pastoureau (Michel), Armoiries et devises des chevaliers de la Table Ronde: étude sur l'imagination emblématique à la fin du Moyen Age, *Gwéchall*, t. III, Quimper, 1982.

____________, *Figures et couleurs: études sur la symbolique et la sensibilité médiévale*, Le Léopard d'or, Paris, 1986.

____________, *Figures de l'héraldique*, Gallimard,1996（松村剛監修『紋章の歴史』創元社、1997年）.

Tourneur (Victor), Les origines de l'Ordre de la Toison d'or et le symbolique des insignes de

「事物の属性について」多井一雄訳、上智大学中世思想研究所『中世思想原典集成13 盛期スコラ学』平凡社、1993年。

セーヴ（モーリス）『デリー至高の徳の対象』加藤美雄訳、青山社、1990年。

『中世英詩「梟とナイチンゲール」「三世代の問答」』関本榮一訳・註、松柏社、1986年。

『トルバドゥール詞華集』瀬戸直彦編著、大学書林、2002年。

ナッシュ（トマス）『不運な旅人』小野協一訳、現代思潮社、1970年。

『薔薇物語』篠田勝英訳、平凡社、1996年（ちくま文庫、2007年）。

『プリニウスの博物誌』全3巻、中野定雄他訳、雄山閣、1986年。

ペトラルカ『カンツォニエーレ—俗事詩片』池田廉訳、名古屋大学出版会、1992年。

ボッカッチョ（ジョヴァンニ）『デカメロン』野上素一訳、岩波文庫、2002年。

____________________『フィローストラト』岡三郎訳、国文社、2004年。

[文学研究]

Alvar (Carlos), Oiseuse, Vénus, Luxure: Trois dames et un miroir, *Romania*, t.106,1985, pp.108-117.

Champion (Pierre), *Vie de Charles d'Orléans*, H.Champion, Paris, 1969.

______________, Un « Liber amicorum » du XVe siècle: notice d'un manuscrit d'Alain Chartier ayant appartenu à Marie de Clèves, femme de Charles d'Orléans, *Revue des Bibliothèques*, 1910, pp.320-336.

Concordanze del Canzoniere di Francesco Petrarca, a cura dell'Ufficio Lessicografico, Firenze, 1971.

Cline (Ruth H.), The influence of the Romances on tournament of the Middle Ages, *Speculum*, vol.20, 1945, pp.204-211.

Doutrepont (Georges), *La Littérature française à la cour des ducs de Bourgogne*, Paris, 1909.

Dulac (Liliane), Christine de Pisan et le malheur des «vrais amans», *Mélanges Pierre Le Gentil*, Paris, 1973, pp.223-233.

Gidel (Charles-Antoine), *Les Troubadours et Pétrarque*, Angers, 1857.

Jeanroy (Alfred), *La Poésie lyrique des Troubadours*, 2vols, Henri Didier, Paris, 1934.

Kosta-Théfaine (Jean-François), *Othon de Grandson, chevalier et poète*, Paradigme, Orléans, 2007.

Lot (Ferdinand), *Etude sur le Lancelot en prose*, Paris, 1916 (Slatkine Rip., 1984).

Patoureau (M.) et Gousset (M.-Th.), *Lancelot du Lac et la quête du Graal*, Anthèse, Arcueil, 2002.

Piaget (Arthur), La complainte du prisonnier d'amours, *Mélanges offerts à M. Emile Picot,* Damascène Morgand, 1913.

Planche (Alice), Du tournois au théâtre en Bourgogne. Le Pas de la Fontaine des Pleurs à

Heinsius (Daniel), *Emblemata Amatoria*, Amsterdam, 1608.

La Marche (Olivier de), *Mémoires*, éd. H. Beaune et J. d'Arbaumont, SHF, Paris, 1883-88.

Lancelot, éd. A. Micha, Droz, Genève, 1978-1982.

Lancelot, texte presenté par A. Micha, t.I, Union Général d'Edition, Paris, 1983.

Leseur (Guillaume), *Histoire de Gaston IV, comte de Foix*, 2vols, éd. H. Courteault, SHF, 1893-96.

Le Livre des propriétés des choses, une encyclopédie au XIVe siècle, mise en français moderne par B. Ribémont, Stock, Paris, 1999.

Le Livre du Chevalier de la Tour Landry, éd. A. de Montaiglon, P. Jannet, Paris, 1854.

Nashe (Thomas), *The Unfortunate Traveller*, ed. Ronald B. McKerrow, *The Works of Thomas Nashe*, vol.II, London, 1910.

Le Ménagier de Paris, ed. G. E. Brereton & J. M. Ferrier, Oxford, 1981.

Œuvres complètes du roi René, ed.Th. de Quatrebarbes, 2vols, Angers, 1844-46.

Paradin (Claude), *Devises héroïques*, Jean de Tournes et Guillaume Gazeau, Lyon, 1551.

Peacham (Henry), *Minerva Britanna*, London,1612.

Petit (Ernest), *Itinéraire de Philippe le Hardi et Jean sans Peur, ducs de Bourgogne (1363-1419)*, Paris, 1888.

Petrarca (Francesco), *Canzoniere*, edizione commentata a cura di Marco Santagata, Mondadori, Milano, 1996.

Plinius, *Natural History*, ed. and trans. H. Rackham, 10vols, Loeb Classical Library, Cambridge/ Massachusetts/London, 1938-67.

René d'Anjou, *Le Livre du cœur d'amours éspris*, éd.F.Bouchet, Lettres Gothiques, Paris, 2003.

Le Roman de Ponthus et Sidoine, éd. M.-Cl.de Crécy, T.L.F., Droz, 1997.

Ripa (Cesare), *Iconologia*, Roma,1603 (Georg Olms Verlag, Hildesheim, 2003).

Scève (Maurice), *Délie* (1544), The Scolar Press, Yorkshire, 1972.

Tuetey (Alexandre), Inventaire des biens de Charlotte de Savoie, *Bibliothèque de l'Ecole des Chartes*, t.26, 1865.

Vænius (Otto), *Amorum Emblemata*, Antverpiæ, 1608.

Recueil de poésies françaises des XVe et XVIe siècles , t.V, P. Jannet, Paris, 1856.

Richard de Fournival, *Le Bestiaire d'amour*, éd. C.Hippeau, Slatkine Rep., Genève, 1969.

Vulson de la Colombière, *Le Vray théâtre d'honneur et de chevalerie*, 2vols, Augustin Courbe, Paris, 1648.

アルチャーティ（アンドレア）『エンブレム集』伊藤博明訳、ありな書房、2000年。

ウェニウス（オットー）、ヘインシウス（ダニエル）『愛のエンブレム集』伊藤博明訳、ありな書房、2009年。

アンドレーアース・カペルラーヌス『宮廷風恋愛について―ヨーロッパ中世の恋愛指南書』瀬谷幸男訳、南雲堂、1993年。

シシル『色彩の紋章』伊藤亜紀・徳井淑子訳・解説、悠書館、2009年。

関係書誌

[史料]

Adam de la Halle, *Œuvres complètes*, éd. P.-Y. Badel, Livre de Poche, Paris, 1995.

Aliscans, éd. Claude Régnier, CFMA, Paris, 1990.

Arnaud d'Agnel (Gustave), *Les Comptes du roi René*, 2vols, A. Picard, Paris, 1908.

Le bestiaire, traduit par M.-F. Dupuis et S. Louis, P. Lebaud, Paris, 1988.

Brassart (Félix), *Le Pas du Perron fée*, L. Crépin, Douai, 1874.

Brunetto Latini, *Li Livres dou Tresor*, éd. F. J. Carmody, Los Angeles, 1948, (Slatkine Rep., 1975).

Champollion-Figeac (Aimé), *Louis et Charles, ducs d'Orléans*, Paris, 1844 (Slatkine Rep., 1980).

Chansons du XVe siècle, éd. G. Paris, Firmin-Didot, Paris, 1875.

Charles d'Orléans, Poésies, éd. P. Champion, H. Champion, Paris, 1982-1983.

Charles d'Orléans, *Ballades et rondeaux*, éd. J.-Cl. Mühlethaler, Livre de Poche, Paris, 1992.

Chartier (Alain), *Le Cycle de la Belle Dame sans Mercy*, éd. David F. Hult et Joan E. McRae, H. Champion, Paris, 2003.

Chastellain (Georges), *Œuvres*, éd. Kervyn de Lettenhove, Bruxelles, 6vols, 1863-1868 (Slatkine Rep., 1971).

Chrétien de Troyes, *Yvain*, éd. M. Roques, CFMA, Paris, 1978.

______________, *Cligès*, éd. A. Micha, CFMA, Paris, 1978.

Christine de Pisan, *Œuvres poètiques de Christine de Pisan*, éd M. Roy, 3vols, SATF, Paris, 1886-1896 (Slatkine Rip., 1965).

De Laborde, *Les Ducs de Bourgogne: étude sur les lettres, les arts et l'industrie pendant le XVe siècle*, 3tomes, Paris, 1849-1852.

Deschaux (Robert), *Un Poète bourguignon du XVe siècle, MICHAULT TAILLEVENT*, Droz, Genève, 1975.

Dialogue de Placides et Timéo, éd. Cl. Thomasset, Droz, Paris/Genève, 1980.

Du Clercq (Jacques), *Mémoires*, éd. Fréd, Reiffenberg, Bruxelles, 1823.

Flamen (Albert), *Devises et emblesmes d'amour moralisez*, Paris, 1658.

Jeanroy (Alfred), *La Poèsie lyrique des Troubadours*, Henri Didier, Paris, 1934.

Gervais du Bus, *Le Roman de Fauvel*, éd. A. Långfors, SATF, 1914-19.

Gauthier (M. J.), Inventaire du mobilier de l'Hôtel du connétable de Saint-Paul, à Cambrai (1476), *Bulletin archéologique du comité des travaux historiques et scientifiques*, no.1, 1885,

Graves (F. M.), *Deux inventaires de la Maison d'Orléans (1389 et 1408)*, Champion, Paris, 1926.

Guillaume de la Perrière, *Théâtre des bons engins*, Paris, 1539.

Guillaume de Machaut, *Œuvres*, éd. E. Hoepffner, 3vols, SATF, Paris, 1911.

Guillaume de Machaut, *Le Livre du Voir Dit*, Lettres Gothiques, 1999.

VI-2　エリザベス女王、1603年頃、ソールズベリィ、ハットフィールド・ハウス。
VI-3　アイ・ポートレート、ボストン美術館（M. Martin, Miniatures, Eye Portraits, *The Connoisseur*, June 1931, p.374）。
VI-4　化粧箱またはボンボン入れ、フランス製、個人蔵（M. Martin, Miniatures, Eye Portraits, *ibid.*, p.374）。
VI-5　フランス、シュノンソー城、アンリ3世妃ルイーズ・ド・ロレーヌの寝室。
VI-6　フランス、シュノンソー城、同上の天井板。
VI-7　ギーズ公兄弟の死を悼む、16世紀末、フランス国立図書館版画室（*L'Histoire*, no.225,1998, p.64）。
VI-8　マリー・アントワネットの記念碑、1815年、パリ、コンシェルジュリー。
VI-9　フリーメイソン、親方「位階」の昇位儀礼（リュック・ヌフォンテーヌ『フリーメーソン』吉村正和訳、創元社、1996年、37頁）。
VI-10　17世紀の死亡通告人、A. Franklin, *La Vie privée d'autrefois, L'annonce et la réclame, les cris de Paris*, Paris, 1887, p.105.
VI-11　フランク・ブラングィン、涙とハートの装飾板、1900年頃、ロンドン、ヴィクトリア・アンド・アルバート美術館（『フランク・ブラグィン』展カタログ、国立西洋美術館、2010年、作品 I-4）。
VI-12　ジャン・コクトー作のブローチ、1928年頃（パルマー・ホワイト『スキャパレッリ』久保木康夫編、PARCO出版、1994年、203頁）。
VI-13　ジェラール・ティテュス＝カルメル《カパラソン1》1987年（『ふくやま美術館所蔵品目録』1991年、180頁）。

第Ⅳ章

Ⅳ-1　蒸留器、モーリス・セーヴ『デリ』リオン、1544年、CCXIIII（Maurice Scève, *Dèlie*, The Scolar Press, Yorkshire, 1972）.
Ⅳ-2　愛神と蒸留器、Guillaume de la Perrière, *Théâtre des bons engins*, Paris, 1539, LXXIX.
Ⅳ-3　愛神と蒸留器、Daniel Heinsius, *Emblemata Amatoria,* Amsterdam, 1608, no.3.
Ⅳ-4　蒸留器、Albert Flamen, *Devises et Emblesmes d'amour moralisez*, Paris, 1658, p.69.
Ⅳ-5　花に水をやる愛神、Otto Vænius, *Amorum Emblemata,* Antverpiæ, 1608, p.79.
Ⅳ-6　ボッカッチョ『王侯の没落』、Ⓒ BnF. Ms.fr.132, f.1.
Ⅳ-7　涙と血のしずく、『ブスュの夫人の時禱書』、Ⓒ BnF. Ms.Ars.1185, f.187.
Ⅳ-8（口絵）　ハートに重ねられた三色スミレとオダマキ、同上、Ⓒ BnF. Ms.Ars.1185, f.374.
Ⅳ-9　梟と涙、『マルグリット・ドルレアンの時禱書』、Ⓒ BnF. Ms.lat.1156B, f.13.
Ⅳ-10　アーサー王の騎士、『聖杯の探索』1380–85年、Ⓒ BnF. Ms.fr.343, f.3.
Ⅳ-11　眼を散らした黄色の服のアーサー王（右端）、『ギロン・ル・クルトワ』1370–80年、Ⓒ BnF. Ms.n.a.fr.5243, f.6
Ⅳ-12（口絵）　眼の模様を付けた騎士、『ミサ典書』15世紀、Ⓒ BnF. Ms.lat.757, f.79.
Ⅳ-13　死の勝利、ペトラルカ『トリオンフィ』15世紀、Ⓒ BnF. Ms.fr.223, f.160v.

第Ⅴ章

Ⅴ-1　視線の矢を放つ、Otto Vænius, *op.cit.*, p.151.
Ⅴ-2　心臓が旅に出る、前掲 Codex Vind.2597, f.1.
Ⅴ-3　ボッカッチョ『デカメロン』第四日一話、15世紀第二四半期、ウィーン、オーストリア国立図書館 Ms.2561, f.151v.
Ⅴ-4　タピスリー《心を贈る》、パリで制作、1400–1410年、ルーヴル美術館。
Ⅴ-5　クリスティーヌ・ド・ピザン『オテアの書簡』1406–1415年、大英図書館 Ms.Harley 4431, f.100.
Ⅴ-6　ハートを捕える〈愛想の良さ〉と〈優雅な物腰〉、前掲Ⓒ BnF. Ms.fr.24399, f.122.
Ⅴ-7　ハートを閉じ込める〈気晴らしのロジェ〉、同上、Ⓒ BnF. Ms.fr.24399, f.124.
Ⅴ-8　心臓を礫にする〈恐れ〉と〈痛悔〉、アンジュー公ルネ『虚しい快楽の難行』1457年頃、ブリュッセル、王立図書館 Ms.10308. f.65.
Ⅴ-9　ハート型の本、1475年頃、Ⓒ BnF. Ms. Rothschild 2973.
Ⅴ-10（口絵）　マーガレットに苺のハートを捧げるピエール・サラ、1500年頃、Ⓒ British Library, Ms.Stowe 955, f.6.

終　章

Ⅵ-1　〈統治法〉、チェーザレ・リーパ『イコノロジーア』1603年。

F.p.XIV,4, f.23v.
II-7　アンジュー公ルネ『馬上槍試合の書』、© BnF. Ms.fr.2695, f.100v-101.
II-8　「羊飼い女の武芸試合」、© BnF. Ms.fr.1974, f.1.
II-9（口絵）アンジュ―公ルネとアランソン公の闘い、前掲 Fr.F.p.XIV,4, f.24v.
II-10　ギシャール・ド・モンブロンの兜飾り、© BnF. Ms.fr.25204, f.56v.
II-11　ジャン・ド・ダイヨンのタピスリー、イギリス、モンタキュート・ハウス（ナショナル・トラスト）。
II-12　ソミュールの武芸試合、前掲 Fr.F.p.XIV,4, f.6.
II-13　アンジュ―公ルネの登場、前掲 Fr.F.p.XIV,4, f.24.

第III章

III-1（口絵）兜に三色スミレを飾り、盾に忘れな草を表わした〈心〉、ウィーン、オーストリア国立図書館、Codex Vind. 2597, f.5v.
III-2　〈心〉と従者〈欲望〉、同上 Codex Vind.2597, f.9.
III-3　忘れな草と、周囲に涙滴を配した〈心〉の盾、© BnF. Ms.fr.24399, f.17v.
III-4　写本欄外を飾る忘れな草、© BnF. Ms.Ars.291, f.27.
III-5　黒い甲冑の〈不安〉の標章、金盞花、前掲 Codex Vind.2597, f.18v.
III-6　〈怒り〉のアザミとイバラの紋章、同上 Codex Vind.2597, f.26.
III-7　写本欄外のオダマキとカーネーションの花、© BnF. Ms.lat.1156B,f.31.
III-8　男女の左に置かれたナデシコの鉢、1485-88年、BnF. Est. Rés.Ea.41.
III-9　大きなナデシコを運ぶひと、大英図書館、Add.Ms.38126, f.110.
III-10　ブルゴーニュ公の宮廷の情景、アントワープで制作、1550年頃、ヴェルサイユ城美術館。
III-11　イングランド王太子アーサー・チューダー、1515-20年、イギリス、ヒーバー城。
III-12　虎と鏡、『動物誌』、13世紀半ば、ボードリアン図書館 Ms.Bodley 764（R. Barber, *Bestiary*, London, 1993, p.28）。
III-13　虎と鏡、『動物誌』、13世紀、フランス、ドゥーエイ市立図書館 Ms.711, f.2.
III-14　ヴァンドーム公シャルル・ド・ブルボンの虎の標章（右上）、Pierre Gringore, *Fantasies de Mere sotte,* 第2版、1516年よりやや後に刊行。
III-15　シャルル6世の標章、ウィーン、金羊毛騎士団資料 Ms.51, f.2.
III-16（口絵）『クリスティーヌ・ド・ピザン作品集』15世紀、© British Library, Ms. Harley 4431, f.376.
III-17　脚衣に雲と雨粒、『ルノー・ド・モントーバン』1469年、© BnF. Ms.Ars. 5074, f.296.
III-18　脚衣に雲と雨粒、女性の帽子にも涙滴か？『ルノー・ド・モントーバン』（M.-F. Valery, A. Le Toquin, *Jardin du Moyen Age*, La Renaissance du Livre, Tournai, 2002, p.49）。

ィィ、コンデ美術館。

Ⅰ-7　白鳥のモチーフを散らした服を着たベリー公ジャン、© BnF. Ms. fr.23279, f.53.

Ⅰ-8　鉋と水準器とホップの葉を着けたブルゴーニュ公ジャン・サン・プール、© BnF. Ms.fr.2810, f.226.

Ⅰ-9　フィリップ・ル・ボンの火打ち石の標章、ブリュッセル、王立図書館、Ms.9242, f.1.

Ⅰ-10　ルイ12世の標章、豪猪と王冠、ブロワ城、フランソワ1世棟、1515–24年。

Ⅰ-11　著作を献じるアラン・シャルティエ、大英図書館 Ms.Add.21247, f.69.

Ⅰ-12　ジョウロ、15世紀（左）、16世紀（右）、大英博物館。

Ⅰ-13　タピスリー《天蓋の下の男女》、1460–65年、トゥルネイまたはブリュッセルで制作、パリ、装飾美術館。

Ⅰ-14　マリー・ド・クレーヴの標章、ジョウロと三色スミレ、© BnF. Ms.fr.25528, f.1.

Ⅰ-15　銀製のビュオ、C. Enlart, *Manuel d'archéologie,* t.III, Costume, Paris, 1916, Fig. 176.

Ⅰ-16　革製のナイフカバー、15世紀、大英博物館。

Ⅰ-17　書物を献呈されるフィリップ・ル・ボン、1448年、ブリュッセル、王立図書館 Ms.9242, f.1.

Ⅰ-18（口絵）　デヴォンシャー家の狩猟タピスリー〈熊狩り〉、フランスのアラスで制作、15世紀、ロンドン、ヴィクトリア・アンド・アルバート美術館。

Ⅰ-19　涙滴をともなったサイン、15世紀、© BnF. Ms.fr.20026, f.A.

Ⅰ-20　アンジュー公ルネ、マリー・ド・クレーヴ等のサイン、15世紀、© BnF. Ms.fr.20026, f.Av.

Ⅰ-21　三色スミレと涙滴のイニシャル装飾、『聖書』1470年頃、© BnF. Ms.lat.25, f.328v.

Ⅰ-22　オダマキと涙滴のイニシャル装飾、同上、© BnF. Ms.lat.25, f.125v.

第Ⅱ章

Ⅱ-1　「歓び知らずのブラン」の紋章、© BnF. Ms.fr.14357 f.2.

Ⅱ-2　〈歓びの砦〉近くで戦うランスロ（左）、1405年頃、© BnF. Ms.Ars.3479, p.558.

Ⅱ-3　『クレーヴ公の年代記』、ミュンヘン、バイエルン州立図書館（木島俊介『ヨーロッパ中世の四季』中央公論社、1983年、24頁）。

Ⅱ-4　「涙の泉の武芸試合」の設え、© BnF. Ms.fr.16830, f.124.

Ⅱ-5　ガリシア国の紋に、黒地に白い涙滴の紋を重ねたポンチュスの紋章、© BnF. Ms.fr.24399, f.91.

Ⅱ-6　ソミュールの武芸試合の設え、サンクト・ペテルスブルク図書館 Fr.

図版一覧

序　章

序 -1　「歓び知らずのブラン」の紋章、Ⓒ BnF.（フランス国立図書館）Ms.fr. 12577, f.65.

序 -2　右下の白馬に大粒の水滴を散らした馬衣が見える、Ⓒ BnF. Ms.Ars.5047, f.65.

序 -3　下着に刺繍された雲・雨粒・虹・カーネーション、16世紀末、マンチェスター、ウィットワース美術館（J. Ashelford, *Dress in the Age of Elizabeth I,* New York, 1988, p.96）。

序 -4　雲と雨、Claude Paradin, *Devises héroïques*, Lyon, 1557, p.14.

序 -5　虹と雨、Henry Peacham, *Minerva Britanna*, London,1612, p.77.

序 -6（口絵）　涙を流す眼を刺繍された手袋、16世紀末か17世紀初頭、ニューヨーク、Ⓒ The Metropolitan Museum of Art.

序 -7　涙をこぼす眼、Henry Peacham, *op.cit.*, p.142.

序 -8（口絵）　イエスの磔刑図に添えられた三色スミレと涙をこぼす眼、Ⓒ BnF. Ms.Ars. 1185, f.196.

序 -9　ボッカッチョ『デカメロン』第四日九話、1414-19年、ヴァチカン図書館 Pal.lat.1989, f.143v.

序 -10　ヴァランティーヌ・ヴィスコンティのジョウロの標章、Claude Paradin, *op.cit.*, p.91.

序 -11　フィリップ・ル・ボンの肖像、15世紀、ブルッヘ、フルーニンゲ美術館。

序 -12　ブルゴーニュ公フィリップ・ル・アルディの墓所の泣き人、ディジョン美術館。

第Ⅰ章

Ⅰ-1　虎と標語〈JAMAIS〉を表わした衣服のシャルル6世、Ⓒ BnF. Ms.fr.23279, f.19.

Ⅰ-2　シャルル7世の標章、飛翔する鹿、ジャン・フーケ画、ボッカッチョ『王侯の没落』1458年頃、ミュンヘン、バイエルン州立図書館。

Ⅰ-3　アンジュー公ルネの標章、節の付いた枝と新芽を付けた切り株、1459-60年、Ⓒ BnF. Ms.lat.17332, f.52.

Ⅰ-4　ルネとジャンヌの標章、1492-95年、サンクト・ペテルスブルク図書館 Fr.Q.p.XIV,1, f.37v.

Ⅰ-5　ルネの妻、イザベルとジャンヌの標章、1454-60年、BnF. Est. Rés. Pc.18, f.9.

Ⅰ-6　『ベリー公のいとも豪華な時禱書』1月の暦図、15世紀初頭、シャンテ

ら

り

る

わ

て

と

な

は

ひ

ふ

か

き

く

こ

さ

し

索　引

あ

い

う

え

お

D'autre part, le thème lyrique « complainte amoureuse » ou « tristesse amoureuse » mis à la mode par les poèmes allant de Guillaume de Machaut jusqu'à Alain Chartier, a attaché le motif des larmes à leurs lieux communs tels que « la pluie des larmes » ou « la rivière des larmes », expressions influencées par Canzoniere de Pétrarque et remontant à la rhétorique des troubadours. En plus le lyrisme médiéval a engendré le thème « débat du Cœur et l'Œil », dispute entre le cœur et l'œil personnifiés à propos de la responsabilité de la douleur de l'amour, ainsi la figure de l'œil larmoyant est-elle devenue symbole de l'amoureux malheureux. Dans le pétrarquisme des XVIe et XVIIe siècles, le thème de la tristesse amoureuse a obtenu une nouvelle figure : alambic distillant avec le mot « Mes pleurs mon feu décèlent » par exemple. Ici les pleures n'étaient pas simplement l'expression de la souffrance, mais plutôt celle de l'affection profonde. Le sens de pleurer vaut également pour les poèmes lyriques médiévaux.

La personnification du cœur et de l'œil a entrainé non seulement la production du motif de l'œil mais aussi la figuration du cœur, type du cœur familier d'aujourd'hui. Ce n'est pas aux yeux seulement que le cœur peut être opposé, mais au corps tout entier. L'idée de la séparation du cœur et du corps qui remonte aussi aux poèmes des troubadours est un des cadres de la figuration du cœur. La représentation fertile autour de motifs des larmes et du cœur s'appuie sur le lyrisme qui dérive de la pensée d'amour de l'Occident médiéval.

Résumé

Larmes et Œil : devises et pensée d'amour en Occident médiéval

Yoshiko TOKUI

La devise fort prisée par les grands seigneurs français des XIVe et XVe siècles comme décoration vestimentaire, était un motif personnel qui représentait leurs perceptions de la vie quotidienne ou leurs principes politique. Parmi la diversité des motifs, la devise des larmes qui a connu un grand succès au XVe siècle, est une devise exceptionnelle dont la source ou le sens peuvent aujourd'hui encore être déchiffrés. Car elle s'accordait non seulement à la mentalité mélancolique de la fin du Moyen Age, mais aussi au goût littéraire de l'époque, c'est-à-dire à la vogue des romans arthuriens et de la poésie lyrique. Elle se fondait en particulier sur la rhétorique des poèmes lyriques influencés par Pétrarque, ainsi au sein du pétrarquisme à partir du XVIe siècle survivait-elle dans les livres d'emblème. Dans les milieux littéraires, la devise des larmes a créée un magnifique monde de représentation en donnant naissance aux motifs similaires, « chantepleure » qui distille des gouttes d'eau, ou nuage avec des gouttes de pluie, et en s'accordant aux fleurs d'amour telles que pensée ou ancolie. Il est bien connu que les deux duchesses d'Orléans, Valentine Visconti et Marie de Clèves ont adopté comme devise les larmes ou la chantepleure. Valentine voulait représenter la tristesse que lui causait la mort de son mari, Louis d'Orléans, alors que Marie l'a choisi par goût littéraire.

Le motif des larmes dérive de l'écu imaginaire dans les romans arthuriens que les nobles contemporains ont pris pour modèle de leur chevalerie. Donc les pas d'armes organisés fréquemment dans les années 1440 aux Cours de René d'Anjou et de Philippe le Bon de Bourgogne, se sont inspirés des exploits des chevaliers arthuriens et ainsi l'écu semé de gouttes s'est-il diffusé.

著者紹介

徳井淑子（とくい　よしこ）

1984年、お茶の水女子大学大学院人間文化研究科博士課程単位取得満期退学。

現在、お茶の水女子大学人間文化創成科学研究科教授。専攻は、フランス服飾・文化史。

著書に『服飾の中世』（勁草書房、1995年）、『中世衣生活誌』（編・訳、勁草書房、2000年）、『色で読む中世ヨーロッパ』（講談社、2006年）、『図説ヨーロッパ服飾史』（河出書房新社、2010年）、共著に『カラー版世界服飾史』（美術出版社、1998年）、『中世ヨーロッパを生きる』（東京大学出版会、2004年）、『色彩の紋章』（訳・解説、悠書館、2009年）などがある。

Larmes et Œil : devises et pensée d'amour en Occident médiéval

涙と眼の文化史—中世ヨーロッパの標章と恋愛思想

2012年8月30日　　初　版第1刷発行　　〔検印省略〕

定価はカバーに表示してあります。

著者Ⓒ徳井淑子／発行者 下田勝司　　印刷・製本／中央精版印刷

東京都文京区向丘1-20-6　郵便振替00110-6-37828

〒113-0023　TEL (03) 3818-5521　FAX (03) 3818-5514

発行所 株式会社 東信堂

Published by TOSHINDO PUBLISHING CO., LTD.

1-20-6, Mukougaoka, Bunkyo-ku, Tokyo, 113-0023, Japan

E-mail : tk203444@fsinet.or.jp　http://www.toshindo-pub.com

ISBN978-4-7989-0137-4 C3070

東信堂

（世界美術双書）

- バルビゾン派　井出洋一郎　二〇〇〇円
- キリスト教シンボル図典　中森義宗　二三〇〇円
- パルテノンとギリシア陶器　関隆志　二三〇〇円
- 中国の版画—唐代から清代まで　小林宏光　二三〇〇円
- 象徴主義—モダニズムへの警鐘　中村隆夫　二三〇〇円
- 中国の仏教美術—後漢代から元代まで　久野美樹　二三〇〇円
- セザンヌとその時代　浅野春男　二三〇〇円
- 日本の南画　武田光一　二三〇〇円
- 画家とふるさと　小林忠　二三〇〇円
- ドイツの国民記念碑—一八一三—一九一三年　大原まゆみ　二三〇〇円
- 日本・アジア美術探索　永井信一　二三〇〇円
- インド、チョーラ朝の美術　袋井由布子　二三〇〇円
- 古代ギリシアのブロンズ彫刻　羽田康一　二三〇〇円

（芸術学叢書）

- 芸術理論の現在—モダニズムから　藤枝晃雄・谷川渥編著　三八〇〇円
- 絵画論を超えて　尾崎信一郎　四六〇〇円
- 涙と眼の文化史—中世ヨーロッパの標章と恋愛思想　徳井淑子　三六〇〇円
- 社会表象としての服飾—近代フランスにおける異性装の研究　新實五穂　三六〇〇円
- バロックの魅力　小穴晶子編　二六〇〇円
- 新版 ジャクソン・ポロック　藤枝晃雄　二六〇〇円
- ロジャー・フライの批評理論—知性と感受性の間で　要真理子　四二〇〇円
- レオノール・フィニ—境界を侵犯する新しい種　尾形希和子　二八〇〇円
- いま蘇るブリア＝サヴァランの美味学　川端晶子　三八〇〇円
- ネットワーク美学の誕生—「下からの綜合」の世界へ向けて　川野洋　三六〇〇円
- イタリア・ルネサンス事典　J・R・ヘイル編 中森義宗監訳　七八〇〇円
- 福永武彦論—「純粋記憶」の生成とボードレール　西岡亜紀　三二〇〇円
- 『ユリシーズ』の詩学　金井嘉彦　三二〇〇円

〒113-0023　東京都文京区向丘 1-20-6　TEL 03-3818-5521　FAX03-3818-5514　振替 00110-6-37828
Email tk203444@fsinet.or.jp　URL:http://www.toshindo-pub.com/

※定価：表示価格（本体）＋税

東信堂

〈未来を拓く人文・社会科学シリーズ〈全17冊・別巻2〉〉

科学技術ガバナンス	城山英明編	一八〇〇円
ボトムアップな人間関係―心理・教育・福祉・環境・社会の12の現場から	サトウタツヤ編	一六〇〇円
高齢社会を生きる―老いる人／看取るシステム	清水哲郎編	一八〇〇円
家族のデザイン	小長谷有紀編	一八〇〇円
水をめぐるガバナンス―日本、アジア、中東、ヨーロッパの現場から	蔵治光一郎編	一八〇〇円
生活者がつくる市場社会	久米郁夫編	一八〇〇円
グローバル・ガバナンスの最前線―現在と過去のあいだ	遠藤乾編	二二〇〇円
資源を見る眼―現場からの分配論	佐藤仁編	二〇〇〇円
これからの教養教育―「カタ」の効用	葛西康徳・鈴木佳秀編	二〇〇〇円
「対テロ戦争」の時代の平和構築―過去からの視点、未来への展望	黒木英充編	一八〇〇円
企業の錯誤／教育の迷走―人材育成の「失われた一〇年」	青島矢一編	一八〇〇円
日本文化の空間学	桑子敏雄編	二二〇〇円
千年持続学の構築	木村武史編	一八〇〇円
多元的共生を求めて―〈市民の社会〉をつくる	宇田川妙子編	一八〇〇円
芸術は何を超えていくのか？	沼野充義編	一八〇〇円
芸術の生まれる場	木下直之編	二〇〇〇円
文学・芸術は何のためにあるのか？	吉岡洋・岡田暁生編	二〇〇〇円
紛争現場からの平和構築―国際刑事司法の役割と課題	城山英明・石田勇治・遠藤乾編	二八〇〇円
〈境界〉の今を生きる	荒川歩・川喜田敦子・谷川竜一・内藤順子・柴田晃芳編	一八〇〇円
日本の未来社会―エネルギー・環境と技術・政策	城山英明・鈴木達治郎・角和昌浩編	二二〇〇円

〒113-0023　東京都文京区向丘 1-20-6　TEL 03-3818-5521　FAX03-3818-5514　振替 00110-6-37828
Email tk203444@fsinet.or.jp　URL:http://www.toshindo-pub.com/

※定価：表示価格（本体）＋税

東信堂

子ども・若者の自己形成空間—教育人間学の視線から　高橋勝編著　二七〇〇円
教育文化人間論—知の逍遥／論の越境　小西正雄　二四〇〇円
グローバルな学びへ—協同と刷新の教育　田中智志編著　二〇〇〇円
教育の共生体へ—ボディエデュケーショナルの思想圏　田中智志編　三五〇〇円
人格形成概念の誕生—近代アメリカの教育概念史　田中智志　三六〇〇円
社会性概念の構築—アメリカ進歩主義教育の概念史　田中智志　三八〇〇円
教育の自治・分権と学校法制　結城忠　四六〇〇円
教育による社会的正義の実現—アメリカの挑戦（1945-1980）　D・ラヴィッチ著　末藤美津子訳　五六〇〇円
学校改革抗争の100年—20世紀アメリカ教育史　D・ラヴィッチ著　末藤・宮本・佐藤訳　六四〇〇円
国際社会への日本教育の新次元　関根秀和編　一二〇〇円
ヨーロッパ近代教育の葛藤—地球社会の求める教育システムへ　関啓子・太田美幸編　三二〇〇円
ミッション・スクールと戦争—立教学院のディレンマ　老川慶喜・前田一男編　五八〇〇円
多元的宗教教育の成立過程—アメリカ教育と成瀬仁蔵の「帰一」の教育　大森秀子　三六〇〇円
協同と表現のワークショップ—学びのための環境のデザイン　編集代表　茂木一司　二四〇〇円
演劇教育の理論と実践の研究—自由ヴァルドルフ学校の演劇教育　広瀬綾子　三八〇〇円
教育の平等と正義　K・ハウ著　大桃敏行・中村雅子・後藤武俊訳　三二〇〇円
オフィシャル・ノレッジ批判—保守復権の時代における民主主義教育　M・W・アップル著　野崎・井口・小暮・池田監訳　三八〇〇円

〈シリーズ　日本の教育を問いなおす〉
拡大する社会格差に挑む教育　西村和雄・大森不二雄・倉元直樹・木村拓也編　二四〇〇円
混迷する評価の時代—教育評価を根底から問う　西村和雄・大森不二雄・倉元直樹・木村拓也編　二四〇〇円
教育における評価とモラル　西村和雄・戸瀬信之編　二四〇〇円

地上の迷宮と心の楽園（コメニウスセレクション）　J・コメニウス　藤田輝夫訳　三六〇〇円
〈現代日本の教育社会構造〉（全4巻）
〈第1巻〉教育社会史—日本とイタリアと　小林甫　七八〇〇円

〒113-0023　東京都文京区向丘 1-20-6　TEL 03-3818-5521　FAX03-3818-5514　振替 00110-6-37828
Email tk203444@fsinet.or.jp　URL:http://www.toshindo-pub.com/

※定価：表示価格（本体）＋税

東信堂

日本よ、浮上せよ！〔第二版〕——21世紀を生き抜くための具体的戦略	村上誠一郎＋21世紀戦略研究室	一五〇〇円
このままでは終わらない。福島原発の真実——まだ遅くない——原子炉を「冷温密封」する！	村上誠一郎＋原発対策国民会議	二〇〇〇円
3・11本当は何が起こったか：巨大津波と福島原発——科学の最前線を教材にした暁星国際学園「ヨハネ研究の森コース」の教育実践	丸山茂徳監修	一七一四円
2008年アメリカ大統領選挙——オバマの勝利は何を意味するのか	吉野孝・前嶋和弘編著	二〇〇〇円
オバマ政権はアメリカをどのように変えたのか——支持連合・政策成果・中間選挙	吉野孝・前嶋和弘編著	二六〇〇円
オバマ政権と過渡期のアメリカ社会——選挙、政党、制度メディア、対外援助	吉野孝・前嶋和弘編著	二四〇〇円
政治学入門	内田満	一八〇〇円
政治の品位——日本政治の新しい夜明けはいつ来るか	内田満	二〇〇〇円
日本ガバナンス——「改革」と「先送り」の政治と経済	曽根泰教	二八〇〇円
「帝国」の国際政治学——冷戦後の国際システムとアメリカ	山本吉宣	四七〇〇円
国際開発協力の政治過程——国際規範の制度化とアメリカ対外援助政策の変容	小川裕子	四〇〇〇円
アメリカ介入政策と米州秩序——複雑システムとしての国際政治	草野大希	五四〇〇円
ドラッカーの警鐘を超えて	坂本和一・大内寛	二五〇〇円
最高責任論——最高責任者の仕事の仕方	樋尾起年	一八〇〇円
実践 ザ・ローカル・マニフェスト	松沢成文	一二三八円
実践 マニフェスト改革	松沢成文	二三〇〇円
受動喫煙防止条例	松沢成文	一八〇〇円
〔現代臨床政治学シリーズ〕		
リーダーシップの政治学	石井貫太郎	一六〇〇円
アジアと日本の未来秩序	伊藤重行	一八〇〇円
象徴君主制憲法の20世紀的展開	下條芳明	二〇〇〇円
ネブラスカ州における一院制議会	藤本一美	一六〇〇円
ルソーの政治思想	根本俊雄	二〇〇〇円
海外直接投資の誘致政策——インディアナ州の地域経済開発	邊牟木廣海	一八〇〇円
ティーパーティー運動——現代米国政治分析	藤本一美・末次俊之	二〇〇〇円

〒113-0023 東京都文京区向丘 1-20-6　TEL 03-3818-5521　FAX03-3818-5514　振替 00110-6-37828
Email tk203444@fsinet.or.jp　URL:http://www.toshindo-pub.com/

※定価：表示価格（本体）＋税